高等职业教育 BIM 工程应用实践"十三五"规划教材

建筑施工组织

主 编 杨春燕 王 娟 余晓琨

西南交通大学出版社
·成都·

图书在版编目（CIP）数据

建筑施工组织 / 杨春燕，王娟，余晓琨主编. —成都：西南交通大学出版社，2019.8
高等职业教育 BIM 工程应用实践"十三五"规划教材
ISBN 978-7-5643-7028-2

Ⅰ.①建… Ⅱ.①杨…②王…③余… Ⅲ.①建筑工程–施工组织–高等职业教育–教材 Ⅳ.①TU721

中国版本图书馆 CIP 数据核字（2019）第 167617 号

高等职业教育 BIM 工程应用实践"十三五"规划教材

建筑施工组织

主　编 / 杨春燕　王　娟　余晓琨

责任编辑 / 姜锡伟
助理编辑 / 王同晓
封面设计 / 阁冰洁

西南交通大学出版社出版发行
（四川省成都市金牛区二环路北一段 111 号西南交通大学创新大厦 21 楼　610031）
发行部电话：028-87600564　028-87600533
网址：http：//www.xnjdcbs.com
印刷：成都中永印务有限责任公司

成品尺寸　185 mm×260 mm
印张　13　字数　323 千
版次　2019 年 8 月第 1 版
印次　2019 年 8 月第 1 次

书号　ISBN 978-7-5643-7028-2
定价　36.00 元

课件咨询电话：028-87600533
图书如有印装质量问题　本社负责退换
版权所有　盗版必究　举报电话：028-87600562

前　言

近年来，职业教育不断改革，启动 1+X 的证书制度，即"学历证书+若干职业技能等级证书"，开启了职业教育改革的新征程，也为职业教育提供了改革路线图。在建筑行业日新月异的今天，BIM 蓬勃发展，国家、地方和行业出台了若干政策来扶持和激励 BIM 的推广应用，市场也对 BIM 人才非常渴求，所以如何把产业的需求与职业教育改革结合起来，就是今天职业教育需要思考的问题。

本教材根据施工组织课程的教学要求，结合多年的人才培养经验、教学改革的思路以及 BIM 的使用操作进行编写，反映了建筑行业的最新发展趋势和高等职业教育教学改革的新特点。

现代建筑施工是一项过程十分复杂的生产活动，涉及很多专业施工工种的交叉施工，各类建筑机械、建筑设备、建筑材料、建筑构配件的应用，这需要解决和协调各方面的矛盾。建筑施工组织，是针对建筑工程项目施工的复杂性来研究建筑工程项目建设统筹安排与系统管理的客观规律的一门课程，也是建筑企业运用系统的观点、理论和方法对建筑工程项目进行决策、计划、组织、控制、协调等过程的全面管理的一项重要工作。所以说，建筑施工组织涉及面广、实践性强、综合性大、影响因素多。

本书结合高等职业教育的特点，强调理论与实践相结合，注重 BIM 工程应用实践的接入，着重培养学生的创新思维和实际动手能力。在内容的编排上，本书以培养综合素质为基础，以提高职业技能为本位，重点突出实践性和综合性，既保证本书的系统性和完整性，又体现内容的先进性、实用性和可操作性，兼顾案例教学与实践教学。

本书由贵阳职业技术学院杨春燕、王娟、余晓琨担任主编。具体编写分工为：杨春燕编写前言、模块 1、模块 2、模块 8，王娟编写模块 3、模块 4，余晓琨编写模块 5、模块 6、模块 7。

在编写的过程中，编者参考了许多文献资料，在此谨向原著作者们致以诚挚感谢。由于编写时间仓促和编者水平有限，书中难免有不足之处，恳请广大读者批评指正。

编　者

2019 年 3 月

目 录

引 例 ·· 1

模块 1　建筑施工组织概述 ·· 2
  1.1　建设项目的建设程序 ·· 2
  1.2　基本建设程序 ·· 4
  1.3　建筑施工 ·· 8
  1.4　建筑产品的特点及生产特点 ·· 9
  1.5　建筑施工组织概述 ··· 11
  1.6　BIM 技术对施工组织的影响 ·· 16
  思考与练习 ··· 18

模块 2　工程项目施工准备工作 ·· 20
  2.1　施工准备工作概述 ··· 20
  2.2　调查研究与收集资料 ··· 23
  2.3　技术资料准备 ·· 28
  2.4　施工现场准备 ·· 32
  2.5　劳动力及物资的准备 ··· 35
  2.6　季节性施工准备 ·· 37
  2.7　教学实训：开工报告的编制 ··· 39
  思考与练习 ··· 45

模块 3　建筑工程流水施工 ·· 47
  3.1　建筑工程流水施工概述 ·· 47
  3.2　建筑工程流水施工的主要参数 ·· 53
  3.3　流水施工的组织方法 ··· 60
  思考与练习 ··· 67

模块 4　工程网络计划技术 ·· 70
  4.1　网络计划技术 ·· 70
  4.2　双代号网络计划 ·· 72
  4.3　网络计划时间参数的计算 ··· 81
  4.4　双代号时标网络计划 ··· 90

思考与练习 ··· 100

模块 5　建筑工程施工组织总设计 ··· 103
　5.1　建筑工程施工组织总设计概述 ··· 103
　5.2　建设项目概况和施工特点分析 ··· 106
　5.3　施工部署和核心工程的施工方案 ·· 107
　5.4　施工总进度计划的编制 ·· 110
　5.5　施工总资源计划 ··· 113
　5.6　施工总平面布置 ··· 116
　5.7　技术经济指标的计算 ··· 122
　　　思考与练习 ··· 122

模块 6　单位工程施工组织设计 ··· 124
　6.1　单位工程施工组织设计概述 ·· 124
　6.2　工程概况与施工特点分析 ··· 127
　6.3　施工部署和施工方案 ··· 131
　6.4　施工进度计划安排 ·· 134
　6.5　施工准备工作及各项资源需用量计划 ··· 138
　6.6　施工平面图 ··· 140
　6.7　措施与技术经济指标 ··· 149
　　　思考与练习 ··· 151

模块 7　施工计划管理 ·· 156
　7.1　施工计划管理概述 ·· 156
　7.2　施工进度计划管理概述 ·· 157
　7.3　施工质量计划管理概述 ·· 165
　7.4　施工安全计划管理概述 ·· 167
　7.5　施工环境计划管理概述 ·· 169
　7.6　施工成本计划管理概述 ·· 171
　7.7　施工其他计划管理概述 ·· 172
　　　思考与练习 ··· 172

模块 8　实训——施工组织在 BIM 中的应用 ·· 175
　8.1　BIM 施工现场布置软件实际案例工程操作 ··· 175
　8.2　实际案例工程操作 ·· 176

参考文献 ·· 201

引 例

建造精品——属于自己的工程

施工组织设计是用以指导施工组织与管理、施工准备与实施、施工控制与协调、资源的配置与使用等全面性的技术、经济文件,是对施工活动的全过程进行科学管理的重要手段。由于受建筑产品及其施工特点的影响,每一个工程项目开工前,都必须根据工程特点与施工条件来编制施工组织设计。

◇设想一下你组织建造的未来工程。

◇活动规则如下:

(1)每人准备一张 A4 的白纸,发挥自己的想象,开动脑洞,绘制一幢属于自己的未来建筑;

(2)思考自己未来建筑的结构形式、建造工期、需要的资源;

(3)思考建造该建筑的成本,怎样可以最大限度地节省资金;

(4)列出该建筑在建造过程中的计划安排;

(5)检视你的计划安排能否支撑你项目的实施;

(6)将以上内容写在白纸的背面,时长 30 min;

(7)教师选择有代表性的作品,进行介绍陈述;

(8)活动结束后作品统一提交由任课教师保存,以供课程结束后进行回顾与对比。

模块 1　建筑施工组织概述

【学习描述】

教学内容　本模块主要介绍基本建设及建设项目的相关知识，阐述基本建设程序及其相互间的关系；根据建筑产品及其施工的特点，叙述施工组织设计的必要性；介绍施工组织设计的概念、分类、作用、编制原则及编制依据。

教学要求　本模块让学生了解基本建设及基本建设项目，掌握基本建设程序的主要阶段；了解建筑产品及其施工特点与施工组织的关系，明确施工组织设计的概念、作用、分类及编制原则等。

实践环节　熟悉工程施工的特点，熟悉相关的法律、法规、规程、规范、标准。

1.1　建设项目的建设程序

1. 项目

项目是指在一定的约束条件（如限定时间、限定费用及限定质量标准等）下，具有明确目标和完整的组织结构的一次性任务或管理对象。

项目的种类应当按其最终成果或专业特征为标志进行划分。按专业特征划分，项目主要包括科学研究项目、工程项目、航天项目、维修项目、咨询项目等，还可以根据需要对每一类项目进一步分类。对项目进行分类的目的是有针对性地进行管理，以提高任务完成的效果和水平。

工程项目是项目中数量最大的一类，既可以按照专业将其分为建筑工程、公路工程、水电工程、港口工程、铁路工程等项目，也可以按管理的差别将其划分为建设项目、设计项目、工程咨询项目和施工项目等。

2. 建设项目

1）建设项目的概念

建设项目是指按一个总体设计组织施工，建成后具有完整的系统，可以独立地形成生产能力或者使用价值的建设工程。例如：工业建设中的一座工厂、一座矿山，民用建设中的一个居民区、一幢住宅、一所学校，均为一个建设项目。

2）建设项目的分类

基本建设的分类方法很多，按建筑性质划分为新建项目、扩建项目、改建项目、迁建项目和恢复（重建）项目，按建设项目的用途划分为生产性建设项目和非生产性建设项目，按国民经济各行业性质和特点划分为竞争性项目、基础性项目和公益性项目，按项目的规模大小划分为大型、中型和小型建设项目。

3）建设项目的组成内容

按照建设项目分解管理的需要，可将建设项目分解为单项工程、单位工程（子单位工程）、分部工程（子分部工程）、分项工程和检验批。图1-1所示为以一个学校为例的项目分解。

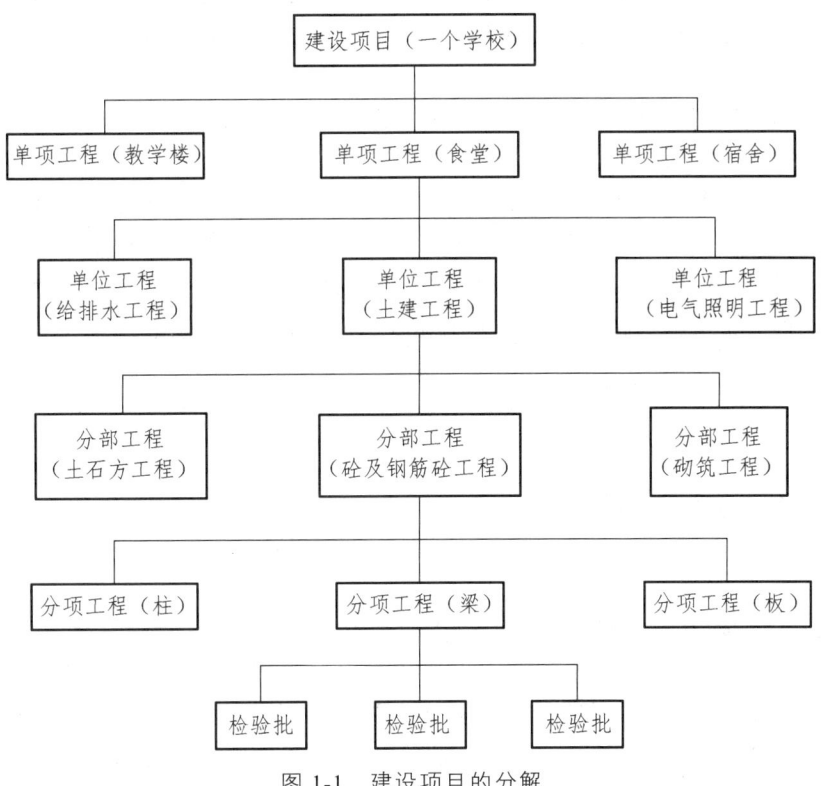

图1-1 建设项目的分解

（1）单项工程。

具有独立的设计文件，竣工后可以独立发挥生产能力或效益的一组工程项目，称为一个单项工程。一个建设项目，可由一个单项工程组成，也可由若干个单项工程组成。单项工程体现了建设项目的主要建设内容，其施工条件往往具有相对的独立性。如某学校建设项目中的图书馆、教学楼、实训大楼、宿舍等。

（2）单位（子单位）工程。

具备独立单施工条件（具有单独设计，可以独立施工），并能形成独立使用功能的建筑物及构筑物为一个单位工程，它是单项工程的组成部分。如教学楼的单项工程一般由土建工程、给排水及暖卫工程、通风空调工程、电器照明工程和机械设备及安装工程、电气设备及安装工程、热力设备及安装工程等单位工程组成。

（3）分部（子分部）工程。

组成单位工程的若干个分部称为分部工程。国家标准《建筑工程施工质量验收统一标准》（GB 50300—2013）将建筑工程划分为地基与基础、主体结构、建筑装饰装修、建筑屋面、建筑给排水及采暖、建筑电气、职能建筑、通风与空调、电梯等9个分部工程。

当分部工程较大或较复杂时，可按材料种类、施工特点、施工程序别等划分为若干子分部工程，如主体结构分部工程可划分为混凝土结构、劲性混凝土结构、砌体结构、钢结构、木结构及网架和索膜结构等子分部工程。

（4）分项工程。

组成分部工程的若干个施工过程称为分项工程。一般是按主要工种、材料、施工工艺及设备类别等进行划分，如主体混凝土结构可以划分为模板、钢筋、混凝土、预应力、现浇结构及装配式结构等分项工程。

分项工程的具体划分见国家标准《建筑工程施工质量验收统一标准》（GB 50300—2013）。

（5）检验批。

按国家标准《建筑工程施工质量验收统一标准》（GB 50300—2013）的规定，建筑工程质量验收时，可将分项工程进一步划分为检验批。检验批是指按同一的生产条件或按规定的方式汇总起来供检验用的，由一定数量样本组成的检验体。一个分项工程可由一个或若干个检验批组成。检验批可根据施工及质量控制和专业验收需要按楼层、施工段、变形缝等进行划分。

1.2 基本建设程序

基本建设程序是指一个项目从决策、实施、验收到交付使用的全部过程。整个建设工程工作量大、涉及面广、活动空间有限、协作关系复杂且工程风险较大，因此工程建设必须分阶段、按步骤地进行。根据中国现行工程建设法规规定，基本建设程序可划分为项目建议书、可行性研究、勘查设计、施工准备（包括招投标）、建设实施、生产准备、竣工验收和后评价八个阶段。这八个阶段基本上反映了建设工作的全过程。这八个阶段还可以进一步概括为项目决策、建设准备、工程实施三大阶段。

1. 项目决策阶段

项目决策阶段包含提出项目建议书和进行可行性研究两项工作。项目决策阶段以可行性研究为工作中心，还包括调查研究、提出设想、确定建设地点、编制可行性研究报告等内容。

1）项目建议书

项目建议书是建设单位向主管部门提出的要求建设某一项目的建议性文件，是依据国民经济和社会发展的长远规划、行业规划、产业政策、生产力布局、市场、所在地的内外部条件等要求，经过调查、预测分析后，提出的某一项目的建设文件。建议书经批准后才能进行可行性研究，也就是说，项目建议书并不是项目的最终决策，可以作为政府选择项目和可行性研究的依据。项目建议书的内容一般包括以下五个方面：

① 建设项目提出的必要性和依据；
② 拟建工程规模和建设地点的初步设想；
③ 资源情况、建设条件、协作关系等的初步分析；
④ 投资估算和资金筹措的初步设想；
⑤ 经济效益和社会效益的估计。

项目建议书按要求编制完成后，应即时报送有关部门审批。

2）可行性研究

项目建议书获得批准后，对项目在技术上是否可行和经济上是否合理进行科学的分析和论证。通过对建设项目在技术、工程和经济上的合理性进行全面分析论证和多方案的比选，提出科学的评价意见。可行性研究报告的主要内容是：

① 建设项目提出的背景、必要性、经济意义和依据；
② 拟建项目规模、产品方案、市场预测；
③ 技术工艺主要设备、建设标准；
④ 资源、材料、燃料供应和运输及水、电条件；
⑤ 建设地点、场地布置及项目设计方案；
⑥ 环境保护、防洪、防震等要求与相应措施；
⑦ 劳动定员及培训；
⑧ 建设工期和进度建议；
⑨ 投资估算和资金筹措方式；
⑩ 经济效益和社会效益分析。

可行性研究的主要任务是对多种方案进行分析、比较，提出科学的评价意见，推荐最佳方案。在可行性研究的基础上，编制可行性研究报告。我国对可行性研究报告的审批权限做出明确规定，必须按规定将编制好的可行性研究报告送交有关部门审批。经批准的可行性研究报告是初步设计的依据，不得随意修改和变更。如果在建设规模、产品方案等主要内容上需要修改或突破投资控制数时，应经原批准单位复审同意。

2. 建设准备阶段

这个阶段主要是根据批准的可行性研究报告，成立项目法人，进行工程地质勘查、初步设计和施工图设计，编制设计概算，安排年度建设计划及投资计划，进行工程发包，准备设备、材料，做好施工准备等工作，这个阶段的工作中心是勘查设计。

1）勘查设计

设计文件是安排建设项目和进行建筑施工的主要依据。设计文件一般由建设单位通过招投标或直接委托有相应资质的设计单位进行设计。编制设计文件是一项复杂的工作，设计之前和设计之中都要进行大量的调查和勘测工作，在此基础之上，根据批准的可行性研究报告，将建设项目的要求逐步具体化成为指导施工的工程图纸及其说明书。

设计是分阶段进行的。一般项目进行两阶段设计，即初步设计和施工图设计。技术上比较复杂和缺少设计经验的项目采用三阶段设计，即在初步设计阶段后增加技术设计阶段。

（1）初步设计：初步设计是对批准的可行性研究报告所提出的内容进行概略的设计，作出初步的实施方案（大型、复杂的项目，还需绘制建筑透视图或制作建筑模型），进一步论证该建设项目在技术上的可行性和经济上的合理性，解决工程建设中重要的技术和经济问题，并通过对工程项目所作出的基本技术经济规定，编制项目总概算。

初步设计由建设单位组织审批，初步设计经批准后，不得随意改变建设规模、建设地址、主要工艺过程、主要设备和总投资等控制指标。

（2）技术设计：技术设计是在初步设计的基础上，根据更详细的调查研究资料，进一步确定建筑、结构、工艺、设备等的技术要求，以使建设项目的设计更具体、更完整，技术经济指标达到最优。

（3）施工图设计：施工图设计是在前一阶段的设计基础上进一步形象化、具体化、明确化，完成建筑、结构、水、电、气、工业管道及场内道路等全部施工图纸、工程说明书、结构计算书以及施工图预算等，在工艺方面，应具体确定各种设备的型号、规格及各种非标准设备的制作、加工和安装图。

2）施工准备

施工准备工作在可行性研究报告批准后就可着手进行，通过技术、物资和组织等方面的准备，为工程施工创造有利条件，使建设项目能连续、均衡、有节奏地进行。其主要工作内容是：

① 征地、拆迁和场地平整；
② 工程地质勘查；
③ 施工用水、电、通信及道路等工程；
④ 收集设计基础资料，组织设计文件的编审；
⑤ 组织设备和材料订货；
⑥ 组织施工招投标，择优选定施工单位；
⑦ 办理开工报建手续。

施工准备工作基本完成，具备了工程开工条件之后，由建设单位向有关部门交出开工报告。有关部门对工程建设资金的来源、资金是否到位及施工图出图情况等进行审查，符合要求后批准开工。

做好建设项目的准备工作，对于提高工程质量，降低工程成本，加快施工进度，都有着重要的保证作用。

3. 工程实施阶段

工程实施阶段是项目决策的实施、建成投产发挥投资效益的关键环节。该阶段是在建设程序中时间最长、工作量最大、资源消耗最多的阶段。这个阶段的工作中心是根据设计图纸进行建筑安装施工，还包括做好生产或使用准备、试车运行、进行竣工验收、交付生产或使用等内容。

1）建设实施

建设实施即建筑施工，是将计划和施工图变为实物的过程，是建设程序中的一个重要环节，要做到计划、设计、施工三个环节互相衔接，投资、工程内容、施工图纸、设备材料、施工力量五个方面的落实，以保证建设计划的全面完成。

施工之前要认真做好图纸会审工作，编制施工图预算和施工组织设计，明确投资、进度、质量的控制要求。施工中要严格按照施工图和图纸会审记录施工，如需变动应取得建设单位和设计单位的同意；要严格执行有关施工标准和规范，确保工程质量；要严格按合同规定的内容全面完成施工任务。

2）生产准备

生产准备是项目投产前由建设单位进行的一项重要工作。它是衔接建设和生产的桥梁，是建设阶段转入生产经营的必要条件。建设单位应及时组成专门班子或机构做好生产准备工作。

生产准备工作的内容根据工程类型的不同而有所区别，一般应包括下列内容：

① 组建生产经营管理机构，制定管理制度和有关规定；
② 招收并培训生产和管理人员，组织人员参加设备的安装、调试和验收；
③ 生产技术的准备和运营方案的确定；
④ 原材料、燃料、协作产品、工具、器具、备品和备件等生产物资的准备；
⑤ 其他必需的生产准备。

3）竣工验收

竣工验收是全面考核建设成果、检验设计和工程质量的重要步骤，是投资成果转入生产或使用的标志。建筑工程施工质量验收应符合以下要求：

① 参加工程施工质量验收的各方人员应具备规定的资格；
② 单位工程完工后，施工单位应自行组织有关人员进行检查评定，并向建设单位提交工程验收报告；
③ 建设单位收到工程验收报告后，应由建设单位（项目）负责人组织施工（含分包单位）、设计、监理等单位（项目）负责人进行单位（子单位）工程验收；
④ 单位工程质量验收合格后，建设单位应在规定时间内将工程竣工验收报告和有关文件报建设行政管理部门备案。

4）后评价

建设项目一般经过1~2年生产运营（或使用）后，要进行一次系统的项目后评价。建设项目后评价是我国建设程序新增加的一项内容，目的是肯定成绩、总结经验、研究问题、吸取教训、提出建议、改进工作，不断提高项目决策水平和投资效果。项目后评价一般分为项目法人的自我评价、项目行业的评价和计划部门（或主要投资方）的评价等三个层次组织实施。建设项目的后评价包括以下主要内容：

① 影响评价：对项目投产后各方面的影响进行评价。

② 经济效益评价：对投资效益、财务效益、技术进步、规模效益、可行性研究深度等进行评价。

③ 过程评价：对项目的立项、设计、施工、建设管理、竣工投产、生产运营等全过程进行评价。

1.3 建筑施工

1. 建筑施工及其内容

建筑施工是各类建筑物的建造过程，也就是把设计图纸，在指定的地点变成实物的过程。它包括土方工程、基础工程、主体结构、屋面工程、装饰工程、电气设备工程、给排水等工程的施工。

建筑施工生产周期长，耗资大，可变因素多，必须有严密的组织计划和有效的管理体系，才能完成。由此可见，建筑施工是基本建设意图能否最终实现的关键步骤。建筑施工作业场所称为"建筑施工现场"，也叫施工现场、工地。

2. 建筑施工管理程序

建筑施工管理就是施工实践经验的总结，主要由以下环节组成。

（1）编制投标书并进行投标，签订施工合同。

施工单位承接工程任务的方式一般有三种：一是国家或上级部门直接下达的任务；二是建筑施工企业自己主动对外接受的任务或是建设单位主动委托的任务；三是参加社会公开的招标而中标得到的任务。招投标方式是最具有竞争机制、较为公平合理的承接施工任务的方式，在我国已得到广泛普及。

投标前施工单位要从多方面掌握大量信息，编制既能使企业盈利，又有竞争力和有望中标的投标书。如果中标，则依法签订施工合同。合同中应明确规定承包范围、工期、合同价、供料方式、工程付款和结算方法、甲乙双方的责任义务等条款。

（2）选定项目经理，组建项目经理部。

签订施工合同后，施工单位应选定项目经理，项目经理接受企业法定代表人的委托组建项目经理部，配备管理人员。企业法定代表人依据施工合同和经营管理目标，与项目经理签订"项目管理目标责任书"，明确规定项目经理部应达到的成本、质量、进度和安全等控制目标。

（3）项目部编制施工组织设计，进行项目开工前的准备。

施工组织设计是在工程开工之前由项目经理主持编制的，用于指导施工项目实施阶段管理活动的文件。施工组织设计应经会审后，由项目经理签字并报企业主管领导审批。

（4）在施工组织设计的指导下进行施工。

在施工过程中项目经理应按照施工组织设计组织施工，加强各单位各部门的配合，使施工活动顺利开展，保证质量、进度、成本、安全目标的实现。

（5）项目验收、交工与竣工结算。

在工程项目具备竣工验收条件后，建设单位组织勘查、设计、施工、监理等相关的单位进行竣工验收。建设工程经过工程竣工验，建设单位应按照规定到项目所在地的建设工程主管部门备案后才能交付使用。

（6）工程回访保修。

工程竣工验收之后，按照《建设工程质量管理条例》的规完，进入保修期。保修期内施工单位对发生的质量问题应按照施工合同的约定和"工程质量保修书"的承诺，进行修理并承担相应的经济责任。

【知识链接】

建筑工程质量保修是指对房屋建筑工程竣工验收后在保修期限内出现的质量缺陷予以修复。质量缺陷是指房屋建筑工程的质量不符合工程建设强制性标准以及合同的约定。房屋建筑工程在保修范围和保修期限内出现质量缺陷，施工单位应履行保修义务。建设单位和施工单位应当在工程质量保修书中约定保修范围、保修期限和保修责任等，双方约定的保修范围、保修期限必须符合国家有关规定。

在正常使用下房屋建筑工程的最低保修期限如下：① 地基基础和主体结构工程为设计文件规定的该工程的合理使用年限；② 屋面防水工程、有防水要求的卫生间、房间和外墙面的防渗漏为5年；③ 供热与供冷系统为两个采暖期和供冷期；④ 电气系统、给排水管道、设备安装为2年；⑤ 装修工程为2年；⑥ 其他项目的保修期限由建设单位和施工单位约定。

1.4 建筑产品的特点及生产特点

1. 建筑产品的特点

（1）建筑产品的固定性。建筑产品在建造过程中直接与地基基础连接，因此，只能在建造地点固定地使用，而无法转移。这种一经造就在空间固定的属性，叫作产品的固定性。固定性是建筑产品与一般工业产品最大的区别。

（2）建筑产品的多样性。建筑产品既要满足各种使用功能的要求，还要体现各地区的民族风格、物质文明和精神文明，同时也受到地区的自然条件诸多因素的同制，和不同建设产品，使建筑产品在规模、结构、构造、形式、基础和装饰等方面变化纷繁，因此建筑产品的类型多样。

（3）建筑产品体形庞大。无论是复杂的建筑产品，还是简单的建筑产品，为了满足其使用功能的需要，并结合建筑材料的物理力学性能，需要大量的物质资源，占据广阔的平面与空间，因而建筑产品的体形庞大。

2. 建筑产品生产的特点

（1）建筑产品生产的流动性。建筑产品地点的固定性决定了产品生产的流动性。一般的工业产品都是在固定的工厂、车间内进行生产，而建筑产品的生产是在不同的地区，或同一地区的不同现场，或同一现场的不同单位工程，或同一单位工程的不同部位组织工人、机械围绕着同一建筑产品进行生产。因而，使建筑产品的生产在地区之间、现场之间和单位工程不同部位之间流动。

（2）建筑产品生产的单件性。建筑产品地点的固定性和类型的多样性决定了产品生产的单件性。一般的工业产品是在一定的时期里、统一的工艺流程中进行批量生产，而具体的一个建筑产品应在国家或地区的统一规划内，根据其使用功能，在选定的地点上单独设计和单独施工。即使是选用标准设计、通用构件或配件，由于建筑产品所在地区的自然、技术、经济条件的不同，也使建筑产品的结构或构造、建筑材料、施工组织和施工方法等也要因地制宜加以修改，从而使各建筑产品生产具有单件性。

（3）建筑产品生产的地区性。由于建筑产品的固定性决定了同一使用功能的建筑产品因其建造地点的不同必然受到建设地区的自然、技术、经济和社会条件的约束，使其结构、构造、艺术形式、室内设施、材料、施工方案等方面均各异。因此建筑产品的生产具有地区性。

（4）建筑产品生产周期长。建筑产品的固定性和体形庞大的特点，决定了建筑产品的生产周期长。建筑产品体形庞大，使得最终建筑产品的建成必然耗费大量的人力、物力和财力。同时，建筑产品的生产全过程还要受到工艺流程和生产程序的制约，使各专业、工种间必须按照合理的施工顺序进行配合。又由于建筑产品地点的固定性，使施工活动的空间具有局限性，从而导致建筑产品生产具有生产周期长、占用动资金大的特点。

（5）建筑产品生产的露天作业多。建筑产品地点的固定性和体形庞大的特点，决定了建筑产品的露天性，因为形体庞大的建筑产品不可能在工厂、车间内直接进行施工，即使建筑产品生产达到了高度的工业化水平的时候，也只能在工厂内生产其各都分的构配件，仍然需要在施工现场内进行总装配后才能形成最终建筑产品，因此建筑产品的生产具有露天作业多的特点。

（6）建筑产品生产的高空作业多。建筑产品体形庞大，决定了建筑产品生产具有高空作业多的特点，特别是随着城市现代化的发展，高层建筑物的施工任务日益增多，使得建筑产品生产高空作业的特点日益明显。

（7）建筑产品生产组织协作的综合复杂性。由上述建筑产品生产的特点可以看出，建筑产品生产的涉及面广，在建筑企业的内部，它涉及工程力学、建筑结构、建筑构造、地基基础、水暖电、机械设备、建筑材料和施工技术等学科的专业知识，要在不同时期，不同地点和不同产品上组织多专业、多工种的综合作业。在建筑企业的外部，它涉及各专业的施工企业，以及城市规划，征用土地、察设计、消防、公用事业、环境保护、质量监督、科研试验、交通运输、银行财政、机具设备、物质材料，电、水、热、气的供应，劳务等社会各部门和各领域的相互协作配合，从而使建筑产品生产的组织协作关系综合复杂。

1.5 建筑施工组织概述

1. 建筑施工组织的研究对象

建筑施工组织是研究和制定组织建筑安装工程施工全过程既合理又经济的方法和途径，是针对不同工程施工的复杂程度来研究工程建设的统筹安排与系统管理的客观规律的一门科学。具体地说，建筑工程施工组织的任务是根据建筑产品施工特点，以及各项具体的技术规范、规程、标准，实现工程建设计划和设计要求，提供各阶段的施工准备工作内容，对人、资金、材料和施工方法等进行合理安排，协调施工中各专业施工单位、工种、资源与时间之间的合理关系。

2. 建筑施工组织的任务

从施工的全局出发，根据具体的条件，以最优的方式解决施工组织的问题，对施工的各项活动做出全面的、科学的规划和部署，使人力、物力、财力、技术资源得以充分利用，达到优质、低耗、高速地完成施工任务。

3. 建筑施工组织的基本原则

（1）严格执行基本建设程序。

基本建设必须遵循的总程序是计划、设计和施工三个阶段，一般情况下，施工阶段应该在设计阶段结束后方可正式开始进行，如果违背建设程序就会给施工带来混乱，造成时间和资源的浪费、质量的低劣。

（2）搞好项目排队，确保重点，统筹安排。

建筑施工单位和建设单位的根本目的是尽快完成拟建工程的建设任务，使其早日投产或交付使用，尽快发挥工程建设投资效益，这就要求施工企业计划决策人员，必须根据拟建工程项目的重要程度和工期要求，进行统筹安排，把有限的资源优先用于国家和建设单位急需的重点工程项目，使其早日建成投产使用。同时安排好一般工程项目，注意处理好主体工程和配套工程，准备工程项目、施工项目和收尾项目之间施工力量的分配，以获得总体的最佳效果。

（3）遵循施工工艺及其技术规律，合理地安排施工程序和施工顺序。

建筑施工工艺及其技术规律是分部分项工程固有的客观规律，其中的每一道工序都不能省略或颠倒。因此在组织施工中必须遵循施工工艺及技术规律。

建筑施工程序和施工顺序是由拟建工程项目的规模、性质、设计要求、施工条件和客观规律决定的，是随平面交错功能的不同而变化的，但是经验证明仍有共同规律可循，均要处理好以下几种关系。

① 施工准备与正式施工的关系。施工准备是后续施工生产活动能够按时开始的充分必要条件，准备工作没有完成就开始施工，不仅会引起工地混乱，而且还会造成资源的浪费。此安排施工程序的同时，首先应安排其相应的准备工作

② 全场性工程与单位工程的关系。正式施工时，应首先进行全场性工程的施工，然后按照工程排队的顺序逐个进行单位工程的施工，例如，平整场地，架设电线、敷设管网，建铁路、修筑道路等全场性的工程均应在拟建工程正式开工之前完成。这样就可以使这些永久性工程在全面施工期间为工地的供电、给水和运输服务，不仅文明施工，而且能够获得可靠的经济效益。

③ 场内与场外的关系。在安排架设电线、设管网和修筑公路的施工程序时，应该先场外后场内，场外由远及近，先主干后分支；排水工程应该先下游后上游。这样既能保证工程质量，又能加快施工速度。

④ 地下与地上的关系。在处理地下工程与地上工程时，应遵循先地下后地上和先深后浅的原则，对于地下工程要加强安全技术措施，保证安全施工。

⑤ 主体结构与装饰工程的关系。一般情况，主体结构工程施工在前，装饰工程施工在后，当主体结构工程进展到一定程度后，为装饰工程的施工提供了工作面时，装饰工程可以穿插进行。

⑥ 空间顺序与工种顺序的关系。在安排施工顺序时，既要考虑施工组织要求的空间顺序，又要考虑施工工艺要求的工种关系。空间顺序要以工种顺序为基础，工种顺序应该尽可能为空间顺序提供有利的施工条件既要考虑施工组织要求的空间穿插进行。

（4）采用流水施工方法和网络计划技术。

流水施工方法具有生产专业化强、劳动效率高的特点。实践经验证明，采用流水施工方法组织，不仅使拟建工程的施工有节奏、均衡、连续进行，而且会带来显著的技术经济效果。网络计划技术是当代计划管理的最新方法，它应用网络图形表达计划中各项工作的相互关系，逻辑严密、层次清晰、关键工作明确，有利于计划方案的优化、控制及调整，有利于应用计算机在计划管理中的应用，因而在各种计划管理中广泛应用。

（5）合理安排冬雨期施工项目，保证全年生产的均衡和连续。

建筑产品生产具有露天的特点，建筑施工必然要受气候和季节的影响，严寒和雨天都不利于建筑施工的正常进行，如不采取相应的技术措施，冬期和雨期就不能连续施工。随着施工工艺及其技术的发展，有些分部分项工程已经可以在冬雨期进行正常施工，但是要采取一些特殊的技术组织措施，也必然会增加一些费用，因此在安排施工进度计划时应科学对待，恰当地安排冬雨期施工的项目。

（6）提高工业化程度。

建筑技术进步的重要标志之一是建筑产品工业化，建筑产品工业化的前提条件是建筑施工中广泛运用预制装配式构件，将原来在现场完成的构配件加工制作活动转移到工厂中进行，改善工作条件，实现优质、快速、低耗的规模生产，用标准化、工厂化，机械化的成套技术来代替建筑业传统的生产方式，将其转移到现代化工业生产的轨道上，为实现现场施工装配

化创造条件用。

（7）尽量采用国内外先进的施工技术和管理方法。

先进的施工技术和管理手段相结合，是改善建筑施工企业和工程项目经理部的生产经营管理素质，提高劳动生产率，保证工程质量，缩短工期，降低工程成本的重要途径，因此在进行施工组织时应广泛采用国内外的先进技术和科学的施工管理方法。

（8）尽量减少暂设工程，科学地布置施工平面图。

建筑产品生产需要的建筑材料、构（配）件、制品种类繁多、数量庞大，各种物资的储存量、储存方式都必须科学合理，在保证正常供应的前提下，尽可能减少储存量，这样可以减少仓库、堆场的占地面积，有利于降低工程成本，提高工程项目部的经济效益。

上述原则，既是建筑产品生产的客观需要，又是保证工程质量，降低工程成本加快施工进度、提高施工企业经济效益的需要，因此在组织工程项目施工过程中必须认真贯彻执行。

4. 施工组织设计的概念

施工组织设计是以施工项目为对象编制的，用以指导施工的技术，经济和管理的综合性文件。

施工组织设计是中国在工程建设领域长期沿用下来的名称，西方国家一般称为施工计划或工程项目管理计划。国家标准《建设项目工程总承包管理规范》（GB/T 50358—2017）把施工单位这部分工作分成了两个阶段，即项目管理计划和项目实施计划，施工组织设计既不是这两个阶段的某一阶段内容，也不是两个阶段内容的简单合成，它是综合了施工组织设计在中国长期使用的惯例和各地方的实际使用效果而逐步积累的内容精华。施工组织设计在投标阶段通常被称为技术标，但它不是仅包含技术方面的内容，同时也涵盖了施工管理和造价控制方面的内容，是一个综合性的文件。

5. 施工组织设计的作用

施工组织设计是施工准备工作的重要组成部分，又是做好施工准备工作的主要依据和重要保证，其主要作用如下：

（1）是对工程施工全过程合理安排、实行科学管理的重要手段和措施。编制施工组织设计，可以全面考虑拟建工程的各种施工条件，扬长避短，制定合理的施工方案技术经济组织措施和合理的进度计划，提供最优的临时设施及材料和机具在施工现场的布置方案，保证施工顺利进行。

（2）施工组织设计统筹安排和协调施工中各种关系，把拟建工程的设计与施工、技术与经济，施工企业的全部施工安排与具体工程的施工组织工作更紧密地结合起来；把直接参与施工的各单位、协作单位之间的关系，各施工阶段和过程之间的关系更好地协调起来。

（3）施工组织设计为有关建设工作决策提供依据。为拟建工程的设计方案在经济上的合理性、在技术上的科学性和在实际施工上的可能性提供论证依据。为建设单位编制工程建设计划和施工企业编制企业施工计划提供依据。

6. 施工组织的分类

施工组织设计的分类方法有很多，其中应用比较多的是按编制目的和编制对象范围不同分类。

（1）按编制目的不同分类按编制目的不同，可以分为投标性施工组织设计和实施性施工组织设计。

① 投标性施工组织设计在投标前，由企业有关职能部门负责牵头编制，在投标段标文件为依据，为满足投标书和签订施工合同的需要编制。

② 实施性施工组织设计在中标后施工前，由项目经理负责牵头编制，在实施阶段以施工合同和中标施工组织设计为依据，为满足施工准备和施工需要编制。

（2）按编制对象范围不同分类按编制对象范围不同，将其分为施工组织总设计，单位施工组织设计、施工方案。

① 施工组织总设计是以整个建设项目群体工程为对象，规划其施工全过程各项工程施工组织设计、技术、经济的全局性、指导性文件，是整个建设项目施工的战略部署，内容比较概括，是在初步设计成扩大设计批准之后，由总承包单位的总工程师负责，会同建设、设计和分包单位的总工程师共同编制。

② 单位工程施工组织设计是以单位工程为对象编制的，是用以直接指导单位工程施工全过程各项活动的技术、经济的局部性、指导性文件，是随工组织总设计的具体化，具体安排人力、物力和实施过程。它是在施工图设计完成后，以施工图为依据，由工程项目的项目经理或主管工程师负责编制。

③ 施工方案是以分部（分项）工程或者专项工程为主要对象编制的技术与组织方案，用以指导其施工过程。一般针对工程规模大、特别重要的、技术复杂项，施工难度大的建筑物或构筑物，或采用新工艺、新技术的施工部分，或冬季施工等为对象编制，是专门的、更为详细的专业工程设计文件。

7. 施工组织设计的基本内容

施工组织设计根据拟建工程的规模和特点，编制内容的繁简程度有所差异，但不论何种施工组织设计，要完成组织施工的任务，一般都具备以下内容：

① 工程概况；
② 施工部署或施工方案；
③ 施工进度计划；
④ 施工准备与资源配置计划；
⑤ 施工现场平面布置；
⑥ 质量、安全和节约等技术组织保证措施；
⑦ 主要施工管理计划；
⑧ 各项主要技术经济指标。

由于施工组织设计的编制对象不同，以上各方面内容包括的范围也不同，结合拟建工程的实际情况，可有所变化。

8. 施工组织设计的编制和贯彻

1）施工组织设计的编制

（1）施工组织设计的编制程序。

施工组织总设计的编制程序，如图1-2所示。

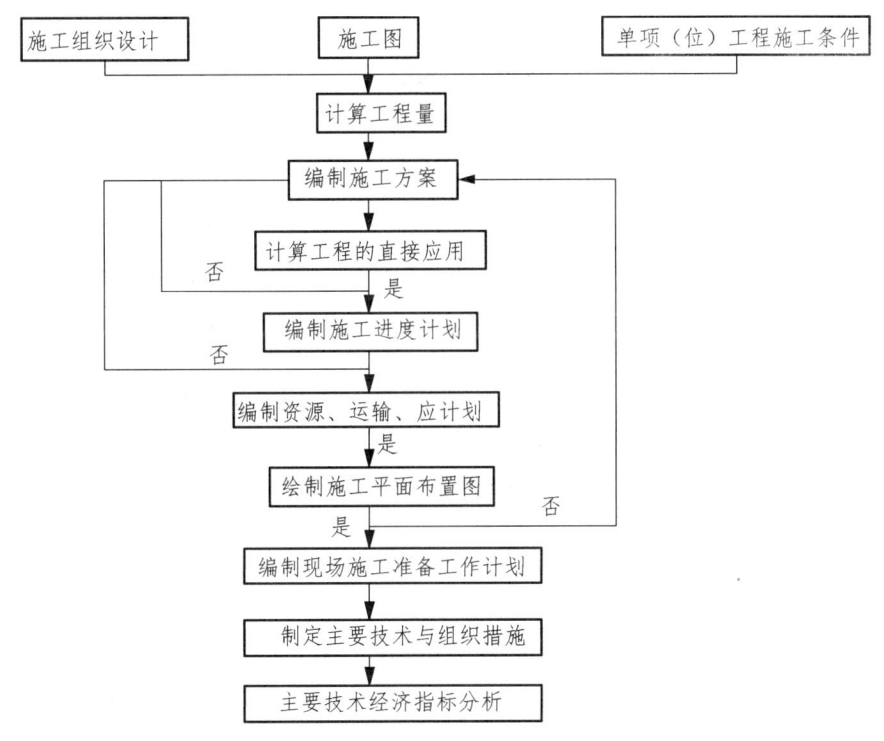

图1-2 施工组织总设计的编制程序

2）施工组织设计编制的注意事项

为使施工组织设计能真正起到指导施工的作用，在编制施工组织设计时要注意以下几点：

① 对施工现场的具体情况要深入调查研究；

② 对复杂的和难度大的施工项目以及采用"四新"技术的施工项目要组织专业性专题讨论和必要的专题考察，邀请有经验的专业技术人员参加；

③ 在编制过程中，发挥各个职能部门的作用；

④ 必须统筹规划，科学地组织，充分利用空间，合理安排时间，用最少的人力和财力取得最佳的经济效益和社会效益；

⑤ 未编制施工组织设计或施工组织设计没有批准的工程项目，都不准开工，经审批的施

工设计必须严格执行。

3）施工组织设计的贯彻

施工组织设计是在施工前编制用于指导施工的技术文件，必须加以贯彻，并不断进行对比检查，对于在施工过程中由于某些因素的变化而使施工组织设计的指导作用弱化，必须及时分析问题产生的原因，采取相应的改进措施，调整施工组织设计的相关内容，保证施工组织设计的科学性和合理性。

1.6 BIM 技术对施工组织的影响

当前，中国经济发展正从传统粗放式的高速增长阶段，进入高效率、低成本、可持续的中高速增长阶段，与此同时，传统建造模式已不再符合可持续发展的要求，迫切需要利用以信息技术为代表的现代科技手段，实现中国建筑产业的转型升级与跨越式发展。

在互联网时代，随着建筑施工行业对信息化建设的探索不断深入，信息化建设也越来越趋向具体工程项目的落地应用，通过信息技术的集成用于改变传统管理方式，实现传统施工模式的变革，使施工现场更智慧化。近年来，随着 BIM 技术、大数据技术、物联网技术、云计算等信息技术的不断发展，施工现场管理逐渐由人工方式转变为信息化、智能化管理，极大地提高工程质量、进度、安全等管理效率，显著提升了管理效率和效果，节省了工程管理成本。

在工程建设领域，三维图形技术的一个重要应用体现在 BIM 技术应用上。相比传统的二维 CAD 设计，BIM 技术以建筑物的三维图形为载体进一步集成各种建筑信息参数，形成了数字化、参数化的建筑信息模型，然后围绕数字模型实现施工模拟、碰撞检测、5D 虚拟施工等应用。借助 BIM 技术，能在计算机内实现设计、施工和运维数字化的虚拟建造过程，并形成优化的方案指导实际的建造作业，极大地提高了设计质量，降低了施工变更，提升了工程可实施性。

目前，BIM 技术已经被广泛应用在施工组织中，在施工方案制定环节，利用 BIM 可以进行施工模拟，分析施工组织、施工方案的合理性和可行性，排除可能的问题。例如，管线碰撞问题、施工方案（深基坑、脚手架）模拟等的应用，对于结构复杂和施工难度高的项目尤为重要。在施工过程中，将成本、进度等信息要素与模型集成，形成完整的 5D 施工模拟，帮助管理人员实现施工全过程的动态物料管理、动态造价管理、计划与实施的动态对比等，实现施工过程的成本、进度和质量的数字化管控。

同时，BIM 技术的应用也可以更高效地进行施工策划，进而使"智慧施工"策划成为可能。智慧施工策划主要特征是，应用信息系统，自动采集项目相关数据信息，结合项目施工环境、节点工期、施工组织、施工工艺等因素，对项目施工场地布置、施工机械选型、施工进度、资源计划、施工方案等内容做出智能决策或提供辅助决策的数据。

（1）基于 BIM 的施工现场布置应用背景。

施工现场布置策划是在拟建工程的建筑平面上（包括周边环境），布置为施工服务的各种临时建筑、临时设施及材料、施工机械等的过程。施工现场布置方案是施工方案在现场的空间体现，它反映已有建筑与拟建工程间、临时建筑与临时设施间的相互空间关系，表达建筑施工生产过程中各生产要素的协调与统筹。布置得恰当与否对现场的施工组织、文明施工、施工进度、工程成本、工程质量和安全都将产生直接的影响。施工现场布置策划是施工管理策划最重要的内容之一，也是最具"含金量"的部分。合理、前瞻性强的总平面管理策划可以有效地降低项目成本，保证项目的发展进度。

传统模式下的施工场地布置策划是由编制人员依据现场情况及自己的施工经验指导现场的实际布置。一般在施工前很难分辨其布置方案的优劣，更不能在早期发现布置方案中可能存在的问题。施工现场活动本身是一个动态变化的过程，施工现场对材料、设备、机具等的需求也是随着项目施工的不断推进而变化的。传统模式下的施工场地布置普遍采用不参照项目进度进行的二维静态布置方案，随着项目的进行，很有可能变得不适应项目施工的需求。这样一来，就得重新对场地布置方案进行调整，再次布置必然会需要更多的拆卸、搬运等程序，需要投入更多的人力、物力，进而增加施工成本，降低项目效益。布置不合理的施工场地甚至会产生施工安全问题。所以，随着工程项目的大型化、复杂化，传统静态的二维施工场地布置方法已经难以满足实际需要。

基于 BIM 模型及理念，运用 BIM 工具对传统施工场地布置策划中难以量化的潜在空间冲突进行量化分析，同时结合动态模拟从源头减少安全隐患，可方便后续施工管理、降低成本、提高项目效益。

基于 BIM 的场地布置策划运用三维信息模型技术表现建筑施工现场，运用 BIM 动画技术形象模拟建筑施工过程，结合建筑施工过程中施工现场场景布置的实际情况或远景规划，将现场的施工情况、周边环境和各种施工机械等运用三维仿真技术形象地表现出来，并通过虚拟模拟进行合理性、安全性、经济性评估，实现施工现场场地布置的合理、合规。

（2）基于 BIM 的进度计划编制和模拟应用背景。

进度控制是施工阶段的重要内容，是质量、进度、成本三大建设管理环节的中心，直接影响工期目标的实现和投资效益的发挥。工期控制是实现项目管理目标的主要途径，施工项目进度控制与质量控制、成本控制一样，是项目施工中的主要内容之一，是实现项目管理目标的主要有效途径。因此，项目的前期策划工作时目标和进度整体的确立，其对项目的整体进展起着决定性作用，通过智慧施工策划，对整个项目的成败有着重要的影响。

随着国内建设项目不断地大型化、复杂化，传统的施工策划方式已经不能满足项目管理的要求，传统的进度计划编制也无法处理施工过程中产生的大量信息以及高度复杂的数据处理。通过智慧策划中 BIM 技术对编制的计划进行模拟，结合 BIM 技术特点在计划编制期间利用 BIM 模型提供的各类工程量信息，结合工种工效、设备工效等业务积累数据更加科学地预测出施工期间的资源投入，并进行合理性评估，为支撑过程提供了有力的帮助。在施工策划阶段编制切实有效的进度计划是项目成功的基石，通过基于 BIM 技术进行模拟策划以确保计划的最优及最合理性。

（3）基于 BIM 的资源计划应用背景。

策划阶段的资源控制作为进度计划的重要组成部分，是决定工程进度能否执行、能否按期交工的重要环节。资源控制的核心是制定资源的相关计划，资源计划是通过识别和确定分项目的资源需求，确定出项目需要投入的劳动力、材料、机械、场地交通等资源种类，包括项目资源投入的数量和项目资源投入的时间，从而制定出项目资源供应计划，满足项目从立项阶段到实施过程使用的目的。在传统的资源计划制定过程中，主要依据平面图、施工进度计划、技术文件要求等进行制定，资源计划编制时依据文件多、涉及资源众多，对人员计算的能力要求较高，在策划阶段难免在施工过程中对资源种类、工程量计算有缺失疏忽，由此导致在策划阶段埋下较大的不可控因素、进度计划不合理等隐患。施工资源管理的现状不尽如人意，施工资源管理往往涉及多种劳动力，不同规格、数量的材料，种类繁多的机械设备等，正是由于其复杂性，导在实际管理过程中，资源管理出现各种问题。问题给项目造成进度和资金两方面的损失是很大的，使用 BIM 技术对解决上述问题有较好的效果。BIM 模型包含了建筑物的所有信息，需要什么直接对模型操作即可。BIM 技术的可视化及虚拟施工等特性，能让管理者在策划阶段即可提前直观地了解建筑物完成后的形态，以及具体的施工过程，通过 BIM 模型可以获取完整的实体工程量信息，进而计算出劳动力需求量，以及其他资源信息，通过 BIM 模拟技术来评估资源投入量的合理性，可在策划阶段制定出合理完善的资源项目、资源工程量及进场时间等信息，为后期施工过程中减少返工和浪费、保证进度的正常进行提供前期的保障。

思考与练习

一、单项选择题

1. 下列建筑中，可以作为一个建设项目的是（　　　）。
   A. 一个工厂　　　　　　　　B. 学校的教学楼
   C. 医院的门诊楼　　　　　　D. 装修工程

2. 下列属于分部工程的是（　　　）。
   A. 办公楼　　　　　　　　　B. 住宅
   C. 混凝土垫层　　　　　　　D. 屋面工程

3. 以一个施工项目为编制对象，用以指导整个施工项目全过程的各项施工活动的技术、经济和组织的综合性文件叫（　　　）。
   A. 施工组织总设计　　　　　B. 单位工程施工组织设计
   C. 分部分项工程施工组织设计　D. 专项施工组织设计

4. 建筑装饰装修工程属于（　　　）。
   A. 单位工程　　　　　　　　B. 分部工程
   C. 分项工程　　　　　　　　D. 检验批

5. （　　　）是施工组织设计的核心，将直接关系到施工过程的施工效率、质量、工期、安全和技术经济效果。
   A. 施工顺序　　　　　　　　B. 施工方案
   C. 施工设备　　　　　　　　D. 施工工艺

二、多项选择题

1. 建筑产品的特点有（　　　）。
   A. 固定性　　　B. 流动性　　　C. 多样性

D. 高成本性　　　E. 单件性
2. 施工组织设计根据编制对象范围的不同可分为（　　）。
A. 施工组织总设计　　　　　　B. 单位工程施工组织设计
C. 分部分项工程施工组织设计　D. 标前设计
E. 标后设计
3. 施工组织设计根据设计阶段的不同可分为（　　）。
A. 施工组织总设计　　　　　　B. 单位工程施工组织设计
C. 分部分项工程施工组织设计　D. 标前设计
E. 标后设计
4. 编制施工组织设计的依据包括（　　）。
A. 工程设计文件　　　　　　　B. 项目建议书
C. 建设单位的意图和要求　　　D. 有关定额
E. 标准、规范和法律
5. 需要编制专项施工方案的工程包括（　　）。
A. 基坑支护及降水工程　　　　B. 绑扎钢筋工程
C. 起重吊装工程　　　　　　　D. 拆除、爆破工程
E. 高大模板工程

模块 2　工程项目施工准备工作

【学习描述】

教学内容　本模块主要介绍施工准备工作的相关知识,具体包括调查研究及资料的收集、技术资料准备、施工现场准备、制订劳动力物资准备工作计划及冬、雨期施工准备工作等内容。

教学要求　通过本模块的学习,使学生了解施工准备工作的意义及分类,熟悉原始资料的调查与研究、技术资料、施工现场、劳动力物资计划及冬雨期施工准备等工作的具体内容。

实践环节　编制施工准备工作计划、图纸会审及设计交底。

2.1　施工准备工作概述

施工准备工作是基本建设工作的主要内容,是生产经营管理的重要组成部分。施工准备工作是对拟建工程目标、资源供应和施工方案的选择,以及其空间布置和时间排列等诸方面进行的施工决策。

按工程项目施工准备工作的不同范围,一般可分为全场性施工准备、单位工程施工条件准备和分部(分项)工程作业条件准备等;按拟建工程所处的施工阶段的不同,一般可分为开工前的施工准备和各施工阶段的施工准备等。

1. 施工准备工作的意义、要求与分类

1)施工准备工作的意义

(1)遵循建筑施工程序。

施工准备是建筑施工程序的一个重要阶段。现代工程施工是十分复杂的生产活动,其技术规律和社会主义市场经济规律要求工程施工必须严格按建筑施工程序进行。只有认真做好施工准备工作,才能取得良好的建设效果。

(2)降低施工风险损失。

施工生产受外界干扰及自然因素的影响非常大,因而施工中可能遇到的风险也多。只有充分做好施工准备工作,采取积极预防措施,增强应变能力,才能有效地降低风险损失。

（3）创造工程开工和顺利施工的条件。

工程项目施工中不仅需要耗用大量材料，使用各种机械设备，组织安排各工种人力，还需处理广泛的社会关系，解决各种复杂的技术问题，协调各种配合关系，因而需要通过统筹安排和周密准备，才能使工程顺利开工，并保证开工后能连续顺利地施工且能得到各方面条件的支持。

（4）提高企业经济效益。

认真做好施工准备工作，能够调动各方面的积极因素，合理组织资源调配、提高工程量、降低工程成本，从而提高企业的经济效益和社会效益。

实践证明，施工准备工作的好坏将直接影响建筑产品生产的全过程。只要重视和好施工准备工作，积极为工程项目创造一切有利的施工条件，就能使该工程顺利开工并取得施工的主动权；反之，如果违背施工程序，忽视施工准备工作，或工程仓促开工，必然在工程施工过程中产生各种问题，以至于造成重大的经济损失。

2）对施工准备工作的要求

为了做好施工准备工作，应采取以下4个方面的具体措施。

（1）编制施工准备工作计划。施工准备工作要编制详细的计划，列出施工准备工作的具体内容、完成时间、负责人等。由于各项准备工作之间有相互依存的关系，单纯的计划难以表达清楚，因此可同时编制施工准备工作网络计划，明确并找出关键工作。利用网络图进行施工准备期的调整，尽量缩短时间。

施工准备工作计划应当在施工组织设计中予以安排，作为施工组织设计的基本内容之一，同时注重施工过程中的统筹安排。

（2）施工准备工作应有组织、有计划、分阶段、有步骤地进行。主要包括以下几方面。

① 建立施工准备工作的组织机构，明确落实相应人员的管理。

② 编制施工准备工作计划表，保证施工准备工作按计划落实。

③ 将施工准备工作按工程的具体情况划分为开工前、地基基础工程、主体工程、屋面与装饰装修工程等时间区段，分期、分阶段、有步骤地进行。

（3）建立严格的施工准备工作责任制与检查制度。

① 施工准备工作责任制。由于施工准备项目多、范围广，有时施工准备工作的期限比正式施工期限还要长，因此必须有严格的责任制。要按计划将责任明确到有关部门甚至个人，以保证按计划要求的内容及完成时间进行工作。同时明确各级技术负责人在施工准备工作中应负的领导责任，以便推动和促使各级领导认真做好施工准备工作。

② 检查制度。对施工准备工作，应定期进行检查，主要检查施工准备工作计划的执行情况，发现薄弱环节应及时加以改进。如果没有完成计划的要求，应进行分析，找出原因，扫除障碍，协调施工准备工作进度或调整施工准备工作计划。检查的方法可采用实际与计划对比法，或采用相关单位、人员割分制，检查施工准备工作情况，当场分析产生问题的原因，提出解决问题的方法。

（4）施工准备工作应做好以下4个结合：

① 设计与施工相结合。设计与施工两方面的积极配合，对加速施工准备是非常重要的。

双方互通情况、全力协作，为准备工作的快速、准确创造有利条件。设计单位出图时，尽可能按施工程序出图。对规模较大的工程和特殊工程，首先提供建筑总平面图、单项工程平面图、基础图，以便于及早规划施工现场提前现场准备工作。对于地下管道较多的工程，先出主要的管网图及交通道路的施工图，以利于现场尽快实现"三通一平"，便于材料进场和其他准备工作的开展。

② 室内准备与室外准备相结合。室内准备与室外准备应同时进行，相互创造条件。室内准备工作要抓紧熟悉施工图纸和图纸会审，编制施工组织设计、设计概算、施工图预算等。室外准备工作要加紧对建设地区的自然条件和技术经济条件进行调查分析，尽快为室内准备工作提供充足的技术资料。同时要做好现场准备工作、现场平面布置工作及临时设施设置等，施工组织设计确定一项，准备一项，以争取时间。

③ 土建工程与专业工程相结合。施工准备工作必须注意土建工程与专业工程相结合。在明确施工任务、拟定出施工准备工作的初步规划以后，应及时通知水电设备安装等专业施工单位及材料运输部门，组织相关人员研究初步计划，协调各方面的行动，使准备工作规划更切合实际；各有关单位都要心中有数，并及时做好必要准备，以利相互配合。

④ 前期准备与后期准备相结合。由于施工准备工作周期长，有一些是开工前所做的，有一些是在开工后交叉进行的。因此既要立足于前期的准备工作，又要着于后期的准备工作，要统筹安排好前、后期的准备工作，把握好时机，及时做好近期的施工准备工作。

3）施工准备工作的分类

（1）按工程项目施工准备工作的范围不同分类。

按工程项目施工准备工作的范围不同，一般可分为全场性施工准备、单位工程施工条件准备和分部（分项）工程作业条件准备3种。

① 全场性施工准备。它是以一个建筑工地为对象进行的各项施工准备。该准备工作的目的、内容都是为全场性施工服务的，它不仅要为全场性的施工活动创造有利条件，而且要兼顾单位工程施工条件的准备。

② 单位工程施工条件准备。它是以一个建筑物或构筑物为对象进行的施工条件准备工作。该准备工作的目的、内容都是为单位工程施工服务的，它不仅为该单位工程在开工前做好一切准备，而且要为分部（分项）工程做好施工准备工作。

③ 分部（分项）工程作业条件准备。它是以一个分部（分项）工程或冬雨期施工为对象进行的作业条件准备。

（2）按工程所处的施工阶段的不同分类。

按拟建工程所处的施工阶段不同，一般可分为开工前的施工准备和开工后的施工准备两种。

① 开工前的施工准备。它是在拟建工程正式开工之前所进行的一切施工准备工作，其目的是为拟建工程正式开工创造必要的施工条件。它既可能是全场性的施工准备，又可能是单位工程施工条件的准备。

② 开工后的施工准备。它是在工程开工之后，每个施工阶段正式开工之前所进行的施工准备工作，其目的是为施工阶段正式开工创造必备的施工条件。如混合结构的民用住宅的施工，一般可分为地下工程、主体工程、装饰工程和屋面工程等施工阶段，根据每个施工段的

施工内容不同，所需要的技术条件、物资条件、组织要求和现场布置等方面也不同，因在每个施工阶段开工之前，都要认真做好相应的施工准备工作。

综上所述，施工准备工作不仅应在拟建工程开工之前做好，而且随着工程施工的进展，在开工后也要做好。施工准备工作既要有阶段性，又要有连续性，因此施工准备工作必需有计划、有步骤、分期和分阶段地进行，并且要贯穿于工程整个生产过程的始终。

2. 施工准备工作的内容

施工准备工作的内容通常包括以下 5 个方面。
① 调查研究与收集资料；
② 技术资料的准备；
③ 施工现场的准备；
④ 物资及劳动力的准备；
⑤ 季节性施工准备工作。

为落实各项施工准备工作，加强检查和监督，应根据各项施工准备工作的内容、时间和人员，编制施工准备工作计划。施工准备工作的内容如图 2-1 所示。

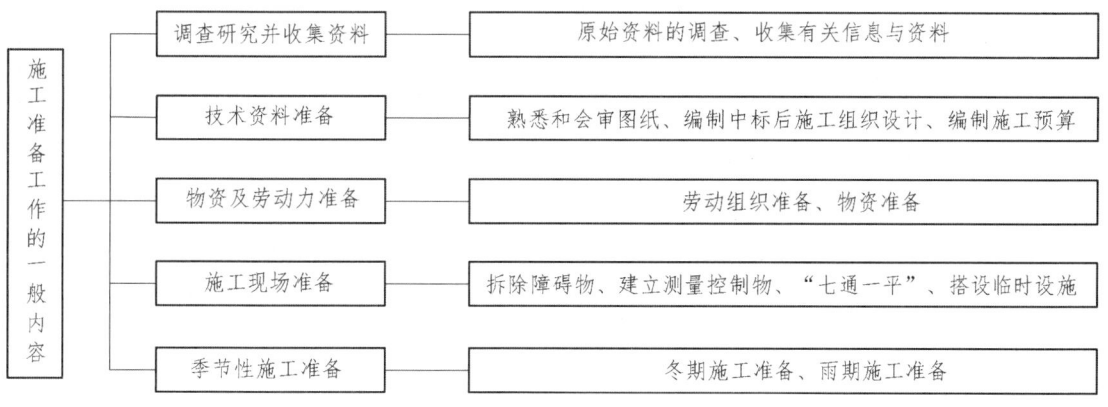

图 2-1 施工准备工作的内容

2.2 调查研究与收集资料

建筑工程施工设计的单位多、内容广、情况多变、问题复杂，编制施工组织设计的人员对建设地区的技术经济条件、厂址特征和社会情况等往往不太熟悉，特别是建筑工程的施工在很大程度上要受当地技术经济条件的影响和约束。因此，对一项工程所涉及的自然条件和经济条件等施工资料进行调查研究与收集整理，是施工准备工作的一项重要内容。

编制出一个符合实际情况、切实可行、质量较高的施工组织设计，就必须做好调查研究收集原始资料和参考资料，了解实际情况，熟悉当地条件，掌握充分的信息，特别是定额信息及建设单位、设计单位、施工单位的有关信息。

1. 原始资料的调查

原始资料的调查工作应有计划、有目的地进行，事先要拟定明确详细的调查提纲。调查的范围、内容、要求等应根据拟建工程的规模、性质、复杂程度、工期以及对当地熟悉了解程度而定。到新的地区施工，调查了解、收集资料应全面、细致。

首先，应向建设单位、勘查设计单位收集工程资料，如工程设计任务书，工程地质、水文勘查资料，地形测量图，初步设计或扩大初步设计以及工程规划资料，工程规模、性质、建筑面积、投资等资料

其次，向当地气象部门收集有关气象资料，向当地有关部门、单位收集当地政府的有关规定及建设工程的提示，以及有关协议书，了解社会相关情况，了解劳动力、运输能力和地方建筑材料的生产能力。通过对以上原始材料的调查，为编制施工组织设计提供充分的资料和依据。自然条件调查表见表2-1。

表2-1 自然条件调查的项目

序号	项目		调查内容	调查目的
1	气象资料			
	（1）	气温	① 全年各月平均温度； ② 最高温度、月份，最低温度、月份； ③ 冬天、夏季室外计算温度； ④ 霜、冻、冰雹期； ⑤ 小于−3℃、0℃、5℃的天数，起止日期	① 防暑降温； ② 全年正常施工天数； ③ 冬期施工措施； ④ 估计混凝土、砂浆强度增长
	（2）	降雨	① 雨季起止时间； ② 全年降水量、一日最大降水量； ③ 全年雷暴水量天数、时间； ④ 全年各月平均降水量	① 雨期施工措施； ② 现场排水、防洪； ③ 防雷； ④ 雨天天数估计
	（3）	风	① 主导风向及频率（风玫瑰图）； ② 大于或等于8级风的全年天数，时间	① 布置临时设施； ② 高空作业及吊装措施
2	工程地形、地质			
	（1）	地形	① 区域地形图； ② 工程位置地形图； ③ 工程建设地区城市规划； ④ 控制桩、水准点的位置； ⑤ 地形、地质的特征； ⑥ 勘查文件、资料等	① 选择施工用地； ② 合理布置施工总平面图； ③ 计算现场平整土方量； ④ 障碍物及数量； ⑤ 拆迁和清理施工现场
	（2）	地质	① 钻孔布置图； ② 地质剖面图（各层土的特征、厚度）； ③ 土质稳定性：滑坡、流砂、冲沟； ④ 地基土强度的结论，各项物理力学指标：天然含水量，孔隙比，渗透性、压缩性指标、塑性指数、地基承载力； ⑤ 软弱土、膨胀土、湿陷性黄土分布情况，最大冻结深度； ⑥ 防空洞、枯井、土坑、古墓、洞穴，地基土破坏情况； ⑦ 地下沟渠管网、地下构筑物	① 土方施工方法的选择； ② 地基处理方法； ③ 基础、地下结构施工措施； ④ 障碍物拆除计划； ⑤ 基坑开挖方案设计

续表

序号	项目	调查内容	调查目的
（3）	地震	抗震设防烈度的大小	对地基、结构影响，施工注意事项
3		工程水文地质	
（1）	地下水	① 最高、最低水位及时间； ② 流向、流速、流量； ③ 水质分析； ④ 抽水试验、测定水量	① 土方施工基础施工方案的选择； ② 降低地下水位方法、措施； ③ 判定侵蚀性质及施工注意事项； ④ 使用、饮用地下水的可能性
（2）	地面水（地面河流）	① 临近的江河、湖泊及距离； ② 洪水、平水、枯水时期，其水位、流量、流速、航道深度，通航可能性； ③ 水质分析	① 临时给水； ② 航运组织； ③ 水工工程
（3）	周围环境及障碍物	① 施工区域现有建筑物、构筑物、沟渠、水流、树木、土堆、高压输变电线路等； ② 临近建筑坚固程度及其中人员工作，生活、健康状况	① 及时拆迁、拆除； ② 保护工作； ③ 合理布置施工平面； ④ 合理安排施工进度

2. 收集相关信息与资料

1）技术经济调查分析

它包括地方性建筑生产企业，地方资源交通运输，水、电及其他能源，主要设备、三大材和特殊材料，以及他们的生产能力等项调查。技术经济条件调查表见表2.2~表2.8。

表2-2 地方建筑材料及构件生产企业情况调查内容

序号	企业名称	产品名称	规格质量	单位	生产能力	供应能力	生产方式	出厂价格	运距	运输方式	单位运价	备注

注：① 名称按照构件厂、木工厂、金属结构厂、商品混凝土厂、砂石厂、建筑设备厂、砖、瓦、石灰厂等填列；
② 资料来源：当地计划、经济、建筑主管部门；
③ 调查明细：落实物资供应

表2-3 地方资源情况调查内容表

序号	材料名称	产地	储存量	质量	开采（生产）量	开采费	出厂价	运距	运费	供应的可能性

注：① 材料名称栏按照块石、碎石、砾石、砂、工业废料（包括冶金矿渣、炉渣、电站粉煤灰）填列；
② 调查目的：落实地方物资准备工作。

表 2-4　地区交通运输条件调查内容表

序号	项目	调查内容	调查目的
1	铁路	① 邻近铁路专用线、车站至工地的距离及沿途运输条件； ② 站场卸货线路长度，起重能力和储存能力； ③ 装载单个货物的最大尺寸、重量的限制； ④ 支费、装卸费和装卸力量	① 选择施工运输方式； ② 拟定施工运输计划
2	公路	① 主要材料产地至工地的公路等级，路面构造宽度及完好情况，允许最大载重量； ② 途经桥涵等级，允许最大载重量； ③ 当地专业机构及附近村镇能提供的装卸、运输能力，汽车、畜力、人力车的数量及运输效率，运费、装卸费； ④ 当地有无汽车修配厂、修配能力和至工地距离、路况； ⑤ 沿途架空电线高度	
3	航运	① 货源、工地至邻近河流、码头渡口的距离，道路情况； ② 洪水、平水、枯水期和封冻期通航的最大船只及吨位，取得船只的可能性； ③ 码头装卸能力最大起重量增设码头的可能性； ④ 渡口的渡船能力，同时可载汽车、马车数，每日次数，能为施工提供的能力； ⑤ 运费、渡口费、装卸费	

表 2-5　供水排水、供电与通信等条件调查表

序号	项目	调查内容	调查目的
1	给水排水	① 与当地现有水源连接可能性，可供水量，接管地点、管径、管材、埋深、水压、水质、水费，至工地距离、地形地物情况； ② 临时供水源：利用江河、湖水可能性，水源、水量、水质、方案；取水方式，至工地距离、地形地物情况；临时水井位置、深度、出水量、水质； ③ 利用永久排水设施的可能性，施工排水去向，距离坡度有无洪水影响，现有防洪设施、排洪能力	① 确定生活、生产供水； ② 确定工地排水和防洪方案； ③ 拟定给水排水的施工进度计划
2	供电与通信	① 电源位置，引入的可能，允许供电容量、电压、导线截面、距离、电费、接线地点，至工地距离、地形地物情况； ② 建设和施工单位自有发电、变电设备的规格型号，台数、能力； ③ 利用邻近通信设备的可能性，电话、电报局至工地距离，增设电话设备和计算机等自动化办公设备和线路的可能性	① 确定供电方案； ② 确定通信方案； ③ 拟定供电和通信的施工进度计划
3	供气	① 供气来源，可供能力、数量，接管地点、管径、埋深，至工地距离，地形地物情况，供气价格，供气的正常性； ② 建设和施工单位自有锅炉型号、台数、能力、所需燃料、用水水质、投资费用； ③ 当地建设单位提供压缩空气、氧气的能力，至工地的距离	① 确定生产、生活用气的方案； ② 确定压缩空气、氧气的供应计划

表 2-6 三大材料、特殊材料及主要设备调查表

序号	项目	调查内容	调查目的
1	三大材料	① 钢材订货的规格、钢号、强度等级、数量和到货时间; ② 木材订货的规格、等级、数量和到货时间; ③ 水泥订货的品种、等级、数量和到货时间	① 确定临时设施和堆放场地; ② 确定木材加工计划; ③ 确定水泥储存方式
2	特殊材料	① 需要的品种、规格、数量; ② 试制、加工和供应情况; ③ 进口材料和新材料	① 制订供应计划; ② 确定储存方式
3	主要设备	① 主要工艺设备名称、规格、数量和供货单位; ② 分批和全部到货时间	① 确定临时设施和堆放场地; ② 拟订防雨措施

表 2-7 建设地区社会劳动力和生活设施调查表

序号	项目	调查内容	调查目的
1	社会劳动力	① 少数民族地区的风俗习惯; ② 当地能提供的劳动力人数、技术水平、工资费用和来源; ③ 上述人员的生活安排	① 拟订劳动力计划; ② 安排临时设施
2	房屋设施	① 必须在工地居住的单身人数和户数; ② 能作为施工用的现有的房屋栋数,每栋面积,结构特征,总设施面积,位置,水、暖、电、卫、设备状况; ③ 上述建筑物的适宜用途,用作宿舍、食堂、办公室的可能性	① 确定现有房屋为施工服务的可能性; ② 安排临时设施
3	周围环境	① 主副食品供应、日用品供应、文化教育、消防治安等机构能为施工提供的支援能力; ② 邻近医疗单位至工地的距离,可能就医情况; ③ 当地公共汽车、邮电服务情况; ④ 周围是否存在有害气体、污染情况,有无地方病	安排职工生活

表 2-8 参加施工的各单位情况调查表

序号	项目	调查内容	调查目的
1	工人	① 工人数量、分工种人数、能投入本工程施工的人数; ② 专业分工及一专多能的情况、工人队组形式; ③ 定额完成情况、工人技术水平、技术等级构成	
2	管理人员	① 管理人员总数及所占比例; ② 其中技术人员数、专业情况、技术职称和其他人员数	
3	施工机械	① 机械名称、型号、能力、数量、新旧程度、完好率,能投入本工程施工的情况; ② 总装备程度(马力/全员); ③ 分配、新购情况	
4	施工经验	① 历年曾施工的主要工程项目、规模、结构、工期; ② 习惯施工方法,采用过的先进施工方法,构件加工、生产能力及质量; ③ 工程质量合格情况,科研、革新成果	
5	经济指标	① 劳动生产率,年完成能力; ② 质量、安全、降低成本情况; ③ 机械化程度; ④ 工业化程度设备、机械的完好率、利用率	明确施工力量、技术素质,规划施工任务分配、安排

2）其他相关信息与资料的收集整理

在编制施工组织设计时，除施工图纸及调查所得的原始资料外，还可以收集相关的参考资料作为编制的依据。如施工定额、施工手册、各种施工规范、施工组织设计编写实例及平时施工实践活动中所积累的资料等，此外，还应向建设单位和设计单位收集建设项目的建设安排及设计方面的资料。建设单位与设计单位项目资料收集调查见表2-9。

表2-9 建设单位与设计单位项目资料收集调查表

序号	项目	调查内容	调查目的
1	建设单位	① 建设项目设计任务书和有关文件； ② 建设项目性质、规模、生产能力； ③ 生产工艺流程、主要工艺设备名称及来源、供应时间、分批和全部到货时间； ④ 建设期限、开工时间、交工先后顺序、竣工投产时间； ⑤ 总概算投资、年度建设计划； ⑥ 准备工作内容、安排、工作进度表	① 施工依据； ② 项目建设部署； ③ 制订主要工程施工方案； ④ 规划施工总进度； ⑤ 安排年度施工计划； ⑥ 规划施工总平面； ⑦ 确定占地范围
2	设计单位	① 建设项目总平面规划； ② 工程地质勘查资料、水文勘查资料； ③ 项目建筑规模、建筑、结构、装修概况、总建筑面积、占地面积、单项（单位）工程个数、设计进度安排； ④ 生产工艺设计、特点； ⑤ 地形测量图	① 施工总平面图规划； ② 规划生产施工区、生活区； ③ 安排大型暂设工程； ④ 概算、规划施工总进度； ⑤ 计算平整场地土石方量； ⑥ 确定地基、基础的施工方案

2.3 技术资料准备

技术资料准备即通常所说的"内业"工作，它是工准备的核心，指导现场施工准备工作，对于保证建筑产品质量，实现安全生产，加快工程进度，提高工程经济效益都具有十分重要的意义，任何技术差错和隐患都可能引起人身安全和质量事故，造成生命财产和经济的巨大损失，因此，必须重视做好技术资料准备其主要内容包括：熟悉和会审图纸，编制中标后施工组织设计，编制施工预算等。

1. 熟悉和会审图纸

施工图全部（或分阶段）出图以后，施工单位应依据建设单位和设计单位提供的初步设计成或扩大初步设计（技术设计），施工图设计、建筑总平面图、土方竖向设计和城市规划等资料文件，调查、收集的原始资料和其他相关信息与资料，组织有关人员对设计图纸进行学习和会审工作，使参与施工的人员掌握施工图的内容、要求和特点，同时发现施工图中的问题，以便在图纸会审时统一提出，解决施工图中存在的问题，确保工程施工顺利进行。

1）熟悉图纸阶段

（1）熟悉图纸工作的组织。

由施工单位该工程项目经理部组织有关工程技术人员认真熟悉图纸，了解设计意图与建设单位要求以及施工应达到的技术标准，明确工程流程。

（2）熟悉图纸的要求。

① 先粗后细。就是先看平面图、立面图、剖面图，对整个工程的概貌有一个了解，对总的长、宽尺寸，轴线尺寸、标高、层高、总高有一个大体的印象。然后再看细部做法，核对总尺寸与细部尺寸、位置、标高是否相符，门窗表中的门窗型号、规格、形状、数量是否与结构相符等。

② 先小后大。就是先看小样图，后看大样图，核对在平面图、立面图、剖面图中标注的细部做法，与大样图的做法是否相符；所采用的标准构件图集编号、类型、型号与设计图纸有无矛盾，索引符号有无漏标之处，大样图是否齐全等。

③ 先建筑后结构。就是先看建筑图，后看结构图，把建筑图与结构图互相对照，核对其轴线尺寸、标高是否相符，有无矛盾，查对有无遗漏尺寸，有无构造不合理之处。

④ 一般包括地基处理方法、变形缝的设置、防水处理要求和抗震、防火、保温、隔热、防尘、特殊装修等技术要求。

⑤ 图纸与说明结合。就是要在看图时对照设计总说明和图中的细部说明，核对图有无矛盾，规定是否明确，要求是否行，做法是否理等。

⑥ 土建与安装结合。就是看土建图时，有针对性地看一些安装图，核对与土建有关的安装图有无矛盾、预埋件，预留洞，槽的位置，尺寸是否一致，了解安装对土建的要求，以便考虑在施工中的协作配合。

⑦ 图纸的要求与实际情况结合。就是核对图纸有无不符合施工实际之处，如建筑物相对位置，场地标高、地质情况等是否与以计图纸相符，对一些特殊的施工艺，施工单位能否做到等。

2）自审图纸阶段

（1）自审图纸的组织。

由施工单位该项目经理部组织各工种人员对本工种的有关图纸进行审查，掌握和了解图纸中的细节；在此基础上，由总承包单位内部的土建与水、暖、电等专业，共同核对图纸，消除差错，协商施工配合事项；最后，总承包单位与外分包单位（如：桩基施工、装饰工程施工、设备安装施工等）在各自审查图纸基础上，共同核对图纸中的差错及协商有关施工配合问题。

（2）自审图纸的要求。

① 查拟建工程的地点，建筑总平面图同国家、城市或地区规划是否一致，以及建筑物或构筑物的设计功能和使用要求是否符合环卫、防火及美化城市方面的要求。

② 审设计图纸是否完整齐全以及设计图纸和资料是否符合国家有关技术规范。

③ 审查建筑、结构、设备安装图是否相符，有无"错、漏、碰、缺"，内部结构和工艺设备有无矛盾。

④ 审查地基处理与基础设计同拟建工程地点的工程地质和水文地质等条件是否一致，以及建筑物或构筑物与原地下构筑物及管线之间有无矛盾，深基础的防水方案是否可靠，材料设备能否解决。

⑤ 明确拟建工程的结构形式和特点，复核主要承重结构的承载力、刚度和稳定性是否满足要求，审查设计图纸中的形体复杂、施工难度大和技术要求高的分部分项工程或新结构、新材料、新工艺，在施工技术和管理水平上能否满足质量和工期要求，选用的材料、构配件、设备等能否解决。

⑥ 明确建设期限，分期分批投产或交付使用的顺序和时间，以及工程所用的主要材料、设备的数量、规格、来源和供货日期。

⑦ 明确建设单位、设计单位和施工单位等之间的协作、配合关系，以及建设单位可以提供的施工条件。

⑧ 审查设计是否考虑了施工的需要，各种结构的承载力、刚度和稳定性是否满足设置内爬、附着、固定式塔式起重机等使用的要求。

3) 图纸会审阶段

（1）图纸会审的组织。

一般由建设单位组织并主持会议，设计单位交底，施工单位、监理单位参加。重点工程或规模大及结构、装修较复杂的工程，如有必要可邀请各主管部门、消防、防疫与协作单位参加，会审的程序是：

设计单位做设计交底，施工单位对图纸提出问题，有关单位发表意见，与会者讨论、研究、协商，逐条解决问题达成共识，组织会审的单位汇总成文，各单位会签，形成图纸会审纪要，见表2-10，会审纪要作为与施工图纸具有同等法律效力的技术文件使用。

表 2-10 图纸会审记录

工程名称		××教学楼		会审范围	×××
主持人		×××		日期	××年××月××日
参加人员	建设单位	×××	设计单位		×××
	监理单位	×××	施工单位		×××
序号	图号	提出问题		会审意见	
1	结-8	结构是圆，建筑是八角，以哪个为准？		以建筑为准	
1	结-8	建筑八角处的八角怎么定位？		等待设计院处理	
2	结-7	防冻胀做法处为苯板还是挤塑板？容重多少？回填砂怎么做法，可以水撼砂么？		100 mm 厚挤塑板，双层馅缝搭接，奋重为 30 kg/m³。回填砂不能水撼砂，必须夯实	
3	结-5	16轴交A轴处两个LL1(1)怎么定位？		梁中为柱中，即为两桩承台中心	
4	结-6	地沟与承台冲突处怎么处理？地沟与梁交接处，净高只剩 800 mm，是否蒿足使用要求？		地沟按现场情况位移，承台边为地沟外墙边，净高达到 800 mm 就能够满足使用要求	

续表

工程名称		××教学楼		会审范围	×××
主持人		×××		日期	××年××月××日
参加人员	建设单位	×××		设计单位	×××
	监理单位	×××		施工单位	×××
序号	图号	提出问题		会审意见	
5	结-6	5-6轴/A轴处K24怎么定位？		等待回复	
6	结-6	没有电梯构造柱详图，无楼梯图，TZ在哪生根？		构造柱及TZ在梁上生根，电梯中客梯有基坑，食梯无基坑，电梯楼梯图设计院出图	
7	结-6	楼梯与地沟冲突处怎么做？		正常做法，梯梁横跨地沟，上 $2\Phi18$，下 $2\Phi18$ 箍筋为 $\Phi10@150$	
8	结-3	承台中未标注拉筋怎么做法？		拉筋直径同箍筋，间距为箍筋的2倍	
9	结-5	LL与CT交接处怎么做法？有何构造要求？		LL钢筋锚入柱中心，通过承台	
10	结-6	地沟垫层混凝土为C15还是C10？地沟盖板混凝土强度？地沟盖板是否可以现浇？		地沟垫层混凝土改为C15，盖板可以现浇，混凝土强度为C20	
11	结-5	ZSZ1表中截面 100×1 200，与截面不符？		100×200	
12	结-3	土方开挖后垫层底是否夯实？		垫层底必须夯实	
建设单位代表（盖章）		监理单位代表（盖章）		设计单位代表（盖章）	施工单位代表（盖章）

注：本表由建设单位、监理单位、施工单位、城建档案馆各保存一份。

（2）图纸会审的要求。

审查设计图纸发其他技术资料时，应注意以下问题：

① 设计是否符合国家有关方针、政策和规定；

② 设计规模、内容是否符合国家有关的技术规范要求，尤其是强制性标准的要求，是否符合环境保护和消防安全的要求；

③ 建筑设计是否符合国家有关的技术规范要求，尤其是强制性标准的要求，是否符合环境保护和消防安全的要求；

④ 建筑平面布置是否符合核准的按建筑红线划定的详图和现场实际情况；是否提供符合要求的永久水准点或临时水准点位置；

⑤ 图纸及说明是否齐全、清楚、明确；

⑥ 结构、建筑、设备等图纸本身及相互之间是否有错误和矛盾，图纸与说明之间有无矛盾；

⑦ 有无特殊材料（包括新材料）要求，其品种，规格，数量能否满足需要；

⑧ 设计是否符合施工技术装备条件，如需采取特殊技术措施时，技术上有无困难，能否保证安全施工；

⑨ 地基处理及基础设计有无问题，建筑物与地下构筑物、管线之间有无矛盾。

⑩ 建（构）筑物及设备的各部位尺寸、轴线位置、标高、预留孔及预埋件、大样图及做法说明有无错误和矛盾。

2. 编制中标后施工组织设计

中标后施工组织设计是施工单位在施工准备阶段编制的指导拟建工程从施工准备到竣工验收乃至保修回访的技术经济、组织的综合性文件，也是编制施工预算、实行项目管理的依据，是施工准备工作的主要文件。它是在投标书施工组织设计的基础上，结合所收集的原始资料和相关信息资料，根据图纸及会审纪要，按照编制施工组织设计的基本原则，综合建设单位、监理单位、设计意图的具体要求进行编制，以保证工程好、快、省、安全顺利完成。

施工单位必须在约定的时间内完成中标后施工组织设计的编制与自审工作，并填写施工组织设计报审表，报送项目监理机构。总监理工程师应在约定的时间内，组织专业监理工程师审查，提出审查意见后，由总监理工程师审定批准，需要施工单位修改时由总监理工程师签发书面意见，退回施工单位修改后再报审，总监理工程师应重新审定，已审定的施工组织设计由项目监理机构报送建设单位。施工单位应按审定的施工组织设计文件组织施工，如需对其内容做较大变更，应在实施前将变更书面内容报送项目监理机构重新审定。对规模大、结构复杂或属新结构、特种结构的工程，专业监理工程师提出审查意见后，由总监理工程师签发审查意见，必要时与建设单位协商，组织有关专家会审。

3. 编制施工预算

施工预算是施工单位根据施工合同价款、施工图纸、施工组织设计或施工方案、施工定额等文件进行编制的企业内部的经济文件，它直接受施工合同中合同价款的控制，是施工前的一项重要工作，它是施工企业内部控制各项成本支出、考核用工、签发施工任务、限额领料，基层进行经济核算、进行经济动态分析的依据。在施工过程中要按施工预算严格控制各项指标，以促进降低工程成本和提高施工管理水平。

2.4 施工现场准备

施工现场是施工的全体参加者为了夺取优质、高速、低耗的目标，而有节奏、均衡、连续地进行施工的活动空间。施工现场的准备工作，主要是为了给施工项目创造有利的施工条件，是保证工程按计划开工和顺利进行的重要环节。

1. 现场准备工作的范围及各方职责

施工现场准备工作由两个方面组成，一是建设单位应完成的施工现场准备工作；二是施工单位应完成的施工现场准备工作。建设单位与施工单位的施工现场准备工作均就绪时，施工现场就具备了施工条件。

建设单位要按合同条款中约定的内容和时间完成以下工作：

① 办理土地征用、拆迁补偿、平整施工场地等工作，使施工场地具备施工条件，在开工后继续负责解决以上事项遗留问题；

② 将施工所需水、电、电信线路从施工场地外部接至专用条款约定地点，保证施工期间的需要；

③ 开通施工场地与城乡公共道路的通道，以及专用条款约定的施工场地内的主要道路，满足施工运输的需要，保证施工期间的畅通；

④ 向承包人提供施工场地的工程地质和地下管线资料，对资料的真实准确性；

⑤ 办理施工许可证及其他施工所需证件、批件和临时用地、停水、停电、中断道路交通、爆破作业等的申请批准手续（证明承包人自身资质的证件除外）；

⑥ 确定水准点与坐标控制点，以书面形式交给承包人，进行现场交验；

⑦ 协调施工现场周围的地下管线和邻近建热物，构筑物（包括文物保护建筑）、古树名木的保护工作，承担有关费用。

上述施工现场准备工作，承发包双方也可以在合同专用条款内交由施工单位完成，其费用由建设单位承担。

施工单位现场准备工作即通常所说的室外准备，施工单位应按合同条款约定的内容和施工组织设计的要求完成以下工作：

① 根据工程需要，提供和维修非夜间施工使用的照明，围栏设施，并负责安全保卫；

② 按专用条款约定的数量和要求，向发包人提供施工场地办公和生活的房屋及设施，发包人承担由此发生的费用；

③ 遵守政府有关主管部门对施工场地交通、施工噪声以及环境保护和安全生产等的规定，按规定办理有关手续，并以书面形式通知发包人，发包人承担由此发生的费用，因承包人责任造成的罚款除外；

④ 按专用条款约定做好施工场地地下管线和邻近建筑物、构筑物（包括文物保护工作）；

⑤ 保证施工场地清洁符合环境卫生管理的有关规定；

⑥ 建立测量控制网；

⑦ 工程用地范围内的"七通一平"，其中平整场地工作应由其他单位承担，但建设单位也可要求施工单位完成，费用仍由建设单位承担；

⑧ 搭设现场生产和生活用的临时设施。

2. 拆除障碍物

施工现场内的一切地上、地下障碍物，都应在开工前拆除。这项工作一般由建设单位来完成，但也有委托施工单位来完成。如果由施工单位来完成这项工作，一定要事先摸清现场情况，尤其是在城市的老区中，由于原有建筑物和构筑物情况复杂，而且往往资料不全，在拆除前需要采取相应的措施，防止发生事故。

对于房屋的拆除，一般只要把水源、电源切断后即可进行拆除。若房屋较大、较坚固，若采用爆破的方法时，必须经有关部门批准，需要由专业的爆破作业人员来承担架空电线（电力、通信）、地下电缆（包括电力、通信）的拆除，要与电力部门或通信部门联系并办理有关手续后方可进行。自来水、污水、燃气、热力等管线的拆除，都应与有关部门取得联系，办好手续后由专业公司来完成。场地内若有树木，需报园林部门批准后方可砍伐拆除障碍物留下的渣土等杂物都应清除出场外。运输时，应遵守交通、环保部门的有关规定，运土的车辆要按指定的路线和时间行驶，并采取封闭运输车或在渣土上直接洒水等措施，以免渣土飞扬而污染环境。

3. 建立测量控制网

建筑施工工期长，现场情况变化大，因此，保证控制网点的稳定，正确，是确保建筑施工质量的先决条件，特别是在城区建设，障碍多、通视条件差，给测量工作带来一定的难度，施工时应根据建设单位提供的由规划部门给定的永久性坐标和高程，按建筑总图上的要求，进行现场控制网点的测量，妥善设立现场永久性桩标，为施工全过程的投测创造条件。控制网一般采用方格网，这些两点的位置应视工程范围的大小和控制度而定，建筑方格网多由 100~200 m 的正方形或矩形组成，如果土方工程需要，还测绘地形图，通常这项工作由专业测量队完成，但施工单位还需根据施工的具体需要做一些加密网点等补充工作。

在测量放线时，应校验和校正经纬仪，水准仪、钢尺等测量仪器。校核结线桩与水准点，制定切实可行的测量方案，包括平面控制，标高控制、沉降观测和凌工测量等工作。

建筑物定位放线，一般通过设计图中平面控制轴线来确定建筑物位置，测定并经自检合格后提交有关部门和建设单位或监理人员验线，以保证定位的准确性。沿红线的建筑物放线后，还要由城市规划部门验线以防止建筑物压红线或超红线，为正常顺利地的施工创造条件。

4. "七通一平"

"七通一平"包括在工程用地范围内，接通施工用水、用电、道路、电信及燃气施工现场排水及排污畅通和平整场地的工作。

（1）平整场地。清除障碍物后，即可进行场地平整工作，按照建筑施工总平面、勘测地形图和场地平整施工方案等技术文件的要求，通过测量，计算出填挖土方工程量，设计土方调配方案，确定平整场地的施工方案，组织人力和机械进行平整场地的工作。应尽量做到挖填方量趋于平衡。总运输量最小，便于机械施工和充分利用建筑物挖方填土。并应防止利用地表土、软弱土层、草皮、建筑垃圾等做填方。

（2）路通。施工现场的道路是组织物资进场的动脉，拟建工程开工前，必须按照施工总平面图的要求，修建必要的临时性道路，为节约临时工程费用，缩短施工准备工作时间，尽量利用原有道路设施或拟建永久性道路解决现场道路问题，形成畅通的运输网络，使现场施工用道路的布置确保运输和消防用车等的行驶畅通。临时道路的等级，可根据交通流量和所用车解决。

（3）给水通。施工用水包括生产、生活与消防用水，应按施工总平面图的规划进行安排，施工给水尽可能与永久性的给水系统结合起来。临时管线的铺设，既要满足施工用水的需用量，又要施工方便，并且尽量缩短管线的长度，以降低工程的成本。

（4）排水通。施工现场的排水也十分重要，特别在雨期，如场地排水不畅，会影响到施工和运输的顺利进行，高层建筑的基坑深、面积大，施工往往要经过雨期，应做好基坑周围的挡土支护工作，防止坑外雨水向坑内汇流，并做好基坑部雨水的排放工作。

（5）排污通。施工现场的污水排放，直接影响到城市的环境卫生，由于环境保护的要求，有些污水不能直接排放，而需进行处理以后方可排，因此，现场的排污也一项重要的工作。

（6）电及电信通。电是施工现杨的主要动力来源，施工现场中电包括施工生产用电和生活用电，由于建筑工程施工供电面积大，起动电流大、负荷变化多和手持式用电机具多，施工现场临时用电要考虑安全和节能措施，开工前，要按要求，接通电力和电信设施，电源首先应考虑从建设单位给定的电源上获得，如其供电能力不能满足施工用电需要，则应考虑在现场建立自备发电系统，确保施工现场动力设备和通信设备的正常运行。

（7）蒸汽及燃气通。施工中如需要通蒸汽、燃气，应按施工组织设计的要求进行安排，以保证施工的顺利进行。

5. 搭设临时设施

现场生活和生产用的临时设施，应按照施工平面布置图的要求进行，临时建筑平面图及主要房屋结构图都应报请城市规划、市政、消防、交通、环境保护等有关部门审查，为了施工方便和行人的安全及文明施工，应用围墙将施工用地围护起来，围墙的形式、材料和高度应符合市容管理的有关规定和要求，并在主要出入口设置标牌挂图，标明工程项目名称、施工单位、项目负责人等。

所有生产及生活用临时设施，包括各种仓库、搅拌站、加工厂作业棚、宿舍、办公房、食堂、文化生活设施等，均应按批准的施工组织设计的要求组织搭设，并尽量利用施工现场或附近原有设施（包括要拆迁但可暂时利用的建筑物）和在建工程本身供施工使用的部分用房，尽可能减少临时设施的数量，以便节约用地、节省投资。

2.5 劳动力及物资的准备

1. 施工队伍的准备

施工队伍的准备包括项目管理人员的配备、基本施工队伍的确定、专业施工队伍的组织、外包施工队伍的组织和优化劳动组合与技术培训等。

（1）项目管理人员的配备。

总公司根据工程的施工要求及工程规模、工期、质量等方面的要求，特设一个领导小组，现场设立项目经理部,对工程进行项目管理。项目经理部配备有完整的管理人员及有经验的、素质稳定的施工班组,组成一支高效,精干、强有力的施工队伍,按基础、主体结构、装饰、装修等不同阶段,对各施工班组分别考虑和安排。为保证施工质量,提高效率,便于核算,各作业班组须保持相对稳定,并由项目部统一安排、统筹调度。

(2)基本施工队伍的确定。

根据工程特点,选择恰当的劳动组织形式,如模板工、钢筋工、混凝土工、瓦工、木工、架子工、防水工、杂工、水暖工、电工等。土建施工队伍是混合队伍形式,其特点是人员配备少,工人以本工种为主兼做其他工作,工序之间搭接比较紧凑,劳动效率高。例如,砖混结构的主体阶段主要以瓦工为主,配有架子工、木工、钢筋工、混凝土工及机械工;装修阶段则以抹灰工为主,配有木工、电工等。对于装配式结构,则以结构吊装为主,配备适当的电焊工、木工、钢筋工、混凝土工、瓦工等。对于全现浇结构,混凝土工是主要工种,由于采用工具式模板,操作简便,因此不一定配备木工,只要有一些熟练的操作人员即可。

(3)专业施工队伍的组织。

机电安装及消防、空调、通信系统等设备一般由生产厂家进行安装和调试,有的施工项目需要机械化施工公司承担,如土石方、吊装工程等。这些都应在施工准备中以签订承包合同的形式予以明确,以便组织施工队伍。

(4)外包施工队伍的组织。

由于建筑市场的开放及用工制度的改变,施工单位仅靠本身的能力来完成各项施工任务已不能满足要求,这时需要组织外包施工队伍共同承担。外包施工队伍大致有独立承担单位工程的施工、承担分部(分项)工程的施工、参与施工单位的班组施工三种形式。

(5)优化劳动组合与技术培训。

优化劳动组合与技术培训需注意以下几点:

① 针对工程施工难点,组织工程技术人员和工人队伍中的骨干力量,进行类似工程的考察学习。

② 做好专业工程技术培训,提高对新工艺、新材料使用操作的适应能力。

③ 强化质量意识,抓好质量教育,增强质量观念。

④ 工人队组实行优化组合、双向选择、动态管理,最大限度地调动职工的积极性。

⑤ 认真全面地进行施工组织设计的落实和技术交底工作。

⑥ 切实抓好施工安全、防火和文明施工等方面的教育。

2. 施工物资的准备

物资准备工作主要包括建筑材料的准备、构(配)件和制品的加工准备、建筑安装机具的准备和生产工艺设备的准备。

(1)建筑材料的准备。

建筑材料的准备主要是根据施工预算进行分析,根据施工进度计划要求,按材料名称、规格、使用时间、材料储备定额和消耗定额进行汇总,编制出材料需要量计划,为组织备料、确定仓库、场地堆放所需的面积和组织运输等提供依据。

（2）构（配）件、制品的加工准备。

根据施工预算提供的构（配）件、制品的名称、规格、质量和消耗量，确定加工方案和供应渠道以及进场后的储存地点和储存方式，编制出其需要量计划，为组织运输、确定堆场面积等提供依据。

（3）建筑安装机具的准备。

根据采用的施工方案，安排施工进度，确定施工机械的类型、数量和进场时间，确定施工机具的供应办法和进场后的存放地点和方式，编制建筑安装机具的需要量计划，为组织运输，确定堆场面积等提供依据。

（4）生产工艺设备的准备。

按照拟建工程生产工艺流程及工艺设备的布置图提出工艺设备的名称、型号、生产能力和需要量，确定分期分批进场时间和保管方式，编制工艺设备需要量计划，为组织运输、确定堆场面积提供依据。

2.6 季节性施工准备

建筑工程施工绝大部分工作是露天作业，受气候影响比较大，因此，在冬期、雨期及夏季施工中，必须从具体条件出发，正确选择施工方法，做好季节性施工准备工作，以保证按期、保质、安全地完成施工任务，取得较好的技术经济效果。

1. 冬期施工准备

1）组织措施

（1）合理安排施工进度计划，冬期施工条件差，技术要求高，费用增加、因要合理安排施工进度计划，尽量安排保证施工质量且费用增加不多的项目在冬期施工，如吊装、打桩，室内装饰装修等工程，而费用增加较多又不容易保证质量的项目则不宜安排在冬期施工，如土方、基础、外装修、屋面防水等工程。

（2）进行冬期施工的工程项目，在入冬前应组织编制冬期施工方案，结合工程实际及施工经验等进行，编制可依据《建筑工程冬期施工规程》（JG 104—97），编制的原则是：确保工程质量，经济合理，使增加的费用为最少；所需的热源和材料可靠的来源，并尽量减少能源消耗；确保能缩短工期。冬期施工方案应包括：施工程序，施工方法，现场布置，设备、材料、能源、工具的供应计划，安全防火措施，测温制度和质量检查制度等。方案确定后，要组织有关人员学习，并向队组进行交底。

（3）组织人员培训，进入冬期施工前，对掺外加剂人员、测温保温人员、锅炉司工和火炉管理人员，应专门组织技术业务培训，学习本工作范围内的有关知识，明确职责，经考试合格后，方准上岗工作。

（4）与当地气象台站保持联系，及时接收天气预报，防止寒流突然袭击。

（5）安排专人测量施工期间的室外气温、暖棚内气温、砂浆温度、混凝土的温度并做好记录。

2）图纸准备

凡进行冬期施工的工程项目，必须复核施工图纸，查对其是否能适应冬期施工要求。如墙体的高厚比、横墙间距等有关的结构稳定性，现浇改为预制以及工程结构能否在寒冷状态下安全过冬等问题，应通过图纸会审解决。

3）现场准备

（1）根据实物工程量提前组织有关机具、外加剂和保温材料、测温材料进场。
（2）搭建加热用的锅炉房、搅拌站，敷设管道，对锅炉进行试火试压，对各种加热的材料、设备要检查其安全可靠性。
（3）计算变压器容量，接通电源。
（4）对工地的临时给水排水管道及石灰膏等材料做好保温防冻工作，防止道路积水成冰，及时清扫积雪，保证运输顺利。
（5）做好冬期施工混凝土、砂浆及掺外加剂的试配试验工作，提出施工配合比。
（6）做好室内施工项目的保温，如先完成供热系统，安装好门窗玻璃等，以保证室内其他项目能顺利施工。

4）安全与防火

（1）冬期施工时，要采取防滑措施。
（2）大雪后必须将架子上的积雪清扫干净，并检查马道平台，如有松动下沉现象，务必及时处理。
（3）施工时如接触汽源、热水，要防止烫伤；使用氯化钙，漂白粉时，要防止腐蚀皮肤。
（4）亚硝酸钠有剧毒，要严加保管，防止突发性误食中毒。
（5）对现场火源要加强管理；使用天然气，煤气时，要防止爆炸；使用焦炭炉、煤或天然气、煤气时，应注意通风换气，防止煤气中毒。
（6）电源开关、控制箱等设施要加锁，并设专人负责管理，防止漏电、触电。

2. 雨期施工准备

（1）合理安排雨期施工。为避免雨期窝工造成的损失，一般情况下，在雨季到来之前，应多安排完成基础、地下工程、土方工程、室外及屋面工程等不宜在雨期施工的项目；多留些室内工作在雨期施工。
（2）加强施工管理，做好雨期施工的安全教育。要认真编制雨期施工技术措施（如：雨期前后的沉降观测措施，保证防水层雨期施工质量的措施，保证混凝土配合比、浇筑质量的措施，钢筋除锈的措施等），认真组织贯彻实施。加强对职工的安全教育，防止各种事故发生。
（3）防洪排涝，做好现场排水工作。工程地点若在河流附近，上游有大面积山地丘陵，应有防洪排涝准备，施工现场雨期来临前，应做好排水沟渠的开挖，准备好抽水设备，防止场地积水和地沟、基槽、地下室等浸水，对工程施工造成损失。

（4）做好道路维护，保证运输畅通。雨期前检查道路边坡排水，适当提高路面，防止路面凹陷，保证运输畅通。

（5）做好物资的储存。雨期到来前，应多储有物资，减少雨期运输量，以节约费用，要准备必要的防雨器材，库房四周要排水沟渠，防物资淋雨浸水而变质，仓库要做好地面防潮和屋面防漏雨工作。

（6）做好机具设备等防护。雨期施工，对现场的各种设施、机具要加强检查，特别是脚手架、垂直运输设施等，要采取防倒塌、防雷击、防漏电等一系列技术措施，现场机具设备（焊机、闸箱等）要有防雨措施。

3. 夏季施工准备

（1）编制夏季施工项目的施工方案。夏季施工条件差、气温高、干燥，针对夏季施工的这一特点，对于安排在夏季施工的项目，应编制夏季施工的施工方案及措施。如对于大体积混凝土在夏季施工，必须合理选择浇筑时间，做好测温和养护工作，以保证大体积混凝土的施工的质量。

（2）现场防雷装置的准备。夏季经常有雷雨，工地现场应有防雷装置，特别是高层建筑和脚手架等要按规定设临时避雷装置，并确保工地现场用电设备的安全运行。

（3）施工人员防暑降温工作的准备。夏季施工，还必须做好施工人员的防暑降温工作，调整作息时间，从事高温工作的场所及通风不良的地方应加强通风和降温措施，做到安全施工。

2.7 教学实训：开工报告的编制

1. 开工报告

1）开工报告的定义

（1）总体开工报告。

承包人开工前应按合同规定向监理工程师提交开工报告，主要内容应包括：施工机构的建立、质检体系、安全体系的建立和劳力安排，材料、机械及检测仪器设备进场情况，水电供应，临时设施的修建，施工方案的准备情况等。

（2）分部工程开工报告。承包人在分部工程开工前14天向监理工程师提交开工报告单，其内容包括：施工地段与工程名称；现场负责人名单；施工组织和劳动安排；材料供应、机械进场等情况；材料试验及质量检查手段；水电供应；临时工程的修建；施工方案进度计划以及其他需说明的事项等。经监理工程师审批后，方可开工。

（3）中间开工报告。

长时间因故停工或休假（7天以上）重新施工前，或重大安全、质量事故处理完后，承包人应向监理工程师提交中间开工报告。

建筑工程开工报告由施工总承包单位在完成施工准备并取得施工许可证之后填写,经施工单位的工程管理部门审核通过,法人代表或其委托人签字加盖法人单位公章,应填写"开工报告"。

> 【知识链接】
>
> 申请办理施工许可证的条件如下:
> (1) 已经办理该建筑工程用地批准手续;
> (2) 在城市规划区的建筑工程,已经取得规划许可证;
> (3) 需要拆迁的,其拆迁进度符合施工要求;
> (4) 已经确定建筑施工企业;
> (5) 有满足施工需要的施工图纸及技术资料;
> (6) 有保证工程质量和安全的具体措施;
> (7) 建设资金已经落实:工期不足一年为合同价的50%,大于一年为合同价的30%;
> (8) 法律、行政法规规定的其他条件。

开工报告样表见表2-11。开工报告须报请监理、建设单位审批。符合开工条件的,由监理单位总监理工程师、建设单位项目法人签字,加盖公章后即可开工。

由建设单位直接分包的工程,开工时也要填写开工报告。

表2-11 开工报告

工程名称		建设单位		设计单位		施工单位	
工程地点		结构类型		建筑面积		层次	
工程批准文号		施工准备工作情况	施工许可证办理情况				
预算造价			施工图纸会审情况				
计划开工日期	年 月 同		主要物资准备情况				
计划竣工日期	年 月 同		施工组织设计编审情况				
实际开工日期	年 月 同		七通一平情况				
合同工期			工程预算编审情况				
合同编号			施工队进场情况				
审核意见	建设单位 负责人(公章) 年 月 日		监理单位 负责人(公章) 年 月 日		施工企业 负责人(公章) 年 月 日		施工单位 负责人(公章) 年 月 日

2. 开工条件

1）国家计委关于基本建设大中型项目开工条件的规定

（1）项目法人已经设立。项目组织管理机构和规章制度健全，项目经理和管理机构成员已经到位，项目经理已经过培训，具备承担项目施工工作的资质条件。

（2）项目初步设计及总概算已经批复。若项目总概算批复时间至项目申请开工时间超过两年以上（含两年），或自批复至开工时间，动态因素变化大，总投资超出原批概算10%以上的，须重新核定项目总概算。

（3）项目资本金和其他建设资金已经落实，资金来源符合国家有关规定，承诺手续完备，并经审计部门认可。

（4）项目施工组织设计大纲已经编制完成。

（5）项目主体工程（或控制性工程）的施工单位已经通过招标选定，施工承包合同已经签订。

（6）项目法人与项目设计单位已签订设计图纸交付协议。项目主体工程（或控制性工程）的施工图纸至少可以满足连续三个月施工的需要。

（7）项目施工监理单位已通过招标选定。

（8）项目征地、拆迁的施工场地"七通一平"（即供电、供水、道路、通信、燃气、排水、排污和场地平整）工作已经完成，有关外部配套生产条件已签订协议。项目主体工程（或控制性工程）施工准备工作已经做好，具备连续施工的条件。

（9）项目建设需要的主要设备和材料已经订货，项目所需建筑材料已落实来源和运输条件，并已备好连续施工三个月的材料用量。需要进行招标采购的设备、材料，其招标组织机构落实，采购计划与工程进度相衔接。

国务院各主管部门负责对本行业中央项目开工条件进行检查。各省（自治区、直辖市）计划部门负责对本地区地方项目开工条件进行检查。凡上报国家计委申请开工的项目，必须附有国务院有关部门或地方计划部门的开工条件检查意见。国家计委按照本规定对申请开工的项目进行审核，其中大中型项目批准开工前，国家计委将派人去现场检查落实开工条件。凡未达到开工条件的，不予批准新开工。

小型项目的开工条件，各地区、各部门可参照本规定制定具体的管理办法。

2）工程项目开工条件的规定

依据国家标准《建设工程监理规范》（GB 50319—2013），工程项目开工前，施工准备工作具备了以下条件时，施工单位应向监理单位报送工程开工报审表及开工报告、证明文件等，由总监理工程师签发，并报建设单位。

（1）施工许可证已获政府主管部门批准；
（2）征地拆迁工作能满足工程进度的需要；
（3）施工组织设计已获总监理工程师批准；
（4）施工单位现场管理人员已到位，机具、施工人员包进场，主要工程材料已落实；
（5）进场道路及水、电、通风等已满足开工要求。

3. 开工报告

1）开工报审表

可采用国家标准《建设工程监理规范》（GB 50319—2013）中规定的施工阶段工作的基本表式见表 2-12。

表 2-12 工程开工/复工报审表

工程名称：	编号：

致： （监理单位）
我方承担的_____工程，已完成了以下各项工作，具备了开工/复工条件，特此申请施工，请核查并签发开工/复工指令。 附：1.开工报告 　　2.（证明文件） 　　　　　　　　　　　　　　　　　　　承包单位（章）_____ 　　　　　　　　　　　　　　　　　　　　　项目经理_____ 　　　　　　　　　　　　　　　　　　　　　日　　期_____
审查意见：   　　　　　　　　　　　　　　　　　　　项目监理机构_____ 　　　　　　　　　　　　　　　　　　　总监理工程师_____ 　　　　　　　　　　　　　　　　　　　　　日　　期_____

2）开工报告

开工报告见表 2-11。

4. 施工准备工作计划与开工报告实例

1）工程背景

贵阳市某外资企业高层住宅楼工程位于云潭南路，平面呈一字形，长 140 m，宽 8 m，建筑物底面积 1 898 m^2，总建筑面积 26 387.87 m^2，建筑层数地上 15 层，地下 2 层。工程项目实行施工总承包模式，工期 365 天。

2）施工准备工作计划

（1）项目管理的组织。

公司严格按工程总承包体制的要求及国际工程承包的经验组织项目施工，按"总部服务控制，项目授权管理，专业施工保障，社会协力合作"的模式进行项目管理。项目管理中以项目经理责任制为核心，按公司有关规定及高效原则组成精干和富有经验的项目经理部，以质量、成本、安全及合同作为主要管理内容，以管理创新、技术创新为手段，并以实施"用户满意工程"为载体，实现对业主的承诺。

（2）技术准备。

① 相关技术文件的学习、熟悉和落实，见表2-13。

表2-13　技术文件的学习安排表

序号	学习培训内容	计划时间	参加人员	方式
1	图纸内容学习		项目全体	书面总结
2	图纸会审交底		甲方监理施工	书面总结
3	质量教育	每月一次	劳务人员	
4	方案措施交底	作业前	施工管理人员	
5	质量监控核查会	每月一次	施工管理人员	书面总结
6	结构施工管理讲座	每月一次	施工管理人员	集中培训、现场指导及问答
7	《混凝土结构施工质量验收规范》		施工管理人员	书面总结分析
8	其他相关规范的学习		施工管理人员	书面总结分析

② 施工组织设计及施工方案的编制。编制各专项工程的施工方案：主要包括土石方工程、基础工程、砌筑工程、钢筋工程、模板工程、混凝土工程、现场垂直运输和水平运输、屋面工程、装饰工程、特殊项目等各分部分项工程的施工方案。

（3）施工现场生产准备。

① 现场用水系统，本工程现场临时用水包括给水和排水两套系统。给水系统又包括生产、生活和消防用水，排水系统又包括现场排水系统和生活排水系统。

② 施工现场四周设临时道路，与永久道路相结合，道路硬化，并设置一定的坡度，路边设置排水沟。现场围挡采用规格为砌筑3m高围墙，围墙进行油漆亮化。

③ 生产生活临时设施，在现场设置办公生活区，现场临时设施及生产设施采用二层板房。围墙边全部进行硬化处理。

（4）资源准备。

① 施工机具准备。在本工程的施工中，根据工程情况选用并落实先进的施工机械，开工前应按照工程进度计划作好机械设备的进场计划，按照计划进行落实，重点保证混凝土泵送和运输设备、钢筋、模板加工设备和塔吊等施工机械。

② 劳动力准备。组织劳动力进场，调集技术熟练的各专业施工队伍组成本工程作业队伍，充分保证工程工期和工程质量。

③ 物资准备。开工前，根据工程进度计划并结合各种材料的熟化、检验时间要求编制物资采购计划；对各种工程材料的来源、质量、储备情况进行详细的考察、落实。对于需要较

长熟化、检验时间以及加工量较大的材料尽早安排进场。

④ 劳动力、材料、机械等各项资源需要计划量见表2-14、表2-15、表2-16。

表2-14 投入工程的劳动力进场计划量

序号	工种	数量/人	备注
1	机械工	5	塔吊和施工电梯
2	混凝土	26	
3	钢筋工	22	
4	木工	48	
5	水电工	4	
6	抹灰工	25	
7	安装工	22	面砖的安装
8	其他	12	根据实际需要进行调配

表2-15 投入工程的主要材料进场计划

序号	周转材料和物资名称	数量	备注
1	钢筋/t	102	分批进场
2	水泥/t	22	
3	砂/t	52	
4	Φ48钢架管/t	52	
5	扣件/万只	4	
6	脚手架/t	32	
7	木模板/t	1 520	
8	养护保温薄膜/t	1 002	

表2-16 投入工程的主要材料进场计划

序号	机械或设备名称	型号规格	数量	额定功率/kW	进场时间
1	塔式起重机	QTZ63	2	45	分批进场
2	混凝土搅拌机	JZC350	2	15	
3	钢筋切断机	GQ40	3	11	
4	钢筋弯曲机	GW40-1	3	6	
5	电焊机	BX1-300	4	45	

3）开工报告

本工程开工报告见表表2-17。

表 2-17 建筑工程开工报告

工程名称	贵阳市××小区 1 号楼	施工单位	贵州省×××工程有限公司
结构类型	框架	面积	26 387.87 m^2
计划开工日期		2018.3.8	
实际开工日期		2018.3.19	
开工应具备的条件		结果	
1. 三通一平情况		三通一平及临时设施满足施工要求	
2. 临时暂设情况		已落实	
3. 规划许可证编号		已办理	
4. 施工许可证编号		××××××	
5. 是否办理质量监督手续		已办理	
6. 是否进行施工图审查		已审查	
7. 有无地质勘查报告		有	
8. 是否进行了施工现场质量管理检查并填写记录		已落实	
可否开工监理验收意见		可以开工	
施工单位项目经理	×××	总监理工程师	×××

思考与练习

一、单项选择题

1. 施工组织设计是（　　）的一项重要内容。
 A. 施工准备工作 B. 施工过程
 C. 试车阶段 D. 竣工验收
2. 施工图纸的会审一般由（　　）组织并主持会议。
 A. 建设单位 B. 施工单位
 C. 设计单位 D. 监理单位
3. （　　）是施工准备的核心，指导着现场施工准备工作。
 A. 资源准备 B. 施工现场准备
 C. 季节施工准备 D. 技术资料准备

4. 现场的临时设施，应按照（   ）要求进行搭设。
A. 建筑施工图　　　　　　　　B. 结构施工图
C. 施工总平面图　　　　　　　D. 施工平面布置图

二、案例题

贵阳市某工程土石方中，施工单位在合同中标明有松软石的地方没有遇到松软石，因此工期提前了一个月，但是在合同中另一未标明有坚硬岩石的地方遇到了更多坚硬岩石，使开挖工作更加困难，工期因此拖延4个月。由于工期拖延，使得施工不得不在雨期进行，按一般公认标准推算，影响工期3个月。为此，承包商准备提出索赔。

在该事件中，承包商提出施工索赔能否成立，为什么？应提出的索赔内容包括哪两方面。

模块 3　建筑工程流水施工

【学习描述】

教学内容　本模块主要介绍组织施工的方式；流水施工的概念、分类和表达方式；重点阐述了流水施工参数及确定、组织流水施工的基本方式，并结合实例阐述了流水施工组织方式在实践中的应用步骤和方法。

教学要求　本模块为施工组织学科的基本理论，是指导安排施工进度，提高施工组织管理水平的理论基础，在教学中应比较系统地由概念到理论，由深入浅。通过本模块的学习，要求掌握流水施工的组织要点和条件、组织流水施工的基本理论和三种流水施工组织的方法。

实践环节　确定施工过程数、确定施工段数、计算流水节拍、确定流水步距、计算流水作业总工期及绘制流水作业施工横道图。

3.1　建筑工程流水施工概述

生产实践已经证明，在所有的生产领域中，流水作业法是组织产品生产的理想方法。流水施工也是建筑安装工程最有效的科学组织方法。流水施工建立在分工协调的基础上，使施工过程具有连续性、均衡性和节奏性，能合理地组织施工，取得较好的经济效益，所以在建筑工程施工组织中被广泛采用。但是，由于建筑产品及其生产的特点不同，因此其流水施工的概念、特点和效果与其他产品的流水作业也有所不同。

1. 建筑施工流水作业的含义及特点

（1）建筑施工流水作业的含义。

建筑施工流水作业是由固定组织的施工人员，在若干个工作性质相同的施工区域中依次、连续工作的一种施工组织方式。

（2）建筑施工流水作业的特点。

建筑施工流水作业与一般工业生产的组织方式有所不同，它有自身的特点：
① 产品固定；
② 施工人员同所使用的机械设备一起流动。

2. 组织施工的三种方式

建设项目有三种基本的组织方式，分别为依次施工、平行施工和流水施工三种。它们各自有不同的特点，适用范围也有所不同。接下来以例 3-1 讲解这三种基本的组织方式。

【例 3-1】 某学院有三栋学生公寓，主体结构的施工过程和流水节拍如表 3-1 所示。不考虑资源的供应情况，要求组织此部分工程的施工。

表 3-1 某学院学生公寓部分工程施工数据表

序号	施工过程	流水节拍/d
1	支模板	6
2	绑扎钢筋	6
3	浇筑混凝土	3

【解】

1）依次施工

（1）依次施工方法一。

将建设项目以单位工程为单位一个一个进行施工，一个单位工程的所有施工过程完毕后再进行另一个单位工程的施工。这样的组织施工方式，即为依次施工方法一。

按照依次施工方法一，由给定的条件，可以绘制出横道图，如图 3-1 所示。

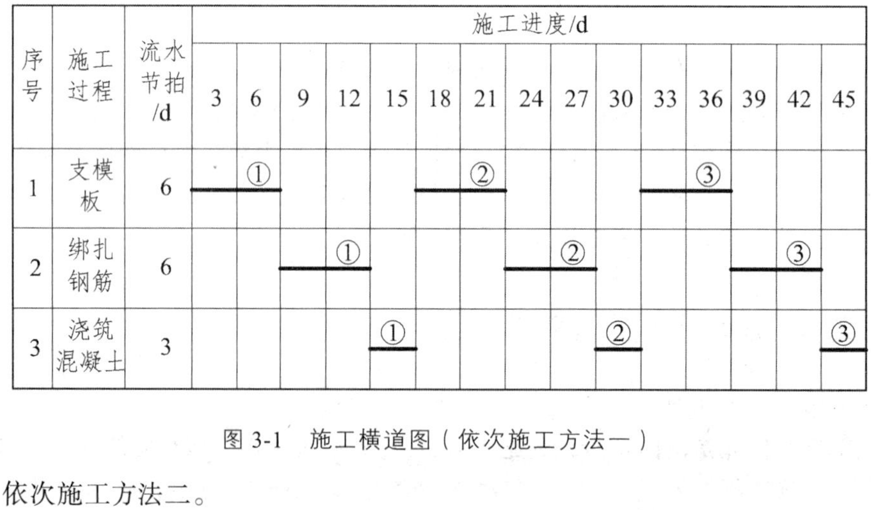

图 3-1 施工横道图（依次施工方法一）

（2）依次施工方法二。

将建设项目中的每个单位工程都划分为若干个施工过程，以施工过程为单位一个一个进行施工，组织专业施工队对不同单位工程的相同施工过程进行连续施工。这些单位工程的相同施工过程施工完毕后，下一个施工过程的施工队再进场，这样依次施工下去。这样的组织施工方式，即为依次施工方法二。

按照依次施工方法二，由给定的条件，可以绘制出横道图，如图 3-2 所示。

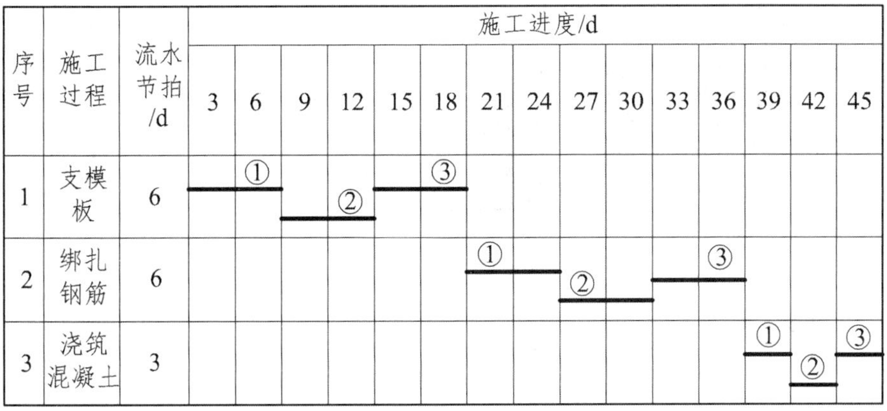

序号	施工过程	流水节拍/d	施工进度/d													
			3	6	9	12	15	18	21	24	27	30	33	36	39	42	45
1	支模板	6		①		②		③									
2	绑扎钢筋	6							①		②			③			
3	浇筑混凝土	3													①	②	③

图 3-2 施工横道图（依次施工方法二）

2）平行施工

建设项目中有 M 个同类型的单位工程，每个单位工程都划分为 N 个施工过程，组织 M 个施工队同时施工某个施工过程，施工完一个施工过程后再施工下一个施工过程。依次施工下去，直到所有的施工过程施工完毕。这样的组织施工方式，即为平行施工。

按照平行施工原理，由给定条件，可以绘制出横道图，如图 3-3 所示。

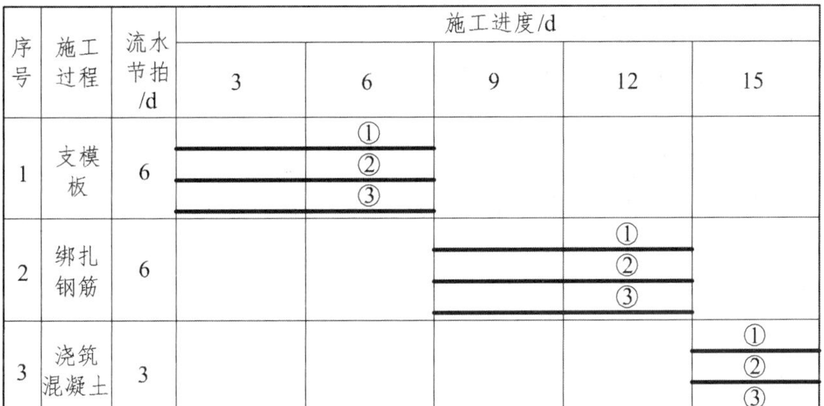

序号	施工过程	流水节拍/d	施工进度/d			
			3	6	9	12	15
1	支模板	6		①②③			
2	绑扎钢筋	6				①②③	
3	浇筑混凝土	3					①②③

图 3-3 施工横道图（平行施工）

3）流水施工

如果同一工作范围内有若干个同类型建筑并且具有相同的施工过程，且在相同的施工过程中只配备一个专业施工队伍进行顺序施工的情况下，则可按照流水施工方法组织施工。

首先，组织专业施工队进行第一个施工过程的施工，并按照依次施工方法二进行其他施工段身上施工过程的施工；当第一个施工段上的第一个施工过程施工完毕后，在保证施工队连续施工、不出现窝工现象，同时保证对于同一个施工段上的前后两个施工过程，前一个施工过程施工完毕后再进行后一个施工过程施工的前提下，尽可能地组织不同的施工过程平行施工。这种组织施工方式即为流水施工。

按照流水施工原理，由给定条件，可以绘制出横道图，如图 3-4 所示。

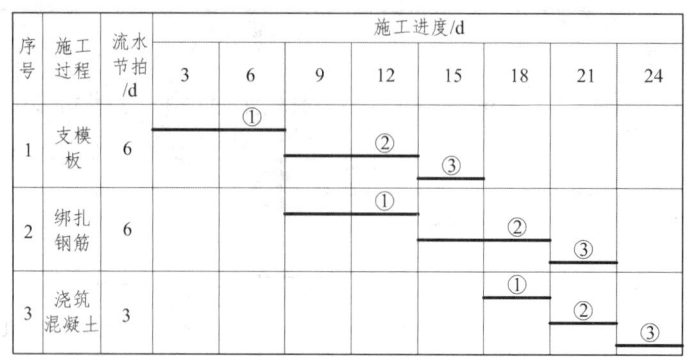

图 3-4 流水施工横道图

3. 施工组织方式的特点

（1）依次施工的特点。

依次施工的特点是同时投入的材料、劳动力等资源较少，组织施工也较简单，但是生产效率较低，所需的工期较长，一般大型工程的施工组织很少使用。

（2）平行施工的特点。

与依次施工相比，平行施工同时投入的材料、劳动力较多，最大限度地利用了工作面，大大缩短了工期，但是施工组织较为困难。一般工程规模较大或者工期紧的工程会采用平行施工。

（3）流水施工的特点。

采用流水施工方式组织施工，实现了各施工过程施工的连续性、均衡性、节奏性。流水施工具有以下特点：

① 流水施工在建筑物或构筑物的水平方向上流动，也在垂直方向上流动。

② 组织施工同时，同一施工工段的各个施工过程遵循依次施工的组织施工方式，不同施工过程在不同的施工段上尽可能遵循平行施工的组织方式。

③ 同一施工过程在不同施工段上保持连续施工，不同施工过程在同一施工段上尽可能保持连续施工。

④ 施工资源、设备、劳动力在不同的施工段上流动。

⑤ 单位时间内投入上施工的资源量较为均衡，资源供应更加有力。

⑥ 实现了专业化施工，操作工人的技能水平得到了有效提高，保证了工作质量，提供了劳动生产率。

4. 组织流水施工的条件

（1）划分施工过程。

将拟建工程的整个建造过程分解为若干个施工过程。划分施工过程的目的是对施工对象的建造过程进行分解，以便逐一实现局部对象的施工，从而使施工对象整体得以实现。只有这种合理的分解才能组织专业化施工和有效协作。

（2）划分施工段。

根据组织流水施工的需要，将拟建工程在平面上或空间上尽可能地划分为劳动量大致相同的若干个施工段。

（3）每个施工过程组织独立的施工班组。

在一个流水组中，每个施工过程尽可能组织独立的施工班组，其形式可以是专业班组，也可以是混合班组。这样可使每个施工班组按施工顺序，依次、连续、均衡地从一个施工段转移到另一个施工段进行相同的操作。

（4）主要施工过程必须连续、均衡地施工。

主要施工过程是指工程量较大、作业时间较长的施工过程。对于主要施工过程，必须连续、均衡地施工；对于其他次要的施工过程，可考虑与相邻的施工过程合并。如果不能合并，为缩短工期，可安排间断施工。

（5）不同施工过程尽可能组织平行搭接施工。

根据施工顺序，不同的施工过程，在有工作面的条件下，除必要的技术和组织间歇时间外，应尽可能组织平行搭按施工。

【知识链接】

施工段可以是固定的，也可以是不固定的。在固定施工段的情况下，所有施工过程都采用同样的施工段，施工段的分界对所有施工过程来说都是固定不变的，在不固定施工段的情况下，对不同的施工过程分别规定出一种施工段划分方法，施工段的分界对于不同的施工过程是不同的。固定的施工段便于组织流水施工，采用较广、而不固定的施工段则较少采用。

5. 流水施工的技术经济效果

流水施工在工艺划分、时间排列和空间布置上的统筹安排，必然会给相应的项目经理部带来显著的经济效益，具体可归纳为以下几点。

（1）由于流水施工的连续性，减少了专业工作的间隔时间，达到了缩短工期的目的，可使拟建工程项目尽早竣工，交付使用，产生投资效益。

（2）便于改善劳动组织，改进操作方法和施工机具，有利于提高劳动生产率。

（3）专业化的生产可提高工人的技术水平，使工程质量得到相应提高。

（4）工人技术水平和劳动生产率的提高，可以减少用工量和施工暂设建造量，降低工程成本，提高利润水平。

（5）可以保证施工机械和劳动力得到充分、合理的利用。

（6）由于工期短、效率高、用人少、资源消耗均衡，可以减少现场管理费和物资消耗，实现合理的储存与供应，有利于提高项目经理部的综合经济效益。

6. 流水施工的分级和表达方式

1）流水施工的分级

根据流水施工组织的范围划分，流水施工通常可分为如下几级。

(1)分项工程流水施工。

分项工程流水施工也称为细部流水施工,它是在一个专业工种内部组织起来的流水施工。在项目施工进度计划表上,它是一条标有施工段或工作队编号的水平进度指示线段或斜向进度指示线段。

(2)分部工程流水施工。

分部工程流水施工也称为专业流水施工,它是在一个分部工程内部、各分项工程之间组织起来的流水施工。在项目施工进度计划表上,它由一组标有施工段或工作队编号的水平进度指示线段或斜向进度指示线段来表示。

(3)单位工程流水施工。

单位工程流水施工也称为综合流水施工,它是在一个单位工程内部、各分部工程之间织起来的流水施工。在项目施工进度计划表上,它若干组分部工程的进度指示线段,并由此构成单位工程施工进度计划。

(4)群体工程流水施工。

群体工程流水施工也称为大流水施工,它是在若干单位工程之间组织起来的流水施工,反映在项目施工进度计划表上,是一张项目施工总进度计划表。

2)流水施工的表达方式

流水施工的表达方式是工程施工进度计划表,如水平图表(又称为横道图)、垂直图表(有称为斜线图)及网络图。

(1)水平图表。

在流水施工水平图表的表达方式中,横坐标表示流水施工的持续时间,纵坐标表示开展流水施工的施工过程及专业工作队的名称、编号和数目,呈梯形分布的水平线段表示流水施工的开展情况。

水平图表具有的绘图简单、流水施工形象直观的优点。

(2)垂直图表。

在流水施工垂直图表的表达方式中,横坐标表示流水施工的持续时间,纵坐标表示开展流水施工所划分的施工段编号,各斜线段表示各专业工作队或施工过程开展流水施工的情况。应该注意的是,垂直图表中垂直坐标的施工对象编号是由下而上编写。垂直图表的具体形式如图3-5所示。

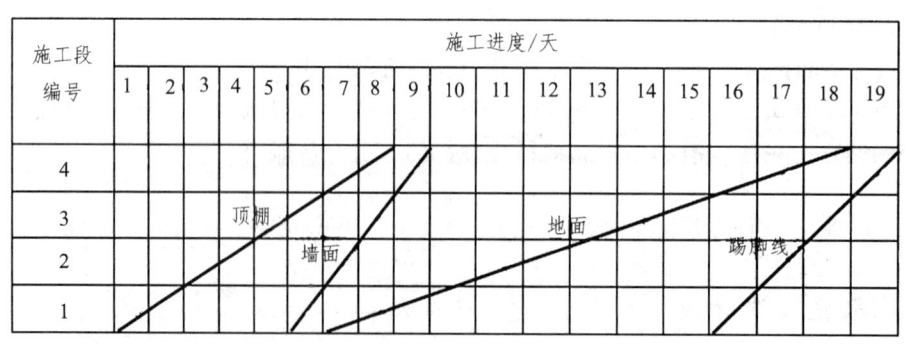

图3-5 流水施工的垂直图表

垂直图表能直观地反应出一个施工段中给施工过程的先后顺序和相互配合的关系，而且可由其斜线的斜率形象地反映出各施工过程的流水强度。在垂直图表中还可方便地进行各施工过程工作进度的允许偏差计算。

（3）网络图。

流水网络图的种类很多，可分为肯定型和非肯定型两大类，每一大类又有多种不同的表达形式。有关流水施工网络图的表达方式，详见本书模块4。

3.2 建筑工程流水施工的主要参数

流水施工参数是指组织流水施工时，用来描述工艺流程、空间布置和时间安排等方面的状态参数。它主要包括工艺参数、空间参数和时间参数三大类。

1. 工艺参数

在组织流水施工时，用以表达流水施工在施工工艺上的开展顺序及其特征的参数称为工艺参数。具体地说，是指在组织流水施工时，拟建工程项目的整个建造过程的种类、性质和数目的总称。通常，工艺参数包括施工过程数和流水强度两种。

1）施工过程数

施工过程数是指一组流水的施工过程的个数，通常以 N 或 n 表示。在组织建筑流水施工时，首先应该将施工对象划分为若干个施工过程。施工过程划分的数目多少和粗细程度一般与下列因素有关。

（1）施工计划的性质和作用。

对于长期计划及建筑群体规模大、工期长的工程施工控制性进度计划，其施工过程的划分可以粗略一些、综合性大一些。对于中小型单位工程及较短的工程实施性计划，其施工过程划分可以细致一些、具体一些，一般可划分至分项工程。对于月度作业性计划，有些施工过程还可以分解为工序，如顶棚抹灰、贴釉面砖等工程。

（2）施工方案的不同。

对于一些相同的施工工艺，应根据施工方案的要求，将它们合并为一个施工过程，也可以根据施工的先后将其分为两个施工过程。对于不同的施工方案，其施工顺序和施工方法也不同，例如，框架主体结构采用的模板不同，其施工过程划分的个数就不相同。

（3）工程量大小与劳动力组织。

施工过程的划分与施工班组及施工习惯有一定关系。例如，可以将安装玻璃、涂刷油漆的施工合并为一个施工过程，即玻璃油漆施工过程，它的施工班组就作为一个混合班组；也可以将它们分为两个施工过程，即玻璃安装施工过程和油漆施工过程，这时它们的施工班组为一个工种的施工班组。

（4）施工的内容和范围。

施工过程的划分与不仅工程量大小有关，而且与其工作内容和范围有关。例如，直接在施工现场与工程对象上进行的施工过程，可以划入流水施工工程，但在场外的施工内容（如零配件的加工）可以不划入流水施工过程。

如果流水施工的每一个施工过程由一个专业施工班组施工，则施工过程数 n 与专业施工班组数相等，否则两者不相等。

装饰施工过程总的可以分为三类，即为制造装饰成品、半成品而进行的制备类施工过程，把材料和制品运至工地或转运施工现场的运输类施工过程，在施工过程中占主要地位的装饰安装施工类施工过程。

提示目前，一个工程需要确定多少施工过程数目没有统一的规定，一般以能表达一个工程的完整施工过程，又能做到简单明了进行安排为原则，数量不宜过多（以主导施工过程为主），以便于流水。制备类和运输类施工过程一不占有施工对象的空间，不影响项目总工期，在进度表上不反映；只有当它们占有施工对象的空间并影响项目总工期时，才会被列入项目施工进度计划中。

2）流水强度

每一施工过程在单位时间内所完成的工程量（如浇捣混凝土施工过程中，工程量为每工作班能浇筑的混凝土立方数）叫流水强度，又称为流水能力或生产能力。

机械施工过程的流水强度按式（3-1）计算：

$$V_i = \sum_{i=1}^{x} R_i \cdot S_i \tag{3-1}$$

式中　V_i ——流水强度；

　　　R_i ——某种施工机械台数；

　　　S_i ——该种施工机械台班产量；

　　　x ——用于同一施工过程的主导施工机械种数。

2. 空间参数

在组织流水施工时，用以表达流水施工在空间布置上所处状态的参数称为空间参数。空间参数主要包括工作面、施工段和施工层。

1）工作面

工作面又称为工作线，是指在施工对象上可能安置的操作工人的人数或布置施工机械的地段。它用来反映施工过程中（工人操作、机械布置）在空间上布置的可能性。

对于某些施工过程，在施工一开始时就已经在整个长度或广度上形成了工作面，这种工作面称为完整的工作面（如铺地砖）。

有些施工过程的工作面是随着施工过程的进展逐步形成的，这种工作面称为部分的工作面。

工作面的大小可以采用不同的单位来计量。例如，门窗的油漆可以采用门窗洞的面积以 m^2 为单位，靠墙扶手沿长度以 m 为单位。

在确定一个施工过程必要的工作面时，不但要考虑前一施工过程为这一施工过程可能提供的工作面大小，还必须严格遵守施工规范和安全技术的有关规定。因此，工作面的形成直接影响到流水施工的组织。有关工种的工作面及其说明见表3-2。

表3-2 有关工种的工作面及其说明

工作项目	每个技工的工作面	说明
砖基础	7.6 m	以 1½砖计，2砖乘以0.8，3砖乘以0.55
砌砖墙	8.5 m	以 1砖，1½砖乘以0.7，2砖乘以0.57
毛石墙基	3 m	以 60 cm 计
毛石墙	3.3 m	以 40 cm 计
混凝土柱、墙基础	8 m^3	机拌、机捣
混凝土设备基础	7 m^3	机拌、机捣
现浇钢筋混凝土柱	2.45 m^3	机拌、机捣
现浇钢筋混凝土梁	3.20 m^3	机拌、机捣
现浇钢筋混凝土墙	5 m^3	机拌、机捣
现浇钢筋混凝土楼板	5.3 m^3	机拌、机捣
预制钢筋混凝土柱	3.6 m^3	机拌、机捣
预制钢筋混凝土梁	3.6 m^3	机拌、机捣
预制钢筋混凝土屋架	2.7 m^3	机拌、机捣
预制钢筋混凝土平板、空心板	1.91 m^3	机拌、机捣
预制钢筋混凝土大型屋面板	2.62 m^3	机拌、机捣
混凝土低平板及面层	40 m^2	机拌、机捣
外墙抹灰	16 m^2	—
内墙抹灰	18.5 m^2	—
卷材屋面	18.5 m^2	—
防水泥砂浆屋面	16 m^2	—
门窗安装	11 m^2	—

2)施工段

为了有效地组织流水施工,通常把拟建工程项目在平面上划分成若干个劳动量大致相等的施工段落,这些施工段落称为施工段。施工段的数目,通常以 M 或 m 表示,它是流水施工的基本参数之一。

(1)划分施工段的目的。

划分施工段是组织流水施工的基础,其目的是:由于建筑产品生产的单件性,导致它不适于组织流水施工,但是,建筑产品体形庞大的固有特征又为组织流水施工提供了空间条件,可以把这个体形庞大的"单件产品"划分成具有若干个施工段、施工层的"批量产品",使其满足流水施工的基本要求。在保证工程质量的前提下,为专业工作以确定合理的空间活动范围,使其按流水施工的原理,集中人力和物力,迅速地、依次地、连续地完成各段的任务,为相邻专业工作队尽早地提供工作面,达到缩短工期的目的。

(2)划分施工段的原则。

施工段的划分,在不同的分部工程中,可以采用相同或不同的划分办法。在同一分部工程中最好采用统一的段数,但也不能排除特殊情况,例如,在单层工业厂房的预制工程中,柱和屋架的施工段划分就不一定相同。对于多幢同类型房屋的施工,可以栋号为段组织大流水施工。为了使施工段划分得更科学、更合理,通常应遵循下面的原则。

① 施工段的数目要满足组织流水施工的要求,施工段数目过多,会降低施工速度,延长工期;施工段过少,不利于充分利用工作面,可能造成窝工。

② 专业工作队在各个施工段上的劳动量要大致相等,其相差幅度不宜超过10%。

③ 为了充分发挥工人、主导机械的效率,每个施工段要有足够的工作面,使其所容纳的劳动力人数或机械台数能满足合理劳动组织的要求。

④ 为了保证拟建工程项目的结构整体完整性,施工段的分界线应尽可能与结构的自然界线(如沉降缝、伸缩缝等)相一致。如果必须将分界线设在墙体中间,应将其设在对结构整体性影响较小的部位。

⑤ 对于多层的拟建工程项目,既要划分施工段,又要划分施工层,以保证相应的专业工作队在施工段与施工层之间有节奏、连续、均衡地进行流水施工。

⑥ 对多层或高层建筑物,施工段的数目要满足合理流水施工组织的要求,即 $m \geq n$。

(3)施工段数(m)与施工过程数(n)的关系。

① 当 $m=n$ 时,工作队连续施工,施工段上始终有施工的班组,工作面能够充分利用,无停歇现象,也不会产生工人窝工现象,是理想的流水施工。

② 当 $m>n$ 时,工作队仍能连续施工,虽然有停歇的工作面,但不一定是不利的,有时还是必要的,如利用这些停歇时间放养护、备料、弹线等工作。

③ 当 $m<n$ 时,工作队不能连续施工,会出现窝工现象,这对一个建筑物的装饰工程组织流水施工是不适宜的。

施工段有空闲停歇,一般会影响工期,但在空闲的工作面上如能安排一些准备或辅助工作(如运输类施工过程),则会使后继工作顺利,也不一定有害。而工作队工作不连续则是不可取的,除非能将窝工的工作队转移到其他工地进行工地间大流水。

需要注意,施工段数 m 不能过大,否则,施工材料、作业人员、机械设备过于集中,影响施工效率和效益，同时容易发生安全生产事故。

3）施工层

在组织流水施工时，为满足专业工种对操作高度的要求，通常将施工项目在竖向上划分为若干个作业层，这些作业层均称为施工层。施工层的划分要根据建筑物的楼层高度来定，如砌砖墙的施工层高为 1.2 m，室内抹灰、木装饰油漆和水电安装等可按楼层进行施工层划分。

3. 时间参数

时间参数是指在组织流水施工时，用以表达流施工在时间安排上所处状态的参数，主要包括流水节拍、流水步距、工艺技术间歇时间、组织间歇时间、提前插入时间和流水施工工期等。

1）流水节拍

流水节拍是指每一个专业班（组）在各个施工段上完成相应的施工任务所需要的工作延续时间，通常用 t_i 表示（$i=1, 2, 3, \cdots, n$）。

流水节拍是流水施工的主要参数之一，它表明流水施工的速度和节奏性。流水节拍小，其流水速度快、节奏感强；反之，则相反。流水节拍决定了单位时间的资源供应量，同时，流水节拍也是区别流水施工组织方式的特征参数。

同一施工过程的流水节拍，主要由所采用施工方法、施工机械以及在工作面允许的前提下投入施工的工人数、机械台数和采用的工作班次等因素确定。

流水节拍的计算方法如下：

（1）定额计算法。根据各施工段的工程量和现有能够投入的资源量（劳动力、机械台数和材料量等），按式（3-2）进行计算。

$$t_i = \frac{Q_i}{S_i \cdot R_i \cdot B} = \frac{Q_i \cdot H_i}{R_i \cdot B} = \frac{P_i}{R_i \cdot B} \tag{3-2}$$

式中 t_i ——某工程在某施工段上的流水节拍；

Q_i ——某工程在某施工班组人数或机械台数；

S_i ——某工程的产量定额；

H_i ——某工程时间定额；

R_i ——某工程的施工班组人数或机械台数；

B ——每天工作班数；

P_i ——某工程在某施工段上的劳动量。

（2）经验估算法。根据以往的施工经验进行估算，多适用于采用新工艺、新材料和新方法等没有定额可循的工程。一般为了提高其准确程度，往往先估算出该流水节拍的最长、最短和正常三种时间，然后据此求出期望时间作为某专业工作队在某施工段上的流水节拍该估算法也称为三点时间估算法，按式（3-3）进行计算。

$$t = \frac{a + 4c + b}{6} \tag{3-3}$$

式中 t ——某施工过程在某施工段上的流水节拍；
　　a ——某施工过程在某施工段上的最短估算时间；
　　b ——某施过程在某施工段上的最长估算时间；
　　c ——某施工过程在某施工段上的正常估算时间。

2）流水步距

流水步距是指组织流水施工时，相邻两个施工过程（或专业工作队）相继开始施工的最小间隔时间。流水步距一般用 $K_{i,i+1}$ 表示。它是流水施工的主要参数之一。

流水步距的数目取决于参加流水的施工过程数。如果施工过程数为 n 个，则流水步距的总数为 $n-1$ 个。流水步距的大小取决于相邻两个施工过程（或专业工作队）在各个施工段上的流水节拍及流水施工的组织方式。确定流水步距时，一般应满足以下基本要求。

（1）各施工过程按各自流水速度施工，始终保持工艺先后顺序。
（2）各施工过程的专业工作队投入施工后尽可能保持连续作业。
（3）相邻两个施工过程（或专业工作队）在满足连续施工的条件下，能最大限度地实现合理搭接。

根据以上基本要求，在不同的流水施工组织形式中可以采用不同的方法确定流水步距。一般情况下可用式（3-4）来确定流水步距。

$$K_{i,i+1} = \begin{cases} t_i + (t_j - t_d) & (t_i \leqslant t_{i+1}) \\ mt_i - (m-1)t_{i+1} + (t_j - t_d) & (t_i > t_{i+1}) \end{cases} \tag{3-4}$$

式中 t_j ——技术与组织间歇时间；
　　t_d ——相邻两个施工过程之间的搭接时间。

3）工艺技术间歇时间

在流水施工过程中，由于施工工艺的要求，某施工过程在某施工段上必须停歇的时间间隔称为技术间隔时间（通常以 G 表示）。例如，混凝土浇筑后，必须经过必要的养护时间，使其达到一定的强度，才能进行下一道工序；门窗底漆涂刷后，必须经过必要的干燥时间，才能涂刷面漆等，这些都是施工工艺要求的必要间隔时间，都属于技术间歇时间。

4）组织间歇时间

组织间隔时间是指因施工组织原因而造成的间歇时间（通常以 Z 表示），如砌砖墙前墙身位置弹线，以及其他作业前的准备工作，又如质量验收、安全检查等。

技术及组织间歇时间在组织流水施工时，可根据间歇时间的发生阶段一并考虑或分别考虑，以灵活应用技术同歇和组织间歇的时间参数特点，简化流水施工组织。

5）提前插入时间

为了缩短工期。在工作面允许的条件下，有时在同一施工段中，当前一个专业工作队完成部分施工任务后，后一个专业工作队可以提前进入。两者形成平行搭接施工，这个搭接的时间称为提前插入时间（通常以 C 表示）。

6）流水施工工期

流水施工工期是指从第一个专业工作对投入流水施工开始，到最后一个专业队完成流水施工为止的整个持续时间。由于一项建设工程往往包括有许多流水组，故流水施工工期一般均不是整个过程的总工期。流水施工工期按式（3-5）计算。

$$T = \sum K_{i,i+1} + T_N \tag{3-5}$$

式中 T——流水施工工期；

$\sum K_{i,i+1}$——流水施工中各流水步距之和；

T_N——流水施工中最后一道施工过程的持续时间。

式（3-5）适用于任何节奏的专业流水施工的工期计算。式中即包含了主要流水施工参数，也充分反映了这些参数之间的联系和制约关系，熟练地掌握这些关系式组织流水施工的基础。

【例3-2】某分部工程有 A、B、C、D 四个分项工程，划分为 4 个施工段组织流水施工，各施工过程的流水节拍分别为 $t_A = 2$ d，$t_B = 2$ d，$t_C = 3$ d，$t_D = 1$ d，B 过程完成后需有 2d 的技术间歇时间，求各施工过程之间的流水步距、该分部工程的工期，并绘制施工进度图。

【解】

（1）确定各施工工程之间的流水步距。

① 工作工程 A、B 之间的流水步距 $K_{A,B}$。

因为 $t_A = t_B = 2$ d，$t_j = 0$，$t_d = 0$，所以

$$K_{A,B} = t_A + t_j - t_d = 2 + 0 - 0 = 2 \text{（d）}$$

② 工作工程 B、C 之间的流水步距 $K_{B,C}$。

因为 $t_B < t_C$，$t_j = 2$，$t_d = 0$，所以

$$K_{B,C} = t_B + t_j - t_d = 2 + 2 - 0 = 4 \text{（d）}$$

③ 工作工程 C、D 之间的流水步距 $K_{C,D}$。

因为 $t_C = t_D$，$t_j = 0$，$t_d = 0$，所以

$$\begin{aligned} K_{C,D} &= mt_C - (m-1)t_D + t_j - t_d \\ &= 4 \times 3 - (4-1) \times 1 + 0 - 0 \\ &= 9 \text{(d)} \end{aligned}$$

（2）确定该部分工程的工期 T。

$$T = \sum K_{i,i+1} + T_N = K_{A,B} + K_{B,C} + K_{C,D} + mt_D = 2 + 4 + 9 + 1 \times 4 = 19 \text{（d）}$$

（3）绘制施工进度图如图 3-6 所示。

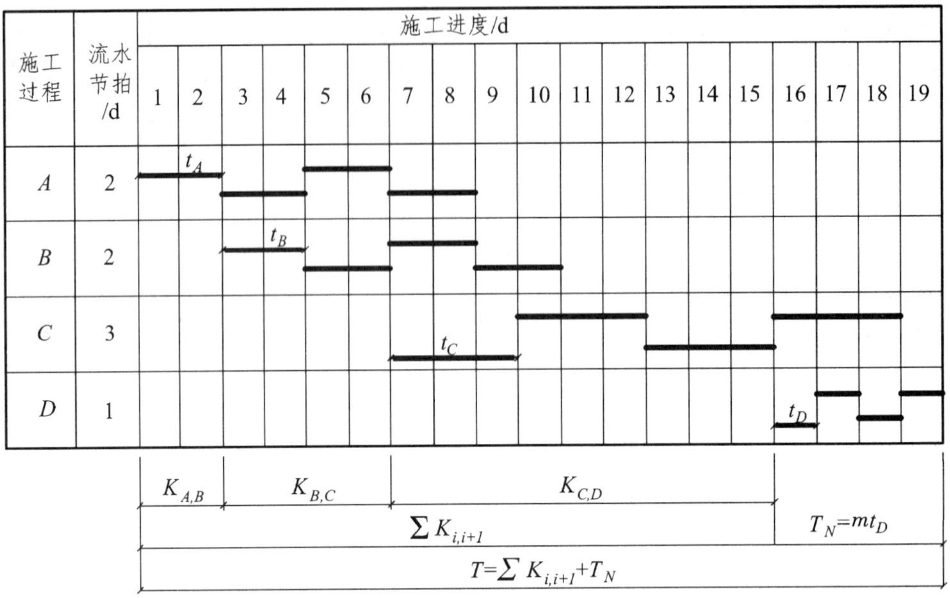
施工进度/d
施工过程
流水节拍/d
1 2 3 4 5 6 7 8 9 10 11 12 13 14 15 16 17 18 19
A 2
B 2
C 3
D 1
t_A
t_B
t_C
t_D
$K_{A,B}$
$K_{B,C}$
$K_{C,D}$
$\sum K_{i,i+1}$
$T_N=mt_D$
$T=\sum K_{i,i+1}+T_N$

图 3-6　施工进度图

3.3　流水施工的组织方法

组织一个项目或某分部工程的流水施工，就是参与流水作业的各施工过程的专业队或班组有节奏地从施工对象的各施工段逐个有规律地连续施工。根据施工对象及各施工过程的特点，工程的流水施工按流水节拍可分成有节奏流水施工和无节奏流水施工两大类。

1. 有节奏流水施工

组织流水施工的各专业队在各施工段的工作持续时间（即流水节拍）相同时，称为有节奏流水施工。有节奏流水施工又可分为等节奏流水施工和异节奏流水施工两种。

1）等节奏流水施工

在组织流水施工时，如果每个施工过程在各个施工段上的流水节拍都彼此相等，其流水步距也等于流水节拍，则这种流水施工方式称为等节奏流水施工。

（1）等节奏流水施工的特点如下：

① 所有施工过程在各个施工段上的流水节拍均相等。

② 相邻施工过程的流水步距相等，且等于流水节拍。

③ 专业工作队数等于施工过程数，即每一个施工过程成立一个专业工作队，由该队完成相应施工过程中所有施工段上的任务。

④ 各个专业工作队在各施工段上能够连续作业，施工段之间没有空闲时间。

（2）确定等节奏流水施工工期。

① 有间歇时间的等节奏流水施工。所谓间歇时间，是指相邻两个施工过程之间由于工艺或组织安排需要而增加的额外等待时间，包括工艺间歇时间和组织间歇时间。对于有间歇时间的等节奏流水施工，其流水施工工期为

$$T = (m+n-1)t + \sum G + \sum Z \tag{3-6}$$

式中，$\sum G$——所有的工艺技术间歇时间之和；

$\sum Z$——所有的组织间歇时间之和。

【案例3-3】 某分部工程由 A、B、C、D 四个分项工程组成，它们在平面上划分为4个施工段，各分项工程在各个施工段上的流水节拍均为2 d。B、C 两道工序之间需要技术间歇2 d。试编制流水施工方案。

【解】 根据题设条件和要求，该案例只能组织有间歇时间的等节奏流水施工。

（1）确定计算总工期。

$$T = (m+n-1)t + \sum G + \sum Z = (3+4-1) \times 2 + 2 = 14(\text{d})$$

（2）绘制流水施工横道图，如图3-7所示。

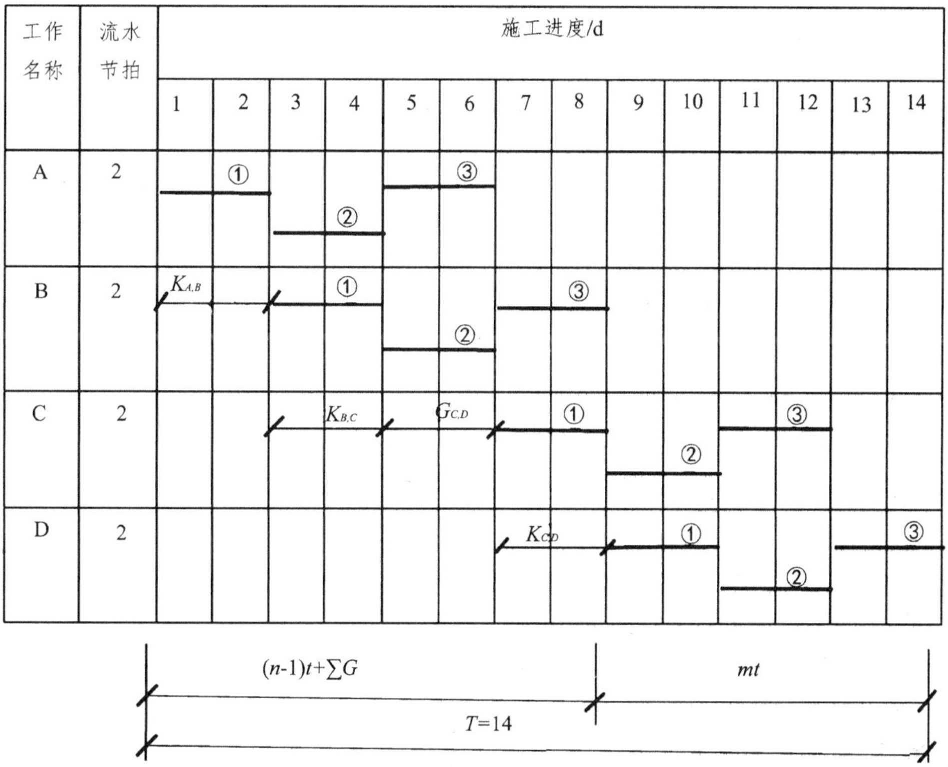

图 3-7 例3-3 流水施工横道图

② 有提前插入时间的等节奏流水施工。所谓提前插入时间，是指相邻两个专业工作队在

同一施工段上共同作业的时间。在工作面允许和资源有保证的前提下,专业工作队提前插入施工,可以缩短流水施工工期。对于有提前插入时间的等节奏流水施工,其流水施工工期为

$$T = (m+n-1)t + \sum G + \sum Z - \sum C \qquad (3\text{-}7)$$

式中 $\sum C$——所有的提前插入时间之和。

【例 3-4】 某分部工程由 A、B、C、D 四个分项工程组成,它们在平面上划分为 3 个施工段。各分项工程在各个施工段上的流水节拍均为 3 d,B、C 两道工序各可提前插入 1 d 施工,D 工序可提前插入 2 d 施工。试编制流水施工方案。

【解】 根据题设条件和要求,该案例只能组织有提前插入时间的等节奏流水施工。

(1)确定计算总工期。

$$T = (m+N-1)t + \sum G + \sum Z - \sum C = (3+4-1)\times 3 - (1+1+2) = 14(\text{d})$$

绘制流水施工横道图,如图 3-8 所示。

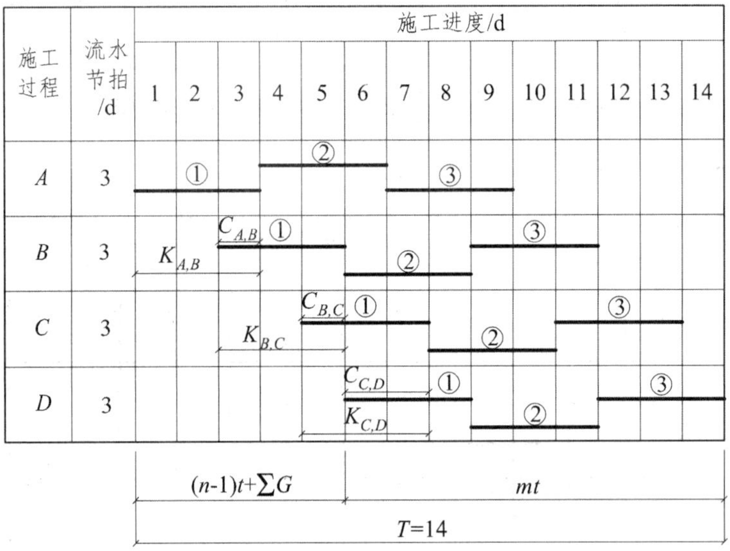

施工过程	流水节拍/d	施工进度/d
		1 2 3 4 5 6 7 8 9 10 11 12 13 14
A	3	① ② ③
B	3	$K_{A,B}$ $C_{A,B}$ ① ② ③
C	3	$K_{B,C}$ $C_{B,C}$ ① ② ③
D	3	$C_{C,D}$ ① ③ $K_{C,D}$ ②

$$(n-1)t+\sum G \qquad mt$$
$$T=14$$

图 3-8 例 3-4 流水施工横道图

2)异节奏流水施工

(1)成倍节拍流水施工。

通常情况下,组织等节奏流水施工是比较困难的,因为在任一施工段上,不同的施工过程,其复杂程度不同,影响流水节拍的因素也各不相同,很难使得各个施工过程的流水节拍都彼此相等。但是,如果施工段划分得合适,保持同一施工过程各施工段的流水节拍相等是不难实现的。使某些施工过程的流水节拍成为其他施工过程流水节拍的倍数,即形成了成倍节拍流水施工。

①成倍节拍流水施工的特点。

a. 同一施工过程在其各个施工段上的流水节拍均相等;不同施工过程的流水节拍不等,但其值为倍数关系。

b. 相邻施工过程的流水步距相等，且等于流水节拍的最大公约数（K）。

c. 专业工作队数大于施工过程数，即有的施工过程只成立一个专业工作队；而对于流水节拍大的施工过程，可按其倍数增加相应专业工作队的数目。

d. 各个专业工作队在施工段上能够连续作业，施工段之间没有空闲时间。

② 成倍节拍流水施工的组织步骤。

a. 确定施工起点流向，划分施工段。

b. 分解施工过程，确定施工顺序。

c. 按以上要求确定每个施工过程的流水节拍。

d. 令流水步距 $K_{i,i+1}$ 为流水节拍的最大公约数 $t_{\min}$。

e. 确定专业工作队数目 $b_i = t_i / t_{\min}$。

f. 确定专业工作队数目总和 $N' = \sum b$。

g. 确定计算总工期

$$T = (M + N' - 1)t_{\min} + \sum G + \sum Z - \sum C \tag{3-8}$$

③ 成倍节拍流水施工示例。

【例 3-5】 某工程项目的一部分工程根据工程量及相关数据划分为三个施工过程，施工顺序依次为 A, B, C，共划分为三个施工段，各个施工过程的流水节拍为 $t_A = 3$ d, $t_B = 3$ d, $t_C = 6$ d。根据流水施工的有关原理，组织流水施工求出工期并绘制施工进度计划横道图。

【解】 根据已知条件和有关知识，可以组织成倍数节拍流水施工。其中，$m=3$，$n=3$。

（1）计算流水步距。

流水步距等于各施工过程流水节拍的最大公约数，有已知条件可知最大公约数为 3，即 $t_{\min} = 3$ d。

（2）计算专业施工队数。

$$b_A = \frac{T_A}{t_{\min}} = \frac{3}{3} = 1 \text{（个）}$$

$$b_B = \frac{T_B}{t_{\min}} = \frac{3}{3} = 1 \text{（个）}$$

$$b_C = \frac{T_C}{t_{\min}} = \frac{6}{3} = 2 \text{（个）}$$

专业施工队总数为

$$n' = \sum b_i = 1 + 1 + 2 = 4 \text{（个）}$$

（3）计算工期。

本分部工程没有划分施工层

$$T = (M + N' - 1)t_{\min} + \sum G + \sum Z - \sum C = (3 + 4 - 1) \times 3 + 0 + 0 - 0 = 18 \text{（d）}$$

（4）绘制流水施工进度计划横道图。

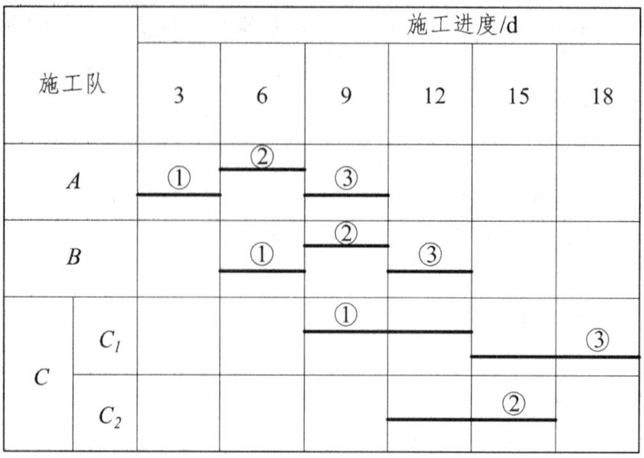

施工队		施工进度/d					
		3	6	9	12	15	18
A		①	②	③			
B			①	②	③		
C	C_1			①			③
	C_2				②		

图 3-9 流水施工进度图

2）不等节拍流水施工

在组织流水施工时，如果同一个施工过程在各个施工段上的流水节拍相等，而不同施工过程之间的流水节拍不一定相等，则这种流水施工方式称为不等节拍流水。

（1）不等节拍流水施工的特点。

① 同一施工过程流水节拍相等，不同施工过程流水节拍不一定相等。

② 相邻施工过程的流水步距不一定相等。

③ 每个专业队都能够连续施工，施工段可能有空闲时间。

④ 专业工作队数等于施工过程数。

（2）流水步距和工期的确定方法。不等节拍流水施工的流水步距和工期计算方法详见例 3-2。

2. 无节奏流水施工

在工程项目的实际施工中，很难做到每个施工过程在各施工段上工程量相等，又由各专业工作队生产效率上的差异，使大多数的节拍也彼此不相等，不可能组织成全等节拍或成倍节拍的专业流水，也不可能组织成异节拍的专业流水。

而无节奏流水是在保证施工工艺、满足施工顺序要求的前提下，按照一定的计算方法确定相邻专业工作队之间的流水步距，使相邻的专业工作队在开工时间上最大限度地、合理地搭接起来。它不像有节奏流水那样受时间规律的约束，但比有节奏流水在施工进度的安排上更具有灵活性和自由性。

1）无节奏流水施工的特点

无节奏流水施工的特点有如下几个。

（1）各施工过程在各施工段的流水节拍不全相等，而且无变化规律。

（2）流水步距与流水节拍之间存在着某种函数关系，流水步距也多数不相等。

(3)专业工作队数等于施工过程数。
(4)每个专业工作队都能够连续作业,施工段可能有间歇时间。

2)无节奏流水施工的组织步骤

无节奏流水施工的组织步骤如下。
(1)确定施工起点流向,分解施工过程。
(2)确定施工顺序,划分施工段。
(3)计算各施工过程在各个施工段上的流水节拍。
(4)按一定的方法确定相邻两个专业工作队之间的流水步距。
(5)计算流水施工的计划工期。

3)无节奏流水施工时间参数计算和流水施工图

无节奏流水施工由于在各施工段上的流水节拍不等,很容易造成工艺停歇或工艺超前现象,因此必须正确地计算流水步距。使用潘特考夫斯基法(也称为"最大差法",简称累加数列法),计算等节拍、无节奏的专业流水较为简捷、准确。其计算步骤如下。

(1)将每一个施工过程在各施工段上的流水节拍依次累加,求得各施工过程流水节拍的累加数列。
(2)将相邻施工过程流水节拍累加数列中的后者错后一位,相减后求得一个差数列。
(3)在错位相减的结果中,取数值最大者为相邻两个施工过程进入第一施工段的时间间隔,即流水步距。

4)无节奏流水施工示例

【例3-6】 某项目的部分工程,根据工程量有关数据,共划分为四个施工过程,三个施工段。四个施工过程的施工顺序依次为 A、B、C、D,流水节拍如表3-3所示。根据施工的有关要求,施工过程 B 的技术间歇时间为 2 d,施工过程 C 完成以后,要有 1 d 的准备时间才能进行施工过程 D 的施工。在保证专业施工队连续施工的条件下,根据流水施工有关原理组织流水施工,计算工期并绘制施工进度计划横道图。

表3-3 流水节拍参数表

施工过程	施工段		
	①	②	③
A	2	2	2
B	3	4	3
C	3	3	2
D	2	1	2

【解】 根据已知条件和有关知识可以组织分别流水施工。
(1)计算流水步距。
根据潘特考夫斯基法计算流水步距,对每个施工过程在各个施工段上的流水节拍累加求

和，得到累加数列分别为

A：2 4 7
B：3 7 10
C：3 6 8
D：2 3 5

对相邻两个施工过程的累加数列错位相减，得到该两个施工过程间的流水步距如下。A、B 之间的流水步距 K_{AB} 为

```
   2  4   7
-     3   7   10
─────────────────
   2  1   0  -10
```

得到　　　　　　$K_{AB}=2$

B、C 两个施工过程的累加数列错位相减：

```
   3  7  10
-     3   6   8
─────────────────
   3  4   4  -8
```

得到　　　　　　$K_{BC}=4$

C、D 两个施工过程的累加数列错位相减：

```
   3  6   8
-     2   3   5
─────────────────
   3  4   5  -5
```

得到　　　　　　$K_{CD}=5$

（2）计算工期。

$$T = \sum K_{i,i+1} + \sum G + \sum Z - \sum C + T_N = (2+4+5) + 2 + 1 + (2+1+2) = 19（d）$$

（3）绘制流水施工进度计划横道图。

流水施工进度计划横道图如图 3-10 所示。

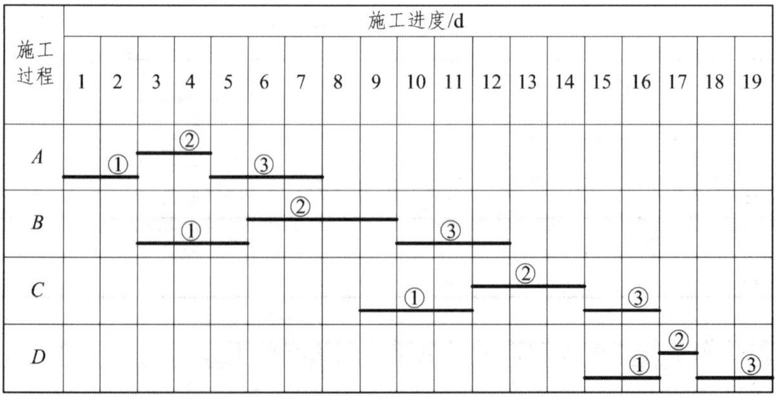

图 3-10　流水施工进度计划横道图

5）无节奏流水的应用

无节奏流水的应用需要注意以下两点。

（1）同一施工过程流水节拍不同，不同施工过程流水节拍也不完全相等（包括有技术、组织间歇和搭接和无技术、组织间歇与搭接两种情况）。

（2）同一施工过程流水节拍相同，不同施工过程流水节拍不同，但为最小流水节拍倍数，当受到劳动力限制，无法通过增加专业工作队组织成倍节拍流水时，也可采用无节奏流水。

思考与练习

一、单项选择题

1. 工程项目最有效的科学组织方法是（　　）
   A. 平行施工　　B. 顺序施工　　C. 流水施工　　D. 依次施工

2. 在组织流水施工时，用来表达流水施工在施工工艺方面进展状态的参数通常包括（　　）。
   A. 施工过程和流水强度　　　　B. 流水节拍和流水步距
   C. 施工段　　　　　　　　　　D. 流水过程和流水不距

3. 某工程有5个施工过程各组织一个专业工作队，在5个施工段上进行等节奏流水施工，流水节拍为3 d，其中第三、第五工作队分别间歇了2 d、1 d，则该工程的总工期为（　　）d。
   A. 25　　　　B. 30　　　　C. 35　　　　D. 40

4. 建设工程组织流水施工时，其特点之一是（　　）。
   A. 由一个专业工作队在各施工段上完成全部工作
   B. 同一时间只能有一个专业队投入流水施工
   C. 各专业工作队按施工顺序应连续、均衡地组织施工
   D. 现场的组织管理简单，工期最短

5. 某分部工程有两个施工过程，各分为4个施工段组织流水施工，流水节拍分别为3 d、4 d、3 d、3 d和2 d、5 d、4 d、3 d，则流水步距和流水施工工期分别为（　　）d。
   A. 3和16　　　B. 3和17　　　C. 5和18　　　D. 5和19

6. 建设工程组织非节奏流水施工时，其特点之一是（　　）。
   A. 各专业队能够在施工段上连续作业，但施工段之间可能有空闲时间
   B. 相邻施工过程的流水步距等于前一施工过程中第一个施工段的流水节拍
   C. 各专业队能够在施工段上连续作业，施工段之间不可能有空闲时间
   D. 相邻施工过程的流水步距等于后一施工过程中最后一个施工段的流水节拍

二、多项选择题

1. 流水施工使工程施工连续、均衡有节奏地进行，可以起到的作用有（　　）。
   A. 降低工程造价　　B. 缩短结算时间　　C. 缩短工程工期
   D. 减少工程索赔　　E. 提高工程质量

2. 组织依次施工时，如果按专业成立专业工作队，则其特点有（　　）。

A. 各专业工作队不能在各段连续施工
B. 没有充分利用工作面进行施工
C. 完成施工任务所消耗的资源总量较多
D. 施工现场的组织管理比较复杂
E. 不利于提高劳动生产率和工程质量

3. 关于组织流水施工中时间参数的有关问题，下列叙述正确的是（　　）。
A. 流水节拍是某个专业工作队在一个施工段上的施工时间
B. 主导施工过程中的流水节拍是各施工过程流水节拍的平均值
C. 流水步距是两个相邻的工作队进入流水作业的最小时间间隔
D. 工期是指第一个专业队投入流水施工开始到最后一个专业队完成流水施工止的延续时间
E. 流水步距的最大长度必须保证专业队进场后不发生停工、窝工现象

4. 确定成倍节拍流水施站拍流水施工工期的步骤分为（　　）。
A. 计算流水节拍　　　B. 计算流水步距　　　C. 确定专业工作队数
D. 绘制加快的成倍节拍流水施工进度计划图　　　E. 确定流水施工工期

5. 建设工程组织非节奏流水施工时的特点包括（　　）。
A. 各专业工作队不能在前在施工段上连续作业
B. 各施工过程在各施工段的流水节拍不全相等
C. 相邻专业工作队的流水步距不尽相等
D. 专业工作队数小于施工过程数
E. 有些施工段之间可能有空闲时间

三、简答题

1. 什么是依次施工、平行施工和流水施工？
2. 简述流水施工的概念并说明流水施工的特点。
3. 说明流水参数的概念、种类并解释其含义。
4. 在组织流水施工时，哪些施工过程应组织在流水中？哪些施工过程不能列入流水中？为什么？
5. 试述划分施工段的目的和原则。
6. 施工段数与施工过程数的关系是怎样的？
7. 试说明成倍节拍流水的施工概念和组建步骤。组织成倍节拍流水施工的条件是什么？
8. 无节奏流水施工的流水步距如何确定？
9. 流水施工按节奏特征不同可分为哪几种方式，各有什么特点？

四、案例分析题

1. 某建设工程由六幢框架结构楼房组成，每幢楼房为一个施工段，施工过程划分为基础工程、主体结构、屋面工程、室内装修和室外工程5项，基础工程在各幢的持续时间为6周、主体结构在各幢的持续时间为12周、屋面工程在各幢的持续时间为3周、室内装修在各幢的持续时间为12周、室外装修在各幢的持续时间为6周。

问题：
（1）为了加快施工进度，在各项资源供应能够满足的条件下，可以按何种方组织流水施

工？该流水施工方式有何特点？

（2）如果资源供应受到限制，不能加快施工进度，该工程应按何种方式组织流水施工？

2. 某工程的流水施工参数为：$M=6$，$N=4$，流水节拍见表3-4。试组织流水施工方案。

表3-4 流水节拍

施工过程	流水节拍/d					
	I	II	III	IV	V	VI
A	4	3	2	3	2	3
B	2	4	3	2	3	4
C	3	3	2	2	3	3
D	3	4	4	2	4	4

3. 某工程划分为 A、B、C、D、E 五个施工过程，划分为六个施工段，流水节拍分别为 $t_A = 3\ \text{d}, t_B = 5\ \text{d}, t_C = 3\ \text{d}, t_D = 4\ \text{d}, t_E = 2\ \text{d}$。

问题：

（1）确定流水步距。

（2）计算出总工期。

（3）绘制进度计划表。

模块 4　工程网络计划技术

【学习描述】

教学内容　本模块主要介绍网络计划的基本概念、网络图的绘制方法、网络计划的编制、双代号和单代号网络计划时间参数的计算方法、网络计划的优化及网络计划与流水原理安排进度计划的比较。

教学要求　通过本模块的学习，使学生了解网络计划的基本原理及分类，熟悉双代号网络图的构成。工作之间常见的逻辑关系；掌握双代号网络图的绘制方法；掌握双代号网络计划中工作计算法、标号法和时标网络计划；熟悉双代号网络计划的节点计算法；熟悉单代号网络计划时间参数的计算；熟悉工期优化和费用优化，了解资源优化；掌握网络计划与流水原理安排进度计划本质的不同。

实践环节　网络图的绘制、网络图的时间参数计算。

4.1　网络计划技术

1. 网络图

网络图是由箭线和节点按照一定规则组成的、用来表示工作流程的、有向有序的网状图形。分为双代号网络图和单代号网络图两种形式由一条箭线与其前后两个节点来表示一项工作的网为双代号网络图；而由一个节点表示一项工作，以箭线表示工作顺序的网络图称为单代号网络图 4-1。

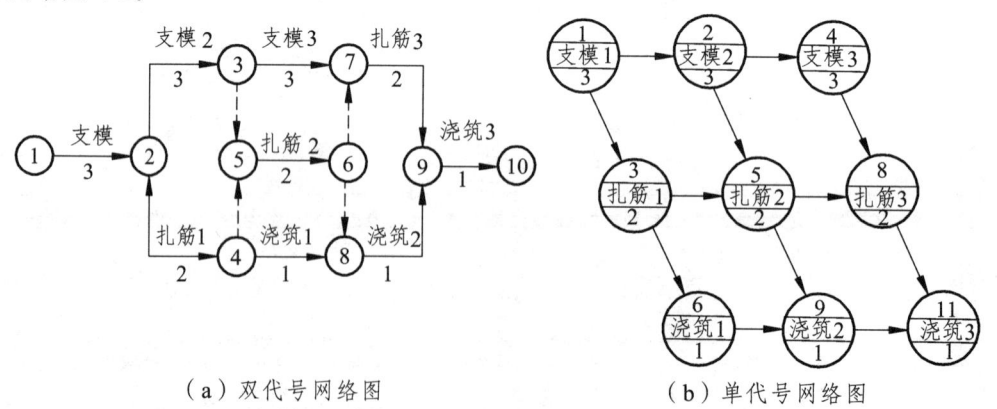

（a）双代号网络图　　　　　　　　（b）单代号网络图

图 4-1　网络图形式

2. 网络计划与网络计划技术

用网络图表达任务构成、工作顺序并加注工作的时间参数而编成的进度计划,称为网络计划。目前建筑工程中常用的网络计划有双代号网络计划、单代号网络计划、双代号时标网络计划等。

用网络计划对任务的工作进度进行安排和控制,以保证实现预定目标的科学的计划管理技术,称为网络计划技术。

3. 网络计划的基本原理

利用网络图的形式表达一项工程中具体工作组成以及相互间的逻辑关系,经过计算分析,找出关键工作和关键线路,并按照一定目标使网络计划不断完善,以选择最优方案;在计划执行过程中进行有效的控制和调整,力求以较小的消耗取得最佳的经济效益和社会效益。

4. 网络计划的特点

目前常用的进度计划表达形式有横道计划和网络计划两种。它们虽具有同样的功能,但特点却有较大的差异。横道计划是以横向线条结合时间坐标来表示各项工作的起止时间和先后顺序,整个计划有一系列的横道组成。而网络计划是以箭线和节点组成的网状图形来表示的施工进度计划。

例如,某构件制作工程分三段进行施工,有支模、扎筋、浇筑混凝土三个施工过程,各施工过程的流水节拍分别为 3 d、2 d、1 d。该工程进度计划用网络图表达如图 4-1,用横道图形式表达如图 4-2 所示。

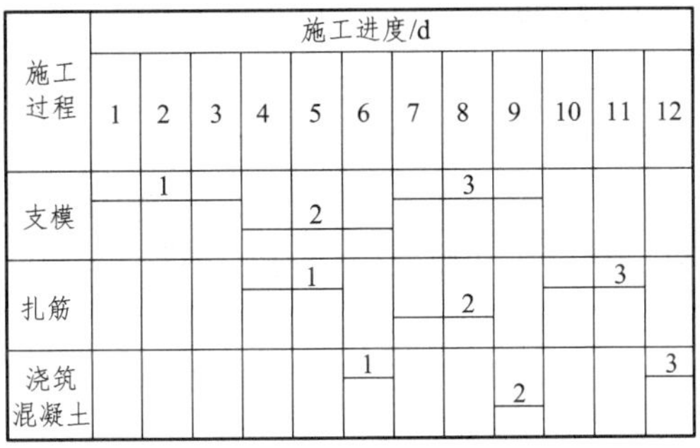

施工过程	施工进度/d											
	1	2	3	4	5	6	7	8	9	10	11	12
支模		1			2			3				
扎筋					1				2		3	
浇筑混凝土						1			2			3

（a）工作面连续,工作队有间歇

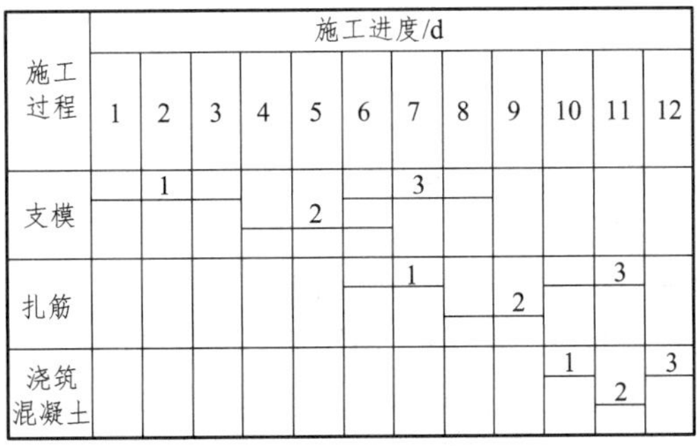

施工过程	施工进度/d											
	1	2	3	4	5	6	7	8	9	10	11	12
支模		1			2		3					
扎筋						1		2		3		
浇筑混凝土										1	2	3

（b）工作队连续,工作面有间歇

图 4-2 横道图形式

横道图计划的优点是易于编制，简单、明了、直观；因为有时间坐标，各项工作的起止时间、作业持续时间、工作进度、总工期以及流水作业状况都一目了然；对人力和其他资源的计算也便于按图叠加。其缺点是不能全面地反映出各项工作之间的相互关系和影响，不便进行各种时间参数的计算，不能反映哪些是主要的、关键性的工作，看不出计划中的潜力所在，不能使用计算机进行计算和优化。这些缺点的存在，使横道图计划不利于对视管理工作进行改进和加强。

网络计划的优点，是把工程项目中的各有关工作组成了一个有机的整体，能全面而明确地反映出各项工作之间的相互制约和相互依赖的关系；可以进行各种时间参数的计算，能在工作繁多、错综复杂的计划中找出影响工期的关键工作和关键路线，便于管理人员抓住主要矛盾，集中精力确保工期，避免盲目抢工；通过对各项工作存在机动时间的计算，可以更好地运用和调配人员和设备，节约人力、物力，达到降低成本的目的；在计划执行过程中当某一项工作因故提前或拖后时，能从网络计划中预见到对其后续工作及总工期的影响程度，便于采取措施；可以利用计算机进行计划的编制、计算、优化和调整。它的缺点是，流水作业表达不清晰；对一般的网络计划，不能利用叠加计算各种资源的需要量。

总之，网络计划技术可以为施工管理提供多种信息，有助于管理人员合理地组织生产，知道管理的重点应放在何处、怎样缩短工期、哪里有潜力、如何降低成本等，从而有利于加强工程管理。可见，网络计划技术即是有效的表达方法，又是一种科学的工程管理方法。

4.2 双代号网络计划

双代号网络是目前我国普遍应用的一种网络计划形式。如果用一条箭线来表示一项工作，将工作的名称写在箭线的上方，完成该项工作所需要的时间注在箭线下方，箭尾表示工作的开始，箭头表示工作的结束，在箭头和箭尾分别画上圆圈并加以编号，这种表示方式通常称为双代号表示法。

1. 网络图的构成

某公路工程由下列工作组成，其相互关系为：
（1）首先进行测量放线（3 d）。
（2）测量放线完成后，进行土方开挖（6 d）。
（3）土方开挖结束后，同时开展填路基（4 d）、排水设施（5 d）和清除杂物工作（2 d）。
（4）填路基和排水设施完成后，才开始路面施工（3 d）。
（5）填路基和清除杂物完成后，才能开始路肩施工（2 d）。
（6）路面施工和路肩施工结束后，最后清理场地工作（1 d）。

根据上述施工顺序，可绘制横道图进度计划（图4-3），也可用箭线表示工作，用圆圈将各项工作连接起来，形成双代号网络图，如图4-4所示。

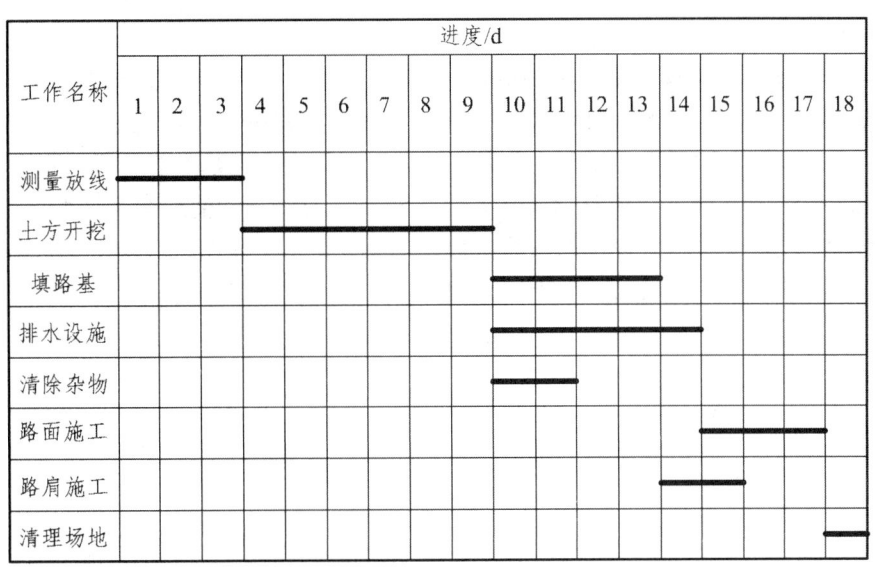

图 4-3 公路工程横道图进度计划

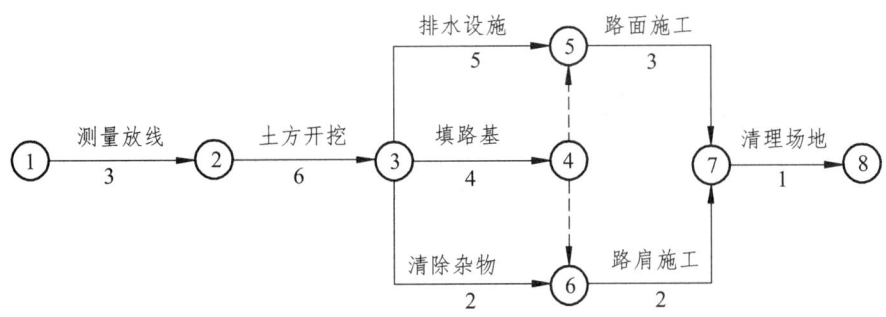

图 4-4 公路工程双代号网络图

从图 4-4 可以看出,双代号网络图由工作、节点和路线三部分组成。

1)工作

工作是泛指一项需要消耗人力、物力和时间的具体活动过程,也称工序、作业。在双代号网络中用箭线表示工作,如图 4-5 所示。其基本要点如下:

(1)工作的名称或内容写在箭线上面,工作的持续时间写在箭线下面。

(2)箭线方向表示工作进行方向(从左向右),箭尾 i 表示工作开始,箭头 j 表示工作完成(图 4-5)。

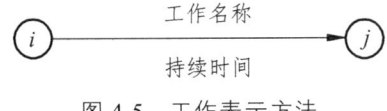

图 4-5 工作表示方法

箭线的长短与时间无关,可以任意画。

一项工作的具体内容可多可少,范围可大可小。例如,可以把整个设计工作作为一项工作,也可以把设计工作分为设计方案、初步设计、技术设计、施工图设计、图纸审核等工作分别作为一项工作。

完成一项工作一般需要消耗一定的资源，占用一定的时间和空间。但有些工作虽不消耗资源，却需要占用一定的时间，如混凝土浇筑以后的养护，也算一项工作。

在图 4-6 中，与 A 工作有关的其他工作，可以根据它们之间的相互关系，分为紧前工作、紧后工作和平行工作。例如，在图 4-4 中，排水设施、填路基和消除杂物是平行工作，它们的紧前工作是土方开挖，排水设施的紧后工作是路面施工，清除杂物的紧后工作是路肩施工，而填路基的紧后工作是路面施工和路肩施工。

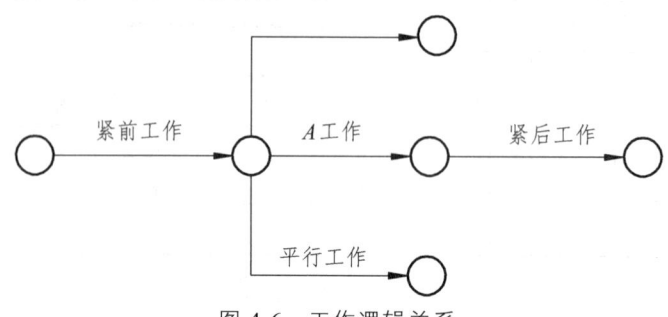

图 4-6 工作逻辑关系

除了上述工作之外，还有一种虚工作，用虚箭表示。它是指不耗用资源，也不占用时间的一种虚拟作业。它仅表示工作之间的先后逻辑关系，如图 4-4 中，虚箭线④→⑤表示填路基与路面施工的先后顺序，④→⑥表示清除杂物和路肩施工的先后顺序。

2) 节点

双代号网络图中的圆圈表示工作之间的联系，称为节点。在时间点上表示指向某节点的工作全部完成后该节点后面的工作才能开始的瞬间，它反应前后的交接点。

双代号网络图中的起点表示一项计划（或任务）的开始，所有箭线均从这里发出；终结点表示一项计划（或任务）的结束，所有工作箭线均汇入这里；介于网络图起点节点和终点节点之间的叫中间节点，它既有进入箭线，表示前面工作的结束，既有发出箭线，表示后面工作的开始。

节点的基本要点为：

（1）节点用○表示，圆圈中编上正整数号码，称为节点编号。每项工作都可以用箭尾和箭头的节点编号，(i, j) 作为该工作的代号。

（2）在同一网络图中不得有相同的节点编号。

（3）节点的编号，一般应满足 $i<j$ 的要求，即箭尾（工作的起点节点）号码要小于箭头（工作的终点节点）号码。

3) 线路

线路是指从网络图的起点节点，顺着箭头所指的方向，通过一系列的节点和箭线连续不断到达终点节点的一条通路。在网络图中可能有很多条线路，线路中各项工作持续时间之和就是该路线的长度，即路线所需的时间。

在各条线路中，有一条或几条线路的时间最长，称为关键路线，一般用双线和粗线标注；

其他线路长度均小于关键路线，称为非关键路线。图 4-4 中的关键路线为①→②→③→⑤→⑦→⑧。

2. 双代号网络图的绘制规则

在绘制双代号网络图时，一般应遵循以下基本规则。

（1）网络图必须按照已定的逻辑关系绘制。由于网络图是有向、有序的网状图形，因此必须严格按照工作之间的逻辑关系绘制，这同时也是为了保证工程质量和资源的优化配置及合理使用。工作之间的逻辑关系表示方法见表 4-1。

表 4-1 逻辑关系表示方法

序号	工作之间的逻辑关系	网络图中的表示方法	说明
1	A、B 两项工作依次施工		A 制约 B 的开始，B 依赖 A 的开始
2	A、B、C 三项工作同时开始施工		A、B、C 三项工作为平行施工方式
3	A、B、C 三项工作同时结束		A、B、C 三项工作为平行施工方式
4	A、B、C 三项工作，A 结束后 B、C 才能开始		A 制约 B、C 的开始，B、C 依赖 A 的结束，B、C 为平行施工
5	A、B、C 三项工作，A、B 结束后 C 才能开始		A、B 为平行施工，A、B 制约 C 的开始，C 依赖 A、B 的结束
6	A、B、C、D 四项工作，A、B 结束后 C、D 才能开始		引入虚工作 i，正确地表达了 A、B、C、D 之间的关系
7	A、B、C、D 四项工作，A 完成后 C 才能开始，A、B 完成后 D 才能开始		引入虚工作 i、j，正确地表达了它们之间的逻辑关系

续表

序号	工作之间的逻辑关系	网络图中的表示方法	说明
8	A、B、C、D、E 五项工作，A、B、C 完成后 D 才能开始，B、C 完成后 E 才能开始		引入虚工作 ⓘ、ⓙ，正确地表达了它们之间的逻辑关系
9	A、B、C、D、E 五项工作，A、B 完成后 C 才能开始，B、D 完成后 E 才能开始		引入虚工作 ⓘ、ⓙ、ⓚ，正确地表达了它们之间的逻辑关系

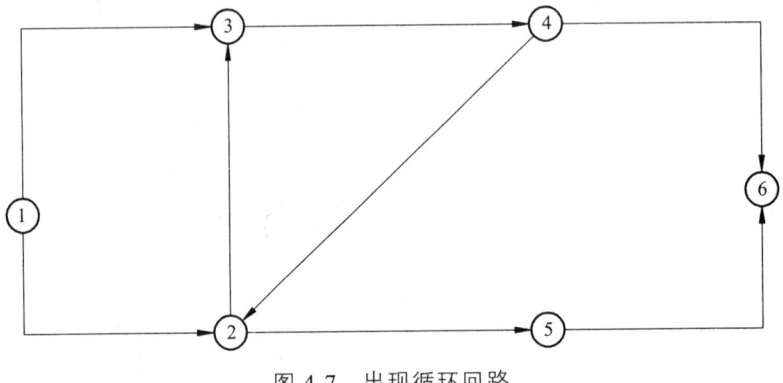

网络图中严禁出现从一个节点出发，顺箭头方向又回到原出发节点的循环回路。如果出现循环回路，会造成逻辑关系混乱，使工作无法按顺序进行。当然，此时节点编号也错误，如图 4-7 所示的③→④→②→③循环回路。

图 4-7 出现循环回路

（3）网络图中应只有一个起点节点和一个终点节点（任务中部分工作需要分期完成的网络计划除外）。如图 4-8 中出现了①和③两个起点节点，图 4-9 中出现了⑤和⑥两个终点节点。

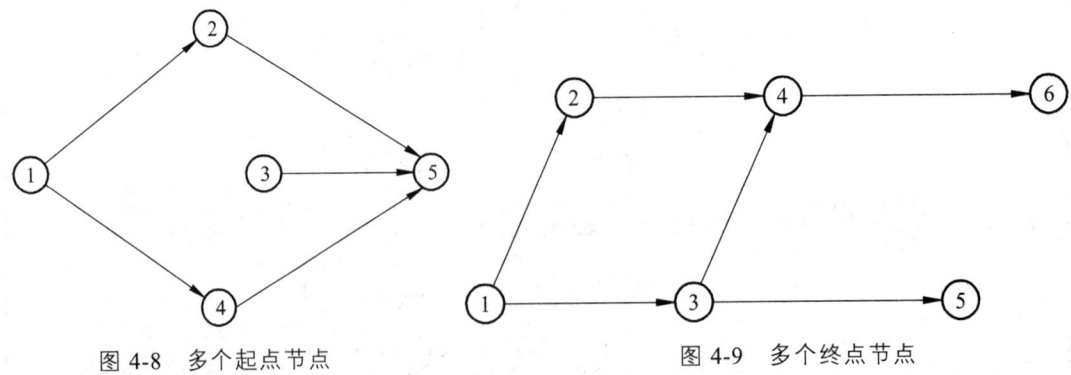

图 4-8 多个起点节点　　　　图 4-9 多个终点节点

（4）网络图中不允许出现有双箭头或无箭头的箭线，如图 4-10 中的②→④和②→③箭线是错误的。因为施工网络计划图是一种有向图形，沿着箭头的方向循序渐进，所以一条线路只能有一个箭头。另外，网络图中应该尽量避免反向箭线，如图 4-11 所示的④→②箭线。

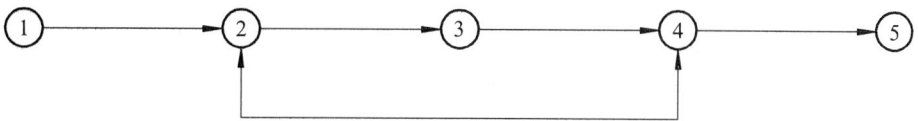

图 4-10 双箭头箭线和无箭头箭线

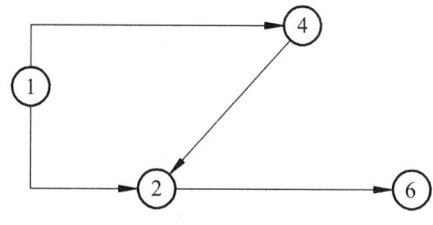

图 4-11 反向箭头箭线

（5）网络图中严禁出现没有箭尾节点的箭线和没有箭头节点的箭线。如图 4-12 所示为错误的画法。

图 4-12 错误画法

（6）严禁在箭线上引入或引出箭线图 4-13 即为错误的画法。

图 4-13 错误的画法

（7）一个网络图中，一条线路只能代表一项工作。图 4-14（a）中工作 A、B 同时由①→②代号表示是错误的，正确的表达应为图 4-14（b）中所示。

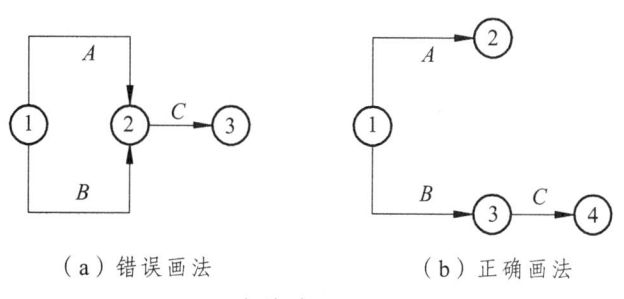

图 4-14 一条线路只能代表一项工作

（8）绘制网络图时，箭线不宜交叉，当交叉不可避免时，可用过桥法、指向法或断线法处理。如图 4-15（a）所示为过桥法，图 4-15（b）所示为指向法，图 4-15（c）所示为断线法。

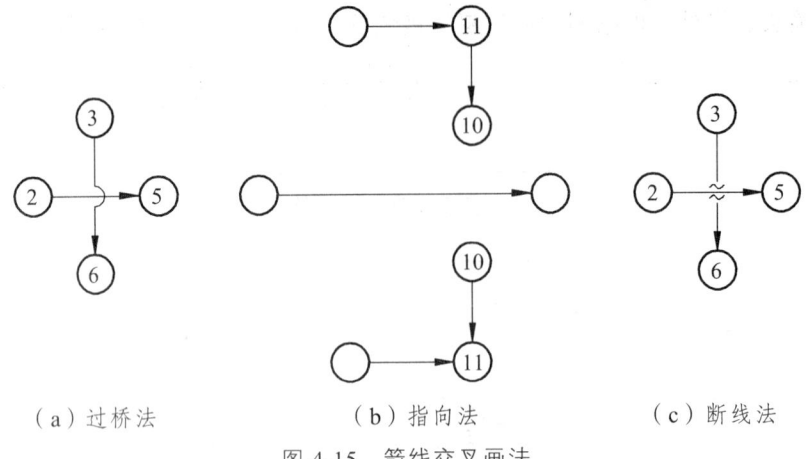

(a) 过桥法　　　　　　　(b) 指向法　　　　　　　(c) 断线法

图 4-15　箭线交叉画法

（9）当网络图的起点节点有多条箭线引出（外向箭线）或终点节点有多条箭线引入（内向箭线）时，为使图形简洁，可用母线法绘图，即将多条箭线经一条共用的垂直线段从起点节点引出，或将多条箭线经一条共用的垂直线段引入终点节点，如图 4-16 所示。

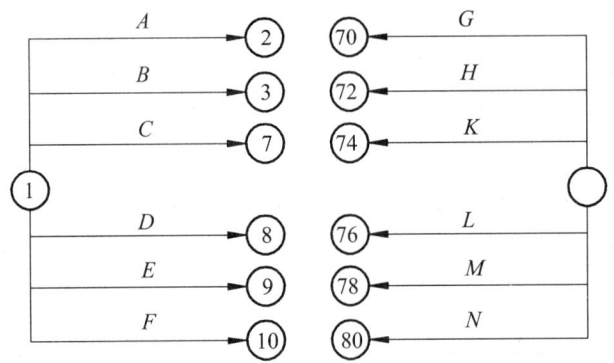

图 4-16　母线法绘图

3. 双代号网络图的绘图方法

当已知每一项工作的紧前工作时，可按下述步骤绘制双代号网络图。

（1）绘制没有紧前工作的工作箭线，使它们具有相同的开始节点，以保证网络图中只有一个起点节点。

（2）依次绘制其他工作箭线，这些工作箭线的绘制前提是其所有紧前工作箭线都已经绘制出来。在绘制这些工作箭线时，应按下列原则进行。

① 当所要绘制的工作只有一项紧前工作时，应将该箭线直接画在其紧前工作箭线之后。

② 当所要绘制的工作有一项紧前工作时，应对以下 4 种情况分别予以考虑。

a. 对所要绘制的工作（本工作）而言，如果在其紧前工作之中存在一项只作为本工作紧前工作的工作（即在紧前工作栏目中，该紧前工作只出现一次），则应将本工作箭线直接画在该紧前工作箭线之后，然后用虚箭线将其他紧前工作箭线的箭头节点与本工作箭线的箭尾节点分别相连，以表达它们之间的逻辑关系。

b. 对所要绘制的工作（本工作）而言，如果在其紧前工作之中存在多项只作为本工作紧前工作的工作，应先将这些紧前工作箭线的箭头节点合并，再从合并后的节点开始，画出本工作箭线，最后用虚箭线将其他紧前工作箭线的箭头节点与本工作箭线的箭尾节点分别相连，以表达它们之间的逻辑关系。

c. 对所要绘制的工作（本工作）而言，如果不存在情况 a 和情况 b，应判断本工作的所有紧前工作是否都同时作为其他工作的紧前工作（即在紧前工作栏目中，这几项紧前工作是否均同时出现若干次）。如果上述条件为肯定，则应先将这些紧前工作箭线的箭头节点合并，再从合并后的节点开始画出本工作箭线。

d. 对所要绘制的工作（本工作）而言，如果既不存在情况 a 和情况 b，也不存在情况 c，则应将本工作箭线单独画在其紧前工作箭线之后的中部，然后用虚箭线将其各紧前工作箭线的箭头节点与本工作箭线的箭尾节点分别相连，以表达它们之间的逻辑关系。

（3）当各项工作箭线都绘制出来之后，应合并那些没有紧后工作的工作箭线的箭头节点，以保证网络图只有一个终点节点（多目标网络计划除外）。

（4）当确认所绘制的网络图正确后，即可进行节点编号，网络图的节点编号在满足前述要求的前提下，既可采用连续的编号方法，也可采用不连续的编号方法，以避免以后因增加工作而改动整个网络图的节点编号。

以上所述是已知每项工作的紧前工作时的绘图方法。当已知每项工作的紧后工作时，也可按类似的方法进行网络图的绘制，只是其绘图顺序由前述的从左向右改为从右向左。

【例 4-1】 已知各工作之间的逻辑关系见表 4-1，试绘制其双代号网络图。

表 4-1 各工作间的逻辑关系（例 4-1）

工作	A	B	C	D
紧前工作	—	—	A，B	B

【解】

① 绘制工作箭线 A 和工作箭线 B，如图 4-17（a）所示。

② 按前述绘图方法（2）中的情况 a 绘制工作箭线 C，如图 4-17（b）所示。

③ 按前述绘图方法（1）绘制工作箭线 D 后，将工作首线 C 和 D 的箭头节点合并，以保证网络图中只有一个终点节点。当确认给定的逻辑关系表达正确后，再进行节点编号。表 4-1 中所列逻辑关系对应的双代号网络图如图 4-17（c）所示。

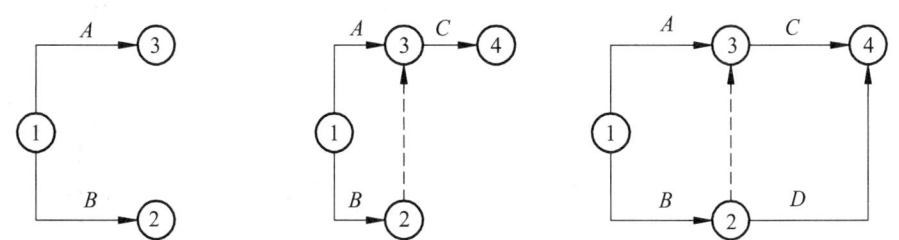

（a）绘制工作箭线 A 和 B　　（b）绘制工作箭线 C　　（c）合并工作箭线 C 和 D 的箭头节点

图 4-17 例 4-1 网络图

【例 4-2】 已知各工作之间的逻辑关系见表 4-2，试绘制其双代号网络图。

表 4-2 各工作间的逻辑关系（例 4-2）

工作	A	B	C	D	E	F
紧前工作	—	—	—	A, B	A, B, C	D, E

【解】
① 绘制工作箭线 A、工作箭线 B 和工作箭线 C，如图 4-18（a）所示。
② 按前述绘图方法（2）中的情况 c 绘制工作箭线 D，如图 4-18（b）所示。
③ 按前述绘图方法（2）中的情况 a 绘制工作箭线 E，如图 4-18（c）所示。
④ 按前述绘图方法（2）中的情况 b 绘制工作箭线 F。当确认给定的逻辑关系表达正确后，再进行节点编号。表 4-3 逻辑关系所对应的双代号网络图如图 4-18（d）所示。

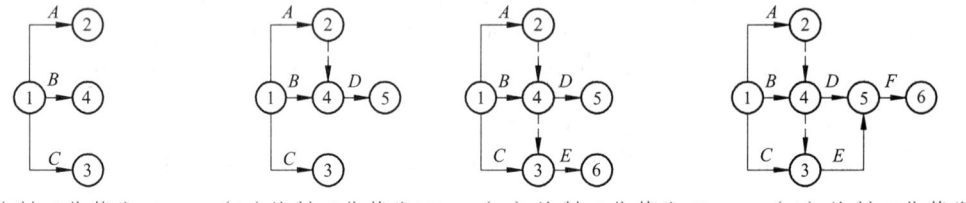

（a）绘制工作箭线 A、B、C　　（b）绘制工作箭线 D　　（c）绘制工作箭线 E　　（d）绘制工作箭线 F

图 4-18　例 4-2 网络图

【例 4-3】 已知各工作之间的逻辑关系见表 4-3，试绘制其双代号网络图。

表 4-3 各工作间的逻辑关系（例 4-3）

工作	A	B	C	D	E	F	G
紧前工作	—	—	—	—	A, B	B, C, D	C, D

【解】
① 绘制工作箭线 A、工作箭线 B、工作箭线 C，工作箭线 D，如图 4-19（a）所示。
② 按前述绘图方法（2）中的情况 a 绘制工作箭线 E，如图 4-19（b）所示。
③ 按前述绘图方法（2）中的情况 c 绘制工作箭线 G，如图 4-19（c）所示。
④ 按前述绘图方法（2）中的情况 d 绘制工作箭线 F，并将工作箭线 E、工作箭线 F 和工作箭线 G 的箭头节点合并，以保证网络中只有一个终点节点。当确认给定的逻辑关系表达正确后，再进行节点编号。表 4-4 逻辑关系所对应的双代号网络图如图 4-19（d）所示。

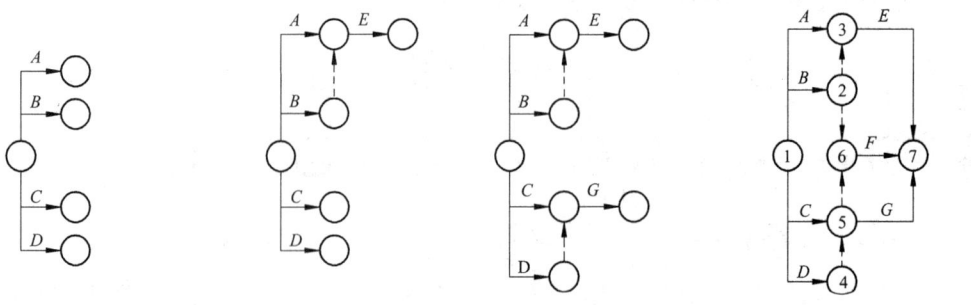

（a）绘制工作箭线 A、B、C、D　　（b）绘制工作箭线 E　　（c）绘制工作箭线 G　　（d）绘制工作箭线 F

图 4-19　例 4-3 网络图

4. 双代号网络图的编号

按照各项工作的逻辑顺序将网络图绘制好后，即可进行节点编号。节点编号的目的是赋予每项工作一个代号，便于对网络图进行时间参数的计算。

1）双代号网络图节点编号应遵循的原则

双代号网络图节点编号应遵循以下原则。

（1）箭头节点编号必须大于箭尾节点编号因此节点编号顺序是：箭尾节点编号在前，箭头节点编号在后；若是箭尾节点没编号，箭头节点则不能编号。

（2）在一个网络图中，所有节点不能出现重复编号，号码可以按自然数顺序进行，也可以非连续编号以便适应网络计划调整中增加工作的需要，编号应留有余地。

2）双代号网络图节点编号的方法

网络图节点编号的方法一般有两种，即水平编号法和垂直编号法。

（1）水平编号法。

水平编号法就是从起点节点开始由上到下逐行编号，每行则自左到右按顺序编排，如图4-20所示。

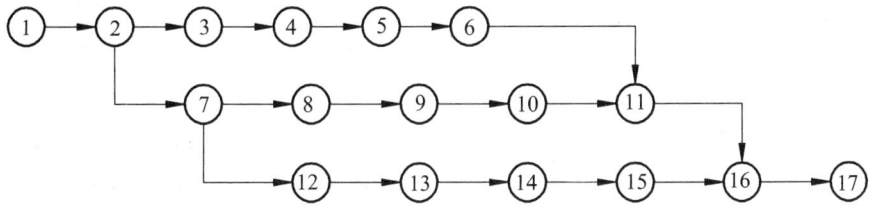

图 4-20 水平编号法

（2）垂直编号法。

垂直编号法就是从起点节点开始自左到右逐列编号，每列根据编号规则的要求或自上而下，或自下而上，或先上下后中间，或先中间后上下，如图 4-21 所示。

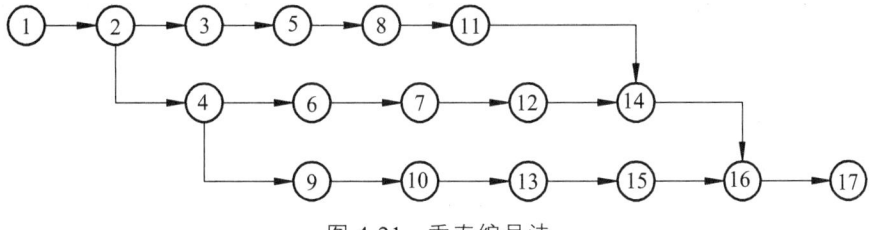

图 4-21 垂直编号法

4.3 网络计划时间参数的计算

所谓网络计划，是指在网络图中加注时间参数网络进度计划。在掌握网络图的绘制方法以后，就要对网络计划中的时间参数进行计算。计算时间参数的目的是确定关键线路和关键工作，便于施工中抓住重点，向关键线路要时间；明确非关键工作及其在施工中的时间上有多大的机动性便于挖掘潜力，统筹全局，部署资源；确定总工期，做到对工程进度心中有数；为网络计划的优化、调整和执行提供明确的时间概念。

1. 网络计划时间参数的概念及符号

所谓时间参数是指网络计划，工作及节点所具有的各种时间值。网络计划的时间参数主要包括各个节点的最早时间和最迟时间，各项工作的最早开始时间、最早完成时间、最迟开始时间和最迟完成时间，各项工作的持续时间、有关时差及工期等。网络计划的时间参数及其符号具体见表4-4。

表4-4 网络计划的时间参数及其符号

参数	名称	符号	英文
工期	计算工期	T_c	Computer Time
	要求工期	T_r	Require Time
	计划工期	T_p	Plan Time
节点的时间参数	最早时间	ET_i	Earliest Time
	最迟时间	LT_i	Latest Time
工作的时间参数	持续时间	D_{i-j}	Day
	最早开始时间	ES_{i-j}	Earliest Starting Time
	最早完成时间	EF_{i-j}	Earliest Finishing Time
	最迟完成时间	LF_{i-j}	Latest Earliest Time
	最迟开始时间	LS_{i-j}	Latest Starting Time
	总时差	TF_{i-j}	Total Float Time
	自由时差	FF_{i-j}	Free Float Time

1）工期

工期有如下几种。

（1）计算工期T_c，指根据时间参数计算得到的工期。

（2）要求工期T_r，指任务委托人提出的指令性工期。

（3）计划工期T_p，指按要求工期和计算工期确定的作为实施目标的工期。

当已规定要求工期T_r时：$T_p \leqslant T_r$。

当未规定要求工期T_r时：$T_p = T_c$。

2）节点的时间参数

节点的时间参数包括如下几个。

(1)节点最早时间 ET_i，以该节点为开始节点的各项工作的最早开始时间。

(2)节点最迟时间 LT_i，以该节点为完成节点的各项工作的最迟完成时间。

3)工作的时间参数

工作的时间参数有如下几个。

(1)工作持续时间 D_{i-j}，工作 $i \rightarrow j$ 从开始到完成的时间。

(2)工作的最早开始时间，指各紧前工作(紧排在本工作之前的工作)全部完成后，本工作有可能开始的最早时刻。工作 $i \rightarrow j$ 的最早开始时间用 ES_{i-j} 表示。

(3)工作的最早完成时间，指各紧前工作完成后，本工作有可能完成的最早时刻。工作 $i \rightarrow j$ 的最早完成时间用 EF_{i-j} 表示。

注意最早开始时间和最早完成时间的实质是提出了紧后工作与紧前工作的关系，即紧后工作若提前开始，也不能提前到其紧前工作来完成之前。

(4)工作的最迟开始时间指在不影响整个任务按期完成的前提下，工作必须开始的最迟时刻。工作 $i \rightarrow j$ 的最迟开始时间用 LS_{i-j} 再表示。

(5)工作最迟完成时间指在不影响整个任务按期完成的前提下，工作必须完成的最迟时刻。工作 $i \rightarrow j$ 的最迟完成时间用 LF_{i-j} 表示。

注意最迟开始时间和最迟完成时间的实质是提出紧前工作与紧后工作的关系，即紧前工作要推迟开始，也不能影响其紧后工作的按期完成。

(6)工作总时差是指在不影响总工期的前提下，本工作可以利用的机动时间。工作 $i \rightarrow j$ 的总时差用 TF_{i-j} 表示。

(7)工作自由时差是指在不影响其紧后工作最早开始时间的前提下，本工作可以利用的机动时间。工作 $i \rightarrow j$ 的自由时差用 FF_{i-j} 表示。

2. 双代号网络计划时间参数的计算

网络计划时间参数的计算一般常用图上计算法表上计算法、矩阵计算法和电算法等，下面主要介绍时间参数的图上计算法。

图上计算法是直接在已经绘制好的网络计划上进行计算，简单直观，目前应用非常广泛，双代号网络计划的时间参数既可以按节点计算(用二时标注)，也可以按工作计算(用六时标注)，标注方法如图 4-22 所示。

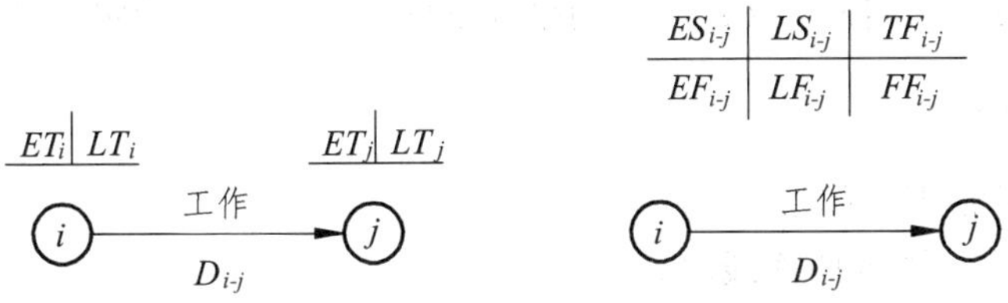

(a)二时标注法　　(b)六时标注法

图 4-22　双代号网络图的标注方法

1）节点计算法

所谓节点计算法，就是先计算网络计划中各个节点的最早时间和最迟时间，然后再据此计算各项工的时间参数和网络计划的计算工期。在网络图用二时标注法标注。

（1）节点的最早时间。

所谓节点的最早时间是表示节点的紧前工作全部完成，从这个节点出发的紧后工作最早能够开始的时间。

如果进入该节点的紧前工作没有全部结束，从这个节点出发的紧后工作就不能够开始，因此，当几条箭线同时指向同一节点时，应取进入该节点紧前工作结束时间的最大值作为该节点的最早可能开始时间。计算时，一般是把起点节点的时间作为零，从起点节点开始由左向右依次进行。具体的计算公式如下。

（1）起点节点 i 若未规定最早时间 ET_i，则其值应等于零，即

$$ET_i = 0 \ (i=1) \tag{4-1}$$

（2）其他节点的最早时间 ET_j。

① 当节点 j 只有一条内向箭线时，

$$ET_j = ET_i + D_{i-j} \tag{4-2}$$

② 当节点 j 有多条内向箭线时，

$$ET_j = \max\{ET_i + D_{i-j}\} \tag{4-3}$$

（3）计算工期 T_c。

$$T_c = ET_n \tag{4-4}$$

式中 ET_n——终点节点 n 的最早时间。

2）节点的最迟时间

所谓节点的最迟时间，就是在计划工期确定的情况下，从网络图的终点节点开始，逆向推算出的各节点的最迟必须开始的时刻。换句话讲，就是从节点出发的工作在保证计划工期的前提下最迟必须开始的时间。

节点的最迟时间应从网络计划的终点开始，逆着箭线的方向依次逐项计算。具体的计算公式如下。

（1）终点节点 n 的最迟时间 ET_n 应按网络计划的计划工期 T_p 确定，即

$$ET_n = T_p \tag{4-5}$$

（2）其他节点的最迟时间 LT_i。

① 当节点 i 只有一条外向箭线时，

$$LT_i = LT_j - D_{i-j} \tag{4-6}$$

② 当节点 i 有多条外向箭线时，

$$LT_i = \min\{LT_j - D_{i-j}\} \qquad (4\text{-}7)$$

式中　LT_j ——工作 $i \to j$ 的开始节点 i 的最迟时间；

　　　LT_j ——工作 $i \to j$ 的完成节点 j 的最迟时间。

【案例 4-4】 已知网络计划如图 4-23 所示，若计划工期等于计算工期，试计算节点的最早时间和最迟时间，并将计算结果标注在网络图上。

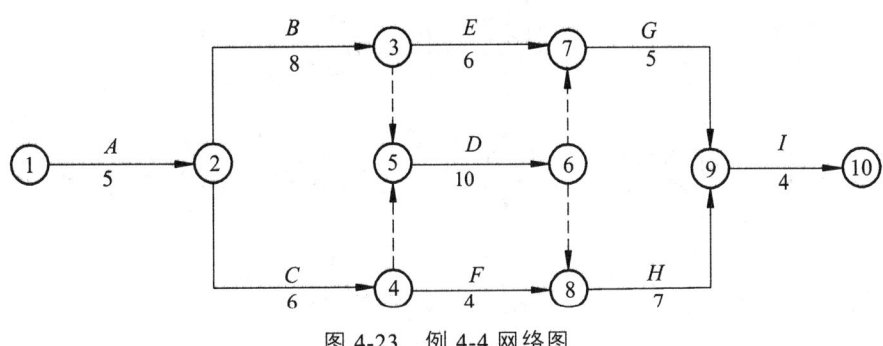

图 4-23　例 4-4 网络图

【解】

（1）计算各节点的最早时间。从网络计划的起始节点开始，沿箭线方向由左向右依次进行计算。

① 起点节点未规定最早时间，其值应等于零，即

$$ET_i = 0$$

② 其他节点的最早时间为

$$ET_2 = ET_1 + D_{1-2} = 0 + 5 = 5$$
$$ET_3 = ET_2 + D_{2-3} = 5 + 8 = 13$$
$$ET_4 = ET_2 + D_{2-4} = 5 + 6 = 11$$
$$ET_5 = \max\{ET_3 + D_{3-5}, ET_4 + D_{4-5}\} = \max\{13+6, 11+0\} = 13$$
$$ET_6 = ET_5 + D_{5-6} = 13 + 10 = 23$$
$$ET_7 = \max\{ET_3 + D_{3-7}, ET_6 + D_{6-7}\} = \max\{13+6, 23+0\} = 23$$
$$ET_8 = \max\{ET_4 + D_{4-8}, ET_6 + D_{6-8}\} = \max\{11+4, 23+0\} = 23$$
$$ET_9 = \max\{ET_7 + D_{7-9}, ET_8 + D_{8-9}\} = \max\{23+5, 23+7\} = 30$$
$$ET_{10} = ET_9 + D_{9-10} = 30 + 4 = 34$$

（2）计算各节点的最迟时间。从网络计划的终点开始，逆着箭线的方向依次逐项计算。

① 终点节点 n 的最迟时间 ET_n 应按网络计划的计划工期 T_p 确定，即

$$LT_{10} = T_p = 34$$

② 其他节点的最迟时间 LT_i 分别为

$$LT_9 = LT_{10} - D_{9-10} = 34 - 4 = 30$$
$$LT_8 = LT_9 - D_{8-9} = 30 - 7 = 23$$
$$LT_7 = LT_9 - D_{7-9} = 30 - 5 = 25$$
$$LT_6 = \min\{LT_7 - D_{6-7}, LT_8 - D_{6-8}\} = \min\{25-0, 23-0\} = 23$$
$$LT_5 = LT_6 - D_{5-6} = 23 - 10 = 13$$

$$LT_4 = \min\{LT_5 - D_{4-5}, LT_8 - D_{4-8}\} = \min\{13-0, 23-4\} = 13$$
$$LT_3 = \min\{LT_5 - D_{3-5}, LT_7 - D_{3-7}\} = \min\{13-0, 25-6\} = 13$$
$$LT_2 = \min\{LT_3 - D_{2-3}, LT_4 - D_{2-4}\} = \min\{13-8, 13-6\} = 5$$
$$LT_1 = LT_2 - D_{1-2} = 5 - 5 = 0$$

以上计算结果标注如图 4-24 所示。

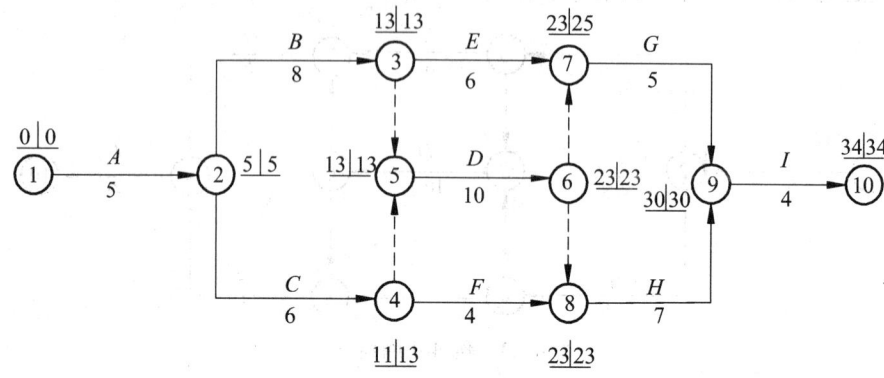

图 4-24 例 4-4 的二时标注法

2）工作计算法

所谓工作计算法，就是以网络计划中的工作为对象，直接计算各项工作的时间参数。这些时间参数包括工作的最早开始时间和最早完成时间、工作的最迟开始时间和最迟完成时间、工作的总时差和自由时差。此外，还应计算网络计划的计算工期。在网络图上用六时标注法标注。

（1）工作最早开始时间和最早完成时间的计算。

工作最早开始时间 ES_{i-j} 和最早完成时间 EF_{i-j} 反映工作 $i \to j$ 与其紧前工作的时间关系，受开始节点 i 的最早时间控制。ES_{i-j} 和 EF_{i-j} 的计算应以开始节点的时间参数为基础，计算公式为

$$ES_{i-j} = ET_i \tag{4-8}$$
$$EF_{i-j} = ES_{i-j} + D_{i-j} \tag{4-9}$$

（2）工作最迟完成时间和最迟开始时间的计算。

工作最迟完成时间 LF_{i-j} 和最迟开始时间 LS_{i-j} 反映工作 $i \to j$ 与其紧后工作的时间关系，受其完成节点 j 的最迟时间限制。LF_{i-j} 和 LS_{i-j} 的计算应以其完成节点的时间参数为基础，计算公式为：

$$LF_{i-j} = LT_j \tag{4-10}$$
$$LS_{i-j} = LF_{i-j} - D_{i-j} \tag{4-11}$$

（3）工作总时差的计算。

工作总时差是指在不影响总工期的前提下，本工作可以利用的机动时间，如图 4-25 所示。工作 $i \to j$ 的总时差计算公式如下

$$TF_{i-j} = LS_{i-j} - ES_{i-j} = LF_{i-j} - EF_{i-j} = LT_j - ET_i - D_{i-j} \quad (4\text{-}12)$$

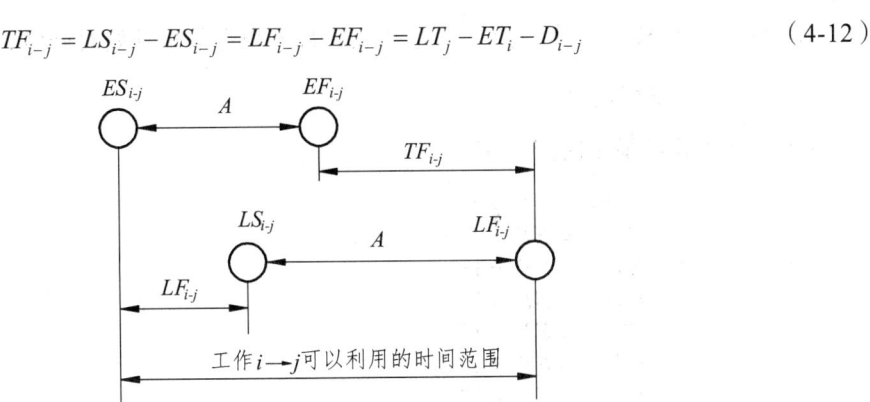

图 4-25　总时差计算简图

（4）工作自由时差的计算。

工作自由时差是指在不影响其紧后工作最早开始时间的前提下，本工作可以利用的机动时间。工作 $i \rightarrow j$ 的自由时差计算公式为（计算简图如图 4-26 所示）：

$$\begin{aligned} FF_{i-j} &= \min\{ES_{i-k} - EF_{i-j}\} \\ &= \min\{ES_{j-k} - ES_{i-j} - D_{i-j}\} \\ &= ET_j - ET_i - D_{i-j} \end{aligned} \quad (4\text{-}13)$$

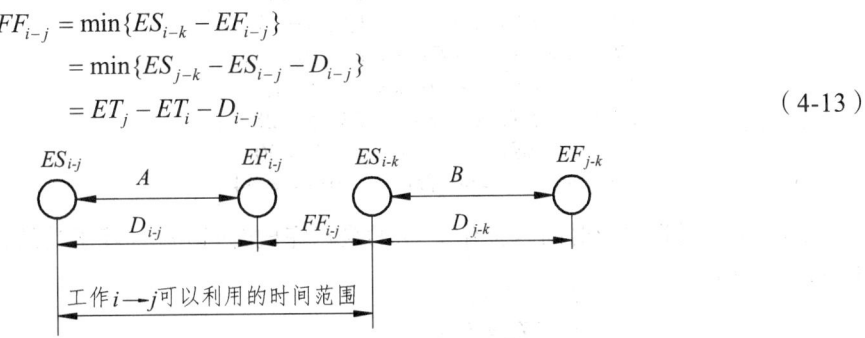

图 4-26　自由时差计算简图

（5）关键工作、关键节点和关键线路的确定。

① 关键工作的确定。总时差最小的工作就是关键工作。当计划工期与计算工期相等时，这个"最小值"为零；当计划工期大于计算工期时，这个"最小值"为正；当计划工期小于计算工期时，这个"最小值"为负。

② 关键节点的确定。在双代号网络计划中，关键线路上的节点称为关键节点。关键工作两端的节点必为关键节点，但两端为关键节点的工作不一定是关键工作。关键节点的最迟时间与最早时间的差值最小。特别地，当网络计划的计划工期等于计算工期时，关键节点的最早时间与最迟时间必然相等。

③ 关键线路的确定。将关键工作首尾相连，便构成从起点节点到终点节点的通路，位于该通路上各项工作的持续时间总和最长，这条通路就是关键线路。关键线路上可能有虚工作存在。关键线路上各项工作的持续时间总和应等于网络计划的计算工期。

【例 4-5】　将例 4-4 按工作过程计算时间参数，并将计算结果标注在网络图上。

【解】

（1）工作最早开始时间。工作 $i \rightarrow j$ 的最早开始时间 ES_{i-j}，应从网络计划的起点节点开始，顺着箭线方向依次逐项计算。

① 当工作 1→2 以起点节点为开始节点，且未规定最早开始时间时，其值应等于零。即

$$ES_{1-2} = 0$$

② 其他工作的最早时间分别是

$$ES_{2-3} = ET_2 = 5$$
$$ES_{2-4} = ET_2 = 5$$
$$ES_{3-7} = ET_3 = 13$$
$$ES_{5-6} = ET_5 = 13$$
$$ES_{4-8} = ET_4 = 11$$
$$ES_{7-9} = ET_7 = 23$$
$$ES_{8-9} = ET_8 = 23$$
$$ES_{9-10} = ET_9 = 30$$

（2）工作最早完成时间。应按公式 $EF_{i-j} = ES_{i-j} + D_{i-j}$ 进行计算。

$$EF_{1-2} = ES_{1-2} + D_{1-2} = 0 + 5 = 5$$
$$EF_{2-3} = ES_{2-3} + D_{2-3} = 5 + 8 = 13$$
$$EF_{2-4} = ES_{2-4} + D_{2-4} = 5 + 6 = 11$$
$$EF_{3-7} = ES_{3-7} + D_{3-7} = 13 + 6 = 19$$
$$EF_{5-6} = ES_{5-6} + D_{5-6} = 13 + 10 = 23$$
$$EF_{4-8} = ES_{4-8} + D_{4-8} = 11 + 4 = 15$$
$$EF_{7-9} = ES_{7-9} + D_{7-9} = 23 + 5 = 28$$
$$EF_{8-9} = ES_{8-9} + D_{8-9} = 23 + 7 = 30$$
$$EF_{9-10} = ES_{9-10} + D_{9-10} = 30 + 4 = 34$$

（3）工作最迟完成时间。工作 $i→j$ 的最迟完成时间 LF_{i-j} 等于其结束节点的最迟时间，即 $LF_{i-j} = LT_j$。

$$LF_{1-2} = LT_2 = 5$$
$$LF_{2-3} = LT_3 = 13$$
$$LF_{2-4} = LT_4 = 13$$
$$LF_{3-7} = LT_7 = 25$$
$$LF_{5-6} = LT_6 = 23$$
$$LF_{4-8} = LT_8 = 23$$
$$LF_{7-9} = LT_9 = 30$$
$$LF_{8-9} = LT_9 = 30$$
$$LF_{9-10} = LT_9 = 34$$

（4）工作最迟开始时间。

$$LS_{1-2} = LF_{1-2} - D_{1-2} = 5 - 5 = 0$$
$$LS_{2-3} = LF_{2-3} - D_{2-3} = 13 - 8 = 5$$
$$LS_{2-4} = LF_{2-4} - D_{2-4} = 13 - 6 = 7$$
$$LS_{3-7} = LF_{3-7} - D_{3-7} = 25 - 6 = 19$$
$$LS_{5-6} = LF_{5-6} - D_{5-6} = 23 - 10 = 13$$
$$LS_{4-8} = LF_{4-8} - D_{4-8} = 23 - 4 = 19$$
$$LS_{7-9} = LF_{7-9} - D_{7-9} = 30 - 5 = 25$$
$$LS_{8-9} = LF_{8-9} - D_{8-9} = 30 - 7 = 23$$
$$LS_{9-10} = LF_{9-10} - D_{9-10} = 34 - 4 = 30$$

（5）工作的总时差。

$$TF_{1-2} = LF_{1-2} - EF_{1-2} = 5 - 5 = 0$$
$$TF_{2-3} = LF_{2-3} - EF_{2-3} = 13 - 13 = 0$$
$$TF_{2-4} = LF_{2-4} - EF_{2-4} = 13 - 11 = 2$$
$$TF_{3-7} = LF_{3-7} - EF_{3-7} = 25 - 19 = 6$$
$$TF_{5-6} = LF_{5-6} - EF_{5-6} = 23 - 23 = 0$$
$$TF_{4-8} = LF_{4-8} - EF_{4-8} = 23 - 15 = 8$$
$$TF_{7-9} = LF_{7-9} - EF_{7-9} = 30 - 28 = 2$$
$$TF_{8-9} = LF_{8-9} - EF_{8-9} = 30 - 30 = 0$$
$$TF_{9-10} = LF_{9-10} - EF_{9-10} = 34 - 34 = 0$$

（6）工作的自由时差。

$$FF_{1-2} = EF_2 - ET_1 - D_{1-2} = 5 - 0 - 5 = 0$$
$$FF_{2-3} = ET_3 - ET_2 - D_{2-3} = 13 - 5 - 8 = 0$$
$$FF_{2-4} = ET_4 - ET_2 - D_{2-4} = 11 - 5 - 6 = 0$$
$$FF_{3-7} = ET_7 - ET_3 - D_{3-7} = 23 - 13 - 6 = 4$$
$$FF_{5-6} = ET_6 - ET_5 - D_{5-6} = 23 - 13 - 10 = 0$$
$$FF_{4-8} = ET_8 - ET_4 - D_{4-8} = 23 - 11 - 4 = 8$$
$$FF_{7-9} = ET_9 - ET_7 - D_{7-9} = 30 - 23 - 5 = 2$$
$$FF_{8-9} = ET_9 - ET_8 - D_{8-9} = 30 - 23 - 7 = 0$$
$$FF_{9-10} = ET_{10} - ET_9 - D_{9-10} = 34 - 30 - 4 = 0$$

以上计算结果标注如图 4-27 所示。

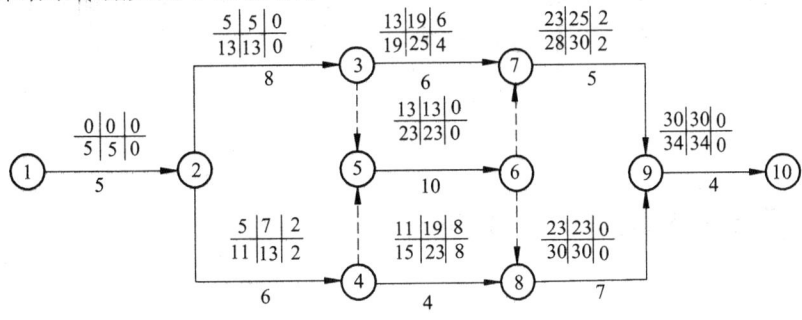

图 4-27 例 4-5 的六时标注法

3. 用标号法确定关键线路

标号法是一种快速寻找网络计划的计算工期和关键线路的方法。它利用节点法的基本原理对网络计划中的每个节点进行编号，然后利用标号值确定网络计划的计算工期和关键线路。下面仍以图 4-23 所示网络图为例来说明标号法的计算过程。具体计算结果如图 4-28 所示。

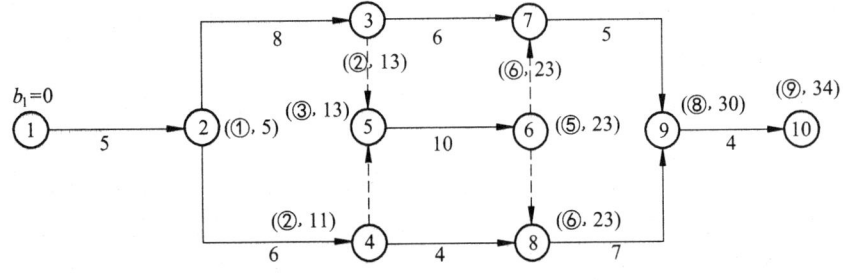

图 4-28 双代号网络计划（标注法）

(1) 网络计划起点节点的标号值为零，例如，在本例中①节点的标号值为零，即
$$b_1 = 0$$
(2) 其他节点的标号值应根据公式按节点编号由小到大依次计算
$$b_j = \max\{b_i + D_{i-j}\}$$
式中　b_j——工作 $i \to j$ 的完成节点 j 的标号值；

　　　b_i——工作 $i \to j$ 的开始节点 i 的标号值。

在本例中，节点⑥和节点⑨的标号值计算过程为
$$b_6 = b_5 + D_{5-6} = 13 + 10 = 23$$
$$b_9 = \max\{b_7 + D_{7-9}, b_8 + D_{8-9}\} = \max\{23+5, 23+7\} = 30$$

计算出节点的标号值后，应当用其标号值及其来源节点对该节点进行双标号。所谓来源节点是指用来确定本节点标号值的节点。例如，本例中节点⑥的标号值来源于节点⑤，故节点⑥标号值的来源节点就是节点⑤。如果来源节点有多个，应将所有来源节点标出。

(3) 网络计划的计算工期就是网络计划终点节点的标号值。例如，本例的计算工期是终点节点项的标号值 34 d。

(4) 关键线路应从网络计划的终点节点逆着箭线方向按来源节点确定。例如，在本例中，从终点节点⑩开始，逆着箭线方向按来源节点可以找出关键线路①→②→③→⑤→⑥→⑧→⑨→⑩。

4.4　双代号时标网络计划

双代号时标网络计划简称时标网络计划，实质上是在一般网络图上加注时间坐标，它所表达的逻辑关系与原网络计划完全相同，但箭线的长度不能任意画，应与工作的持续时间相对应。

1. 双代号时标网络计划的特点

双代号时标网络计划的特点如下。

(1) 时标网络计划兼有网络计划与横道计划的优点，它能够清楚地表明计划的时间进程，因此，可直观地进行判读。

(2) 时标网络计划能在图上直接显示出各项工作的开始与完成时间、工作的自由时差及关键线路。

(3) 由于时标网络在绘制时受到时间坐标的限制，因此很容易发现绘图错误。

(4) 工程对劳动力、材料、施工机具等资源的需用量可以直接标注在时标网络图上，这样既便于绘制资源消耗的动态曲线，又便于有计划地分析和控制资源的使用量。

（5）由于箭线受到时间坐标的限制，因此当情况发生变化时，对网络计划的修改比较麻烦，往往要重新绘图。

2. 时间坐标体系

双代号网络计划的时间坐标体系有计算坐标体系、工作日坐标体系、日历日坐标体系等。

（1）计算坐标体系。计算坐标体系主要用于计算网络计划的时间参数，其起点时间从零开始。

（2）工作日坐标体系。工作日坐标体系表明工作在工程开始后第几天开始、第几天完成，其起点时间从1开始。工作日坐标体系的工作开始时间等于计算坐标体系的工作开始时间加1，工作完成时间等于计算坐标体系的工作完成时间。

（3）日历日坐标体系。日历日坐标体系可以表明工程的开工日期和竣工日期以及各项工作的开始日期和完成日期。日历日坐标体系应扣除节假日休息时间，如星期六、星期日、劳动节和国庆节等。

3. 双代号时标网络计划的绘制

时标网络计划宜按最早时间绘制。在绘制前，首先应根据确定的时间单位绘制出一个时间坐标表，时间坐标单位应根据计划期的长短确定，可以是小时、天、周、月或季度等。时标网络计划中以实箭线表示工作，每项工作直线段的水平投影长度代表工作的持续时间；以虚箭线表示虚工作，以波形线表示工作与其紧后工作之间的时间间隔（以网络计划终点节点为完成节点的工作除外）。当工作之后紧跟有实工作时，波形线的长度表示本工作的自由时差；当工作之后只紧跟有虚工作时，则紧接的虚工作的波形线长度中的最短者为该工作的自由时差。

时标网络计划中的箭线宜采用水平箭线或由水平段和垂直段组成的箭线，不宜采用斜箭线。虚工作也是如此，但虚工作的水平段应绘制成波形线。

1）间接绘制法

间接绘制（或称先算后绘法）指先计算无时标网络计划草图的时间参数，然后再在时标网络计划表中进行绘制的方法。

用这种方法时，应先对时标网络计划进行计算，算出其最早时间；再按每项工作的最早开始时间将其箭尾节点定位在时标表上；最后用规定线型绘出工作及其自由时差，即形成时标网络计划。绘制时，一般先绘制出关键线路，然后再绘非关键线路。绘制步骤如下：

（1）先绘制网络计划草图，计算工作最早时间并标注在图上。

（2）绘制时标网络计划的时标计划表。

（3）在时标表上，按最早开始时间确定每项工作的开始节点位置（图形尽量与草图一致），节点的中心线必须对准时标的刻度线。

（4）绘制时，一般应先绘制出关键线路和关键工作，然后再绘制出非关键线路和非关键工作。

（5）按各工作的时间长度画出相应工作的实线部分，使其水平投影长度等于工作时间。由于虚工作不占用时间，所以应以垂直虚线表示。

（6）用波形线把实线部分与其紧后工作的开始节点连接起来，以表示自由时差。

标出关键线路。将时差为零的箭线从起点节点到终点节点连接起来，并用粗箭线、双箭线或彩色箭线表示，即形成时标网络计划的关键线路。

【案例 4-6】 将图 4-29 所示的网络计划图改绘成时标网络图。

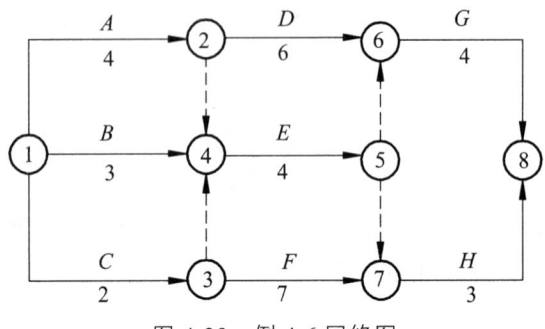

图 4-29 例 4-6 网络图

【解】

（1）先在网络图上标注出节点的最早时间，如图 4-30 所示。

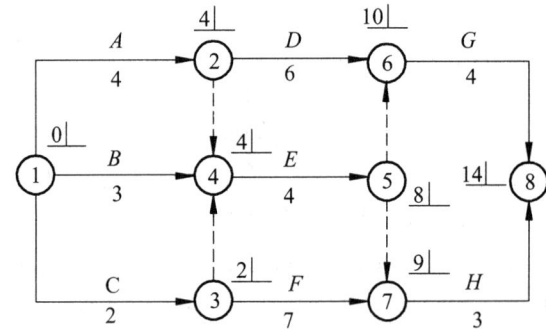

图 4-30 标注出节点最早时间的网络图

（2）在时标表上，按最早开始时间确定每项工作的开始节点位置，如图 4-31 所示。

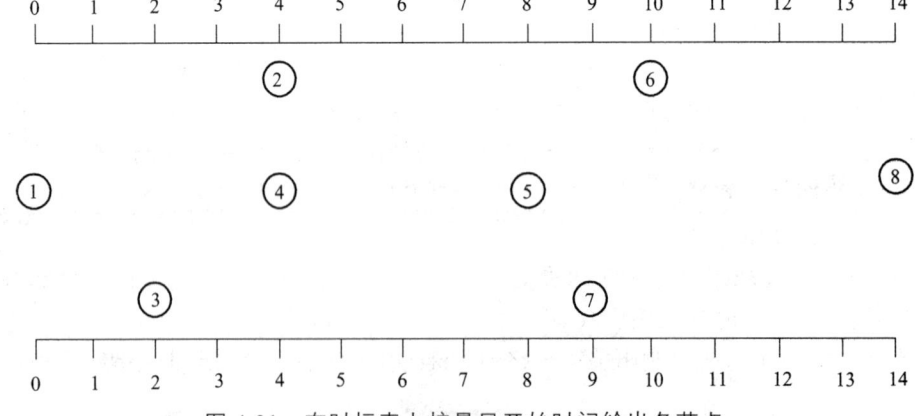

图 4-31 在时标表上按最早开始时间绘出各节点

先绘制出关键线路和关键工作，然后再绘制出非关键线路和非关键工作；按各工作的时间长度画出相应工作的实线部分，使其水平投影长度等于工作时间，虚工作以垂直虚线表示；再用波形线把实线部分与其紧后工作的开始节点连接起来，以表示自由时差。最后标出关键线路，即形成时标网络计划的关键线路，如图 4-32 所示。

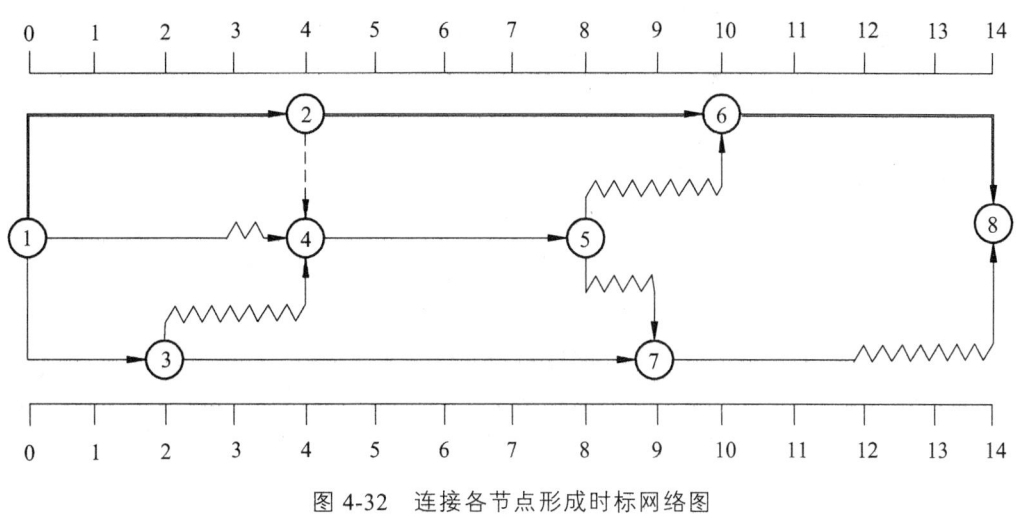

图 4-32　连接各节点形成时标网络图

2）直接绘制法

所谓直接绘制法，是指不计算时间参数而直接按无时标的网络计划草图绘制时标网络计划的方法。

（1）将网络计划的起点节点定位在时标网络计划表的起始刻度线"0"上，并按工作的持续时间绘制以网络计划起点节点为开始节点的工作箭线 A、B、C，如图 4-33 所示。

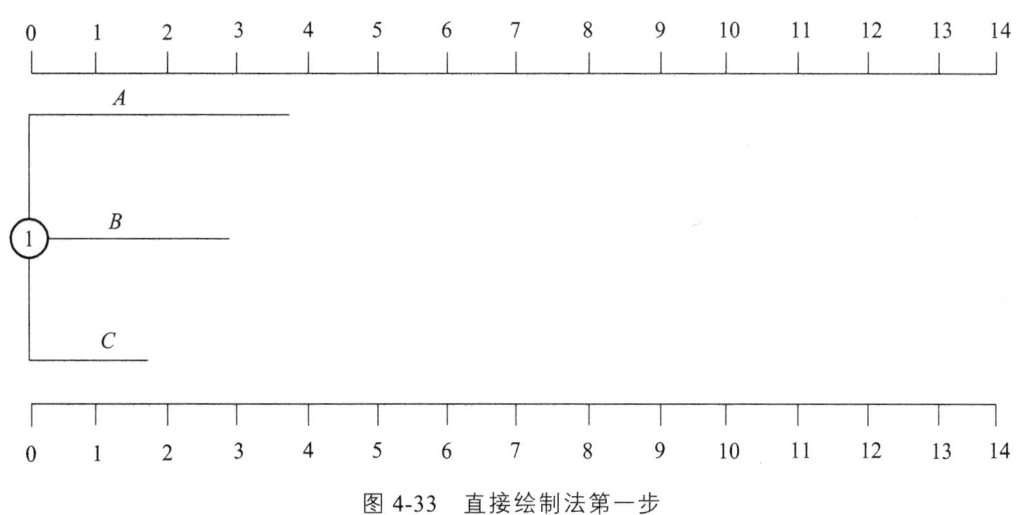

图 4-33　直接绘制法第一步

（2）除网络计划的起点节点外，其他节点必须在所有以该节点为完成节点的工作箭线均绘出后定位在这些工作箭线中最迟的箭线末端。当某些工作箭线的长度不足以到达该节点时，应用波形线补足，箭头画在与该节点的连接处，如图 4-34 所示。

图 4-34 直接绘制法第二步

（3）当某个节点的位置确定之后，即可绘制以该节点为开始节点的工作箭线。在图 4-34 的基础上分别绘出以节点②、节点④和节点③为开始节点的工作箭线 D、工作箭线 E 和工作箭线 G，如图 4-35 所示。再依次绘出其他的箭线，如图 4-36 所示。

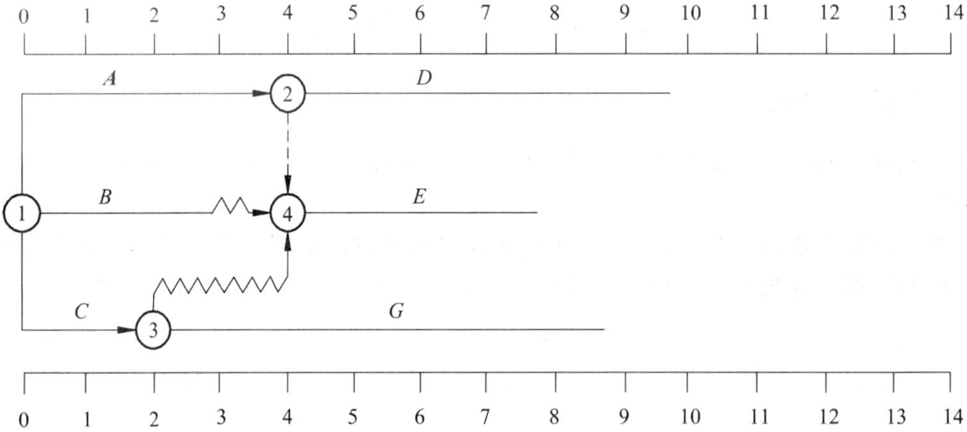

图 4-35 直接绘制法第三步

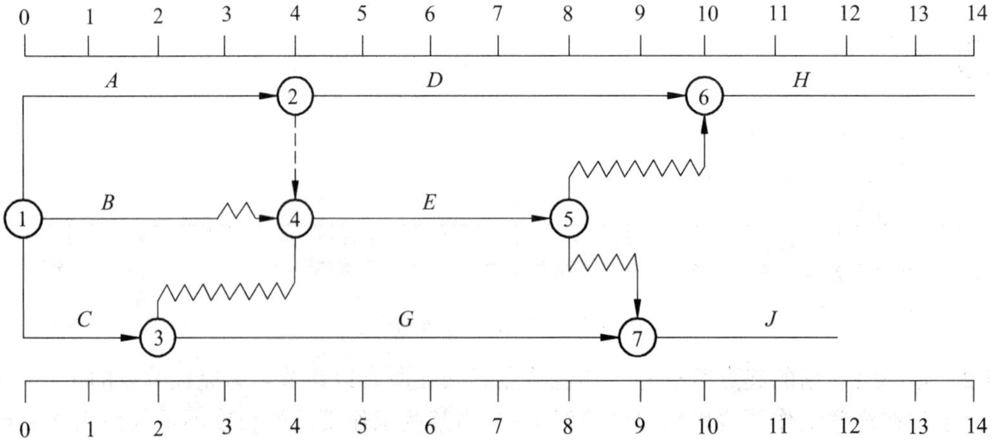

图 4-36 直接绘制法第四步

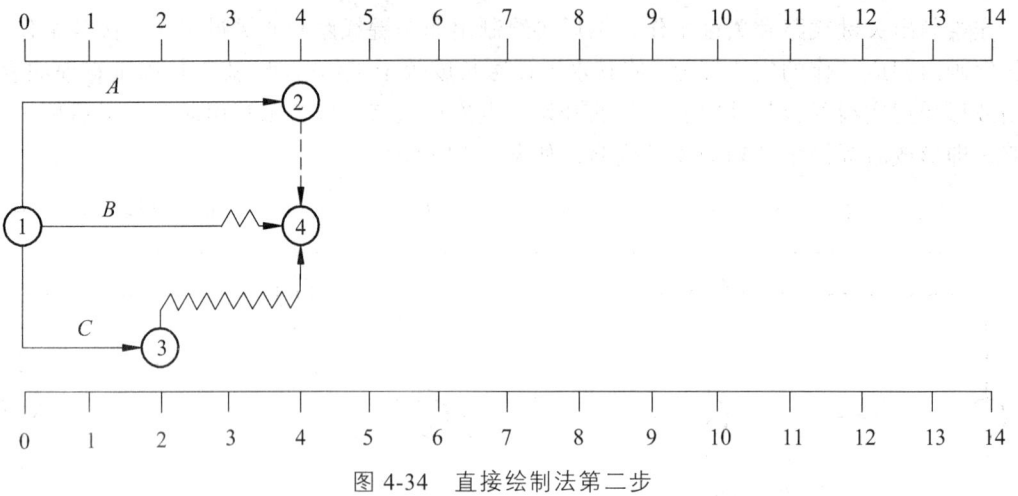

利用上述方法从左至右依次确定其他各个节点的位置,直至绘出网络计划的终点节点⑧,如图 4-37 所示。

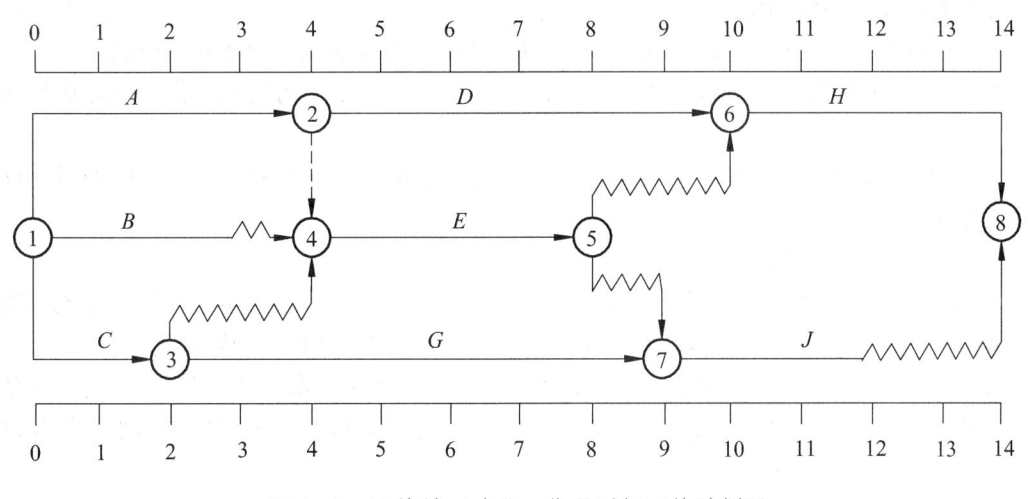

图 4-37 直接绘制法的双代号时标网络计划图

在绘制时标网络计划时,特别需要注意的问题是处理好虚箭线。首先,应将虚箭线与实箭线等同看待,只是其对应工作的持续时间为零;其次,尽管它本身没有持续时间,但可能存在波形线因此,要按规定画出波形线。在画波形线时,其垂直部分仍应画为虚线。

4. 时标网络计划中时间参数的判定

1) 关键线路和计算工期的判定

(1) 关键线路的判定。

时标网络计划中的关键线路可从网络计划的终点节点开始,逆着箭线方向进行判定。凡自始至终不出现波形线的线路即为关键线路。因为不出现波形线,就说明这条线路上相邻两项工作之间的时间间隔全部为零,也就是在计算工期等于计划工期的前提下,这些工作的总时差和自由时差全部为零。

(2) 计算工期的判定。

网络计划的计算工期应等于终点节点所对应的时标值与起点节点所对应的时标值之差。

2) 相邻两项工作之间时间间隔的判定

除以终点节点为完成节点的工作外,工作箭线中波形线的水平投影长度表示工作与其紧后工作之间的时间间隔。

3) 工作的 6 个时间参数的判定

(1) 工作最早开始时间和最早完成时间的判定。

工作箭线左端节点中心所对应的时标值为该工作的最早开始时间。当工作箭线中不存波形线时，其右端节点中心所对应的时标值为该工作的最早完成时间；当工作箭线中存在波形线时，工作箭线实线部分右端点所对应的时标值为该工作的最早完成时间。

（2）工作总时差的判定。

工作总时差的判定应从网络计划的终点节点开始，逆着箭线方向依次进行。

① 以终点节点为完成节点的工作，其总时差应等于计划工期与本工作最早完成时间之差。

② 其他工作的总时差等于其紧后工作的总时差加本工作与该紧后工作之间的时间间隔所得之和的最小值。

（3）工作自由时差的判定。

① 以终点节点为完成节点的工作，其自由时差应等于计划工期与本工作最早完成时间之差。事实上，以终点节点为完成节点的工作，其自由时差与总时差必然相等。

② 其他工作的自由时差就是该工作箭线中波形线的水平投影长度。但当工作之后只紧接虚工作时，则该工作箭线上一定不存在波形线，而其紧接的虚箭线中波形线水平投影长度的最短者为该工作的自由时差。

（4）工作最迟开始时间和最迟完成时间的判定。

① 工作的最迟开始时间等于本工作的最早开始时间与其总时差之和。

② 工作的最迟完成时间等于本工作的最早完成时间与其总时差之和。

时标网络计划中，时间参数的判定结果应与网络计划时间参数计算结果完全一致。

【例 4.7】 某分部工程双代号时标网络计划图如图 4-38 所示。

（1）工作 A 的总时差和自由时差分别为多少？

（2）工作 D 和工作 I 的最迟完成时间分别为多少？

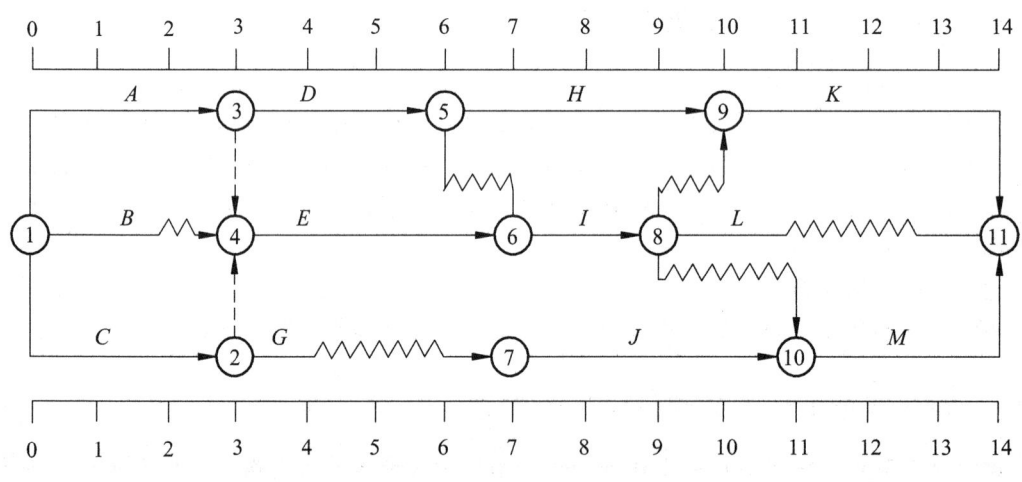

图 4-38 某分部工程双代号时标网络计划工作

【解】

（1）工作 A 本身没有波浪线且其紧后工作连有实工作 D，因此其自由时差为零。工作 A 到结束⑪节点共有 5 条线路。分别为：

线路①→③→⑤→⑨→⑪的总时差为 2 d；

线路①→③→⑤→⑥→⑧→⑨→⑪的总时差为 4 d；
线路①→③→⑤→⑥→⑧→⑪的总时差为 4 d；
线路①→③→⑤→⑥→⑧→⑩→⑪的总时差为 3 d；
线路①→③→⑤→⑥→⑦→⑩→⑪的总时差为 1 d。
以上 5 条线路中总时差最小为 1 d，即工作 A 的总时差为 1 d。

（2）确定工作的最迟完成时间要看该工作的总时差，工作 D 的总时差为 1 d，因此工作 D 最迟完成时间为第 7 天。工作的总时差为 2 d，因此工作 I 最迟完成时间为 11 d。

4.5 单代号网络图

单代号网络图是由节点和箭线组成的，箭线符号仅用来表示相关活动之间的顺序，不具有其他意义，节点则表示工作。工作之间的逻辑关系包括工艺关系和组织关系，在单代号网络图中均表现为工作之间的先后顺序。

单代号网络图绘制简便，逻辑关系明确，没有虚箭线，产生逻辑错误的可能较小，便于检查修改。单代号网络图更适合用计算机进行绘制、计算、优化和调整。最新发展起来的几种网络计划形式，如决策网络、图式评审技术、前导网络等，都是采用单代号表示的，近年来国内外对单代号网络图逐渐重视起来。

1. 单代号网络图的基本符号

1）节点及其编号

在单代号网络图中，节点及编号表示一项工作。节点用圆圈或矩形表示，如图 4-39 所示。节点必须编号，由于编号只有一个，因此称"单代号"。节点编号标注在节点内，可连续编号也可间断编号，但严禁重复编号，一个工作必须有唯一的一个节点和唯一的一个编号。

图 4-39 单代号网络图中节点的表示方法

2）箭线

单代号网络图中箭线表示紧邻工作之间的逻辑关系，箭线水平投影的方向应自左向右表示工作的进行方向。

箭线的箭尾节点编号应小于箭头节点的编号。单代号网络图中不设虚箭线。

2. 单代号网络绘制规则

单代号网络图的绘制规则如下。
（1）单代号网络图必须正确表述给定的逻辑关系。
（2）单代号网络图中严禁出现循环回路。
（3）单代号网络图中严禁出现双向箭头或无箭头的连线。
（4）单代号网络图中严禁出现没有箭尾节点的箭线或没有箭头节点的箭线。
（5）绘制单代号网络图时，箭线不宜交叉，当交叉不可避免时，可采用过桥法和指向法绘制。
（6）单代号网络图中应只有一个起点节点和终点节点；当网络图中有多个起点节点和多个终点节点时，应在网络图的两端分别设置一向虚工作，作为该网络图的起点节点（Si）和终点节点（Fi）。

3. 单代号网络图的绘制

绘制单代号网络图时要从左向右，逐个处理工作过程之间的逻辑关系。只有紧前工作都绘制完成后，才能绘制本工作，并用箭线使本工作与紧前工作相连。当出现多个起点节点或多个终点节点时，增加虚拟起点节点或终点节点，并使之与多个起点节点或终点节点相连，形成符合绘图规则的完整图形。绘制完成后要认真检查，看图中的逻辑关系是否与表中一致，是否符合绘图规则，如有问题，及时修正。

4. 单代号网络计划时间参数的计算

单代号网络计划时间参数的计算应在确定各项工作的持续时间之后进行。时间参数的计算顺序和计算方法基本上与双代号网络计划时间参数的计算相同。单代号网络计划时间参数的表示方法如图 4-41 所示。

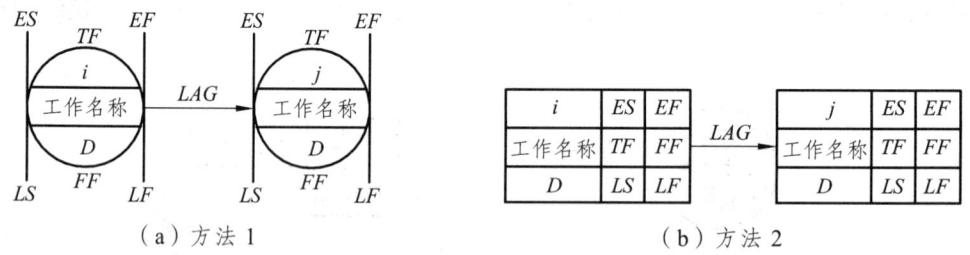

图 4-41 单代号网络计划时间参数的表示方法

1）单代号网络计划时间参数的计算步骤

（1）计算工作的最早开始时间和最早完成时间。

工作最早开始时间和最早完成时间的计算应从网络计划的起点节点开始顺着箭线方向按节点编号从小到大的顺序依次进行。

① 网络计划起点节点所代表的工作，其最早开始时间未规定时取值为零，即：

$$ES_1 = 0$$

② 工作的最早完成时间应等于本工作的最早开始时间与其持续时间之和，即：

$$EF_i = ES_i + D_i$$

式中，EF_i——工作 i 的最早完成时间；

　　　ES_i——工作 i 的最早开始时间；

　　　D_i——工作 i 的持续时间。

③ 其他工作的最早开始时间应等于其紧前工作最早完成时间的最大值，即：

$$ES_j = \max\{EF_i\}$$

式中，ES_j——工作 j 的最早开始时间；

　　　EF_i——工作 j 的紧前工作 i 的最早完成时间。

④ 网络计划的计算工期等于其终点节点所代表的工作的最早完成时间，即

$$T_c = EF_n$$

式中，EF_n 为终点节点 n 的最早完成时间。

（2）计算相邻两项工作之间的时间间隔。

相邻两项工作之间的时间间隔是指其紧后工作的最早开始时间与本工作最早完成时间的差值，即：

$$LAG_{i-j} = ES_j - EF_i$$

式中，LAG_{i-j}——工作 i 与其紧后工作 j 之间的时间间隔；

　　　ES_j——工作 i 的紧后工作 j 的最早开始时间；

　　　EF_i——工作 i 的最早完成时间。

（3）确定网络计划的计划工期。

网络计划的计算工期了 $T_c = EF_n$。假设未规定要求工期，则其计划工期就等于计算工期。

（4）计算工作的总时差。

工作总时差的计算应从网络计划的终点节点开始，逆着箭线方向按节点编号从大到小的顺序依次进行。

① 网络计划终点节点 n 所代表的工作的总时差应等于计划工期与计算工期之差，即：

$$TF_n = T_p - T_c$$

当计划工期等于计算工期时，该工作的总时差为零。

② 其他工作的总时差应等于本工作与其各紧后工作之间的时间间隔加该紧后工作的总时差所得之和的最小值，即：

$$TF_i = \min\{LAG_{i-j} + TF_j\}$$

式中，TF_i——工作的总时差；

　　　LAG_{i-j}——工作 i 与其紧后工作 j 之间的时间间隔；

　　　TF_j——工作 i 的紧后工作 j 的总时差。

（5）计算工作的自由时差。

① 网络计划终点节点 n 所代表工作的自由时差等于计划工期与本工作的最早完成时间之差，即：

$$FFn = Tp - EFn$$

式中，FFn ——终点节点所代表的工作的自由时差；

Tp ——网络计划的计划工期；

EFn ——终点节点 n 所代表工作的最早完成时间。

② 其他工作的自由时差等于本工作与其紧后工作之间时间间隔的最小值，即：

$$TFi = min\{LAGi - j\}$$

（6）计算工作的最迟完成时间和最迟开始时间。

工作的最迟完成时间和最迟开始时间根据总时差计算。

① 工作的最迟完成时间等于本工作的最早完成时间与其总时差之和，即：

$$LFi = EFi + TFi$$

② 工作的最迟开始时间等于本工作最早开始时间与其总时差之和，即：

$$LSi = ESi + TFi$$

2）单代号网络计划关键线路的确定

（1）利用关键工作确定关键线路。

如前所述，总时差最小的工作为关键工作。将这些关键工作相连，并保证相邻两项关键工作之间的时间间隔为零而构成的线路就是关键线路。

（2）利用相邻两项工作之间的时间间隔确定关键线路。

从网络计划的终点节点开始逆着箭线方向依次找出相邻两项工作之间时间间隔为零的线路就是关键线路。

（3）利用总持续时间确定关键线路。

在子项目、工作之间的逻辑关系及各工作的持续时间都肯定的网络计划中，工作总持续时间最长的线路为关键线路。

思考与练习

一、单项选择题

1. 下列有关双代号网络图的说法，正确的是（　　）。

A. 工作、节点编号和箭线是构成双代号网络图的三要素

B. 双代号网络图中箭线表示工作间的逻辑关系

C. 箭线的长短在无时间坐标条件下与工作时间长短无关

D. 箭线只能绘成直线

2. 在网络图中，当计算工期等于计划工期时，（　　）。

A. 一定有关键线路　　　　　　　B. 一定没有关键线路
C. 不一定有关键线路　　　　　　D. 一定有 2 条以上关键线路

二、多项选择题

1. 在工程网络计划中，关键工作是（　　　）的工作。
A. 自由时差为零　　　　　　　　B. 总时差最小
C. 两端节点为关键节点　　　　　D. 关键线路上
E. 持续时间最长

2. 在工程双代号网络计划中，某项工作的最早完成时间是指其（　　　）。
A. 开始节点的最早时间与工作总时差之和
B. 开始节点的最早时间与工作持续时间之和
C. 完成节点的最迟时间与工作持续时间之差
D. 完成节点的最迟时间与工作总时差之差
E. 完成节点的最迟时间与工作自由时差之差

3. 已知网络计划中工作 M 有两项紧后工作，这两项紧后工作的最早开始时间分别为第 15 d 和第 18 d，工作 M 的最早开始时间和最迟开始时间分别为第 6 天和第 9 天。如果工作 M 的持续时间为 9 d，则工作 M（　　　）。
A. 总时差为 3 d　　　　　　　　B. 自由时差为 0 d
C. 总时差为 2 d　　　　　　　　D. 自由时差为 2 d
E. 与紧后工作时间间隔分别为 0 d 和 3 d

4. 关于关键线路和关键工作的说法，正确的有（　　　）。
A. 关键线路上相邻工作的时间间隔为零
B. 关键线路上各工作持续时间之和最长
C. 关键线路可能有多条
D. 关键工作的总时差一定为零
E. 关键工作的最早开始时间等于最迟开始时间

三、简答题

1. 什么是网络图？什么是网络计划？
2. 什么是逻辑关系？虚工作的作用是什么？举例说明。
3. 双代号网络图绘制规则有哪些？
4. 一般网络计划要计算哪些时间参数？简述各参数的符号。
5. 什么是总时差？什么是自由时差？两者有何关系？
6. 什么是关键线路？对于双代号网络计划和单代号网络计划如何判断关键线路？
7. 简述双代号网络计划中工作计算法的计算步骤。
8. 简述单代号网络计划与双代号网络计划的异同。
9. 时标网络计划有什么特点？
10. 简述网络计划优化的分类。

四、案例题

1. 某工程有九项工作组成。它们的持续时间和网络逻辑关系见表 4-9，试验制双代号网（按节点计算法计算并标注时间参数）。

表 4-9　某工程的工作持续时间与网络逻辑关系

工作	A	B	C	D	E	F	G	H	I
紧前工作	—	—	—	A、B、C	B	C	C	B	D、G、J
持续时间	4	6	6	5	8	3	5	4	9

2. 某工程由九项工作组成。它们的持续时间和网络逻辑关系见表 4-10.试绘制双代号网络图，进行六个时间参数计算。

表 4-10　某工程的工作持续时间与网络逻辑关系 2

工作	A	B	C	D	E	F	G	H	I
紧前工作	—	—	A	A	C	C	D、F	G、E	B、G
持续时间	5	5	6	7	10	3	4	4	2

3. 某工程有九项工作组成，它们的持续时间和网络逻辑关系见表 4-11，试绘制双代号网络图（按工作过程计算法计算并标注时间参数）。

表 4-11　某工程工作的持续时间与网络逻辑关系 3

工作	A	B	C	D	E	F	G	H	I
紧前工作	—	A	A	B、C	B	C	D、E	D、F	H、G
持续时间	3	4	6	8	5	4	6	4	5

4. 某工程有支模板、绑扎钢筋.浇筑混凝土 3 个分项工程组成，划分为 4 个施工段。各分项工程在各个施工段上的持续时间依次为：支模板 6 d、绑钢筋 4 d、浇混凝土 2 d。

试绘制：

（1）按工种排列的双代号网络图。

（2）按施工段排列的双代号网络图。

模块 5　建筑工程施工组织总设计

【学习描述】

教学内容　本模块根据《建筑施工组织设计规范》（GB/T 50502—2009）的要求，主要介绍施工组织总设计的基本知识、工程概况、施工部署及其核心工程的施工方案，施工总进度计划的编制，施工总资源计划，施工总平面图的设计，各项技术经济指标分析等内容。

教学要求　通过本模块的学习，使学生了解施工组织总设计编制依据、编制程序和作用，熟悉施工组织总设计的编制步骤，掌握施工组织总设计的编制内容、施工部署的要求以及施工总平面布置内容。

5.1　建筑工程施工组织总设计概述

建筑工程施工组织总设计是以整个建设项目或特大型建筑群体工程为编制对象，根据工程设计文件以及其他有关资料和现场施工条件而编制，用以指导施工单位进行全场性的施工准备工作和组织全局性施工的综合性技术经济文件，对整个项目起统筹规划、重点控制的作用，带有全局性和控制性。建筑工程施工组织总设计一般由建筑总承包单位或大型项目经理部的总工程师主持编制，由总承包单位技术负责人审批，在工程竣工验收后归档。

【知识链接】

在我国，大型房屋建筑工程标准一般指：
（1）25层以上的房屋建筑工程；
（2）高度100 m及以上的构筑物或建筑物工程；
（3）单体建筑面积3万平方米及以上的房屋建筑工程；
（4）单跨跨度30 m及以上的房屋建筑工程；
（5）建筑面积10万平方米及以上的住宅小区或建筑群体工程；
（6）单项建安合同额1亿元及以上的房屋建筑工程。但在实际操作中，具备上述规模的建筑工程很多只需编制单位工程施工组织设计，需要编制施工组织总设计的建筑工程，其规模应当超过上述大型建筑工程的标准，通常需要分期分批建设，可称为特大型项目。

1. 建筑工程施工组织总设计的作用

建筑工程施工组织总设计的主要作用有以下几个方面。
（1）从全局出发，为整个项目的施工做出全面的战略部署。
（2）指导全场性的施工准备工作，为整个项目的实施创造必要的施工条件。
（3）为组织施工力量和技术、保证物资资源的供应提供依据。
（4）为施工单位编制生产计划和单位工程施工组织设计提供依据。
（5）为业主或监理单位编制项目计划提供依据。
（6）为组织全工地施工提供科学方案和实施步骤。

2. 建筑工程施工组织总设计的编制依据

（1）建设项目基础文件。
该内容包括国家或有工程所在地关行政主管部门批准的基本建设或技术改造项目的文件、可行性研究报告、建设规划红线范围和用地批准文件、分批分期施工的项目和建设单位投资计划，建设项目招投标文件及签订的工程承包合同文件，推广新结构、新技术及有关的先进经济技术指标等。
（2）工程勘查、设计文件及有关规定。
该部分包括有关地形、地貌、水文、地质、气象等自然条件的勘查文件，经批准的初步设计和技术批准文件以及设计图纸和说明书，建筑总概算或修正的总概算、设计总概算等。
（3）现行的规范、规程和有关技术标准。
现行的法律、法规、规范、规程和有关技术标准主要有施工及验收规范、质量标准、工艺操作规程、工程建设强制性标准、技术规定和技术经济指标、工程造价管理有关规定、工程建设管理机构资质有关规定等。
（4）其他。
与工程有关的资源供应情况主要有当地交通运输能力、地区材料或构配件价格及供应情况、供水供电供热供气能力及价格、进口设备和材料的到货口岸和转运方式，施工企业的生产能力、机具设备状况、技术水平，类似或近似建设项目的施工组织总设计实例、施工经验的总结资料及有关的参考数据等。

3. 建筑工程施工组织总设计的编制原则

（1）符合施工合同或招标文件中有关工程进度、质量、安全、环境保护、造价等方面的要求；
（2）积极开发、使用新技术和新工艺，推广应用新材料和新设备；
（3）坚持科学的施工程序和合理的施工顺序，采用流水施工和网络计划等方法，实现均衡施工，达到合理的经济技术指标；
（4）采取技术和管理措施，推广建筑节能和绿色施工；

（5）与质量、环境和职业健康安全三个管理体系的有效结合。

4. 建筑工程施工组织总设计的编制程序

建筑工程施工组织总设计的编制程序如图 5-1 所示。

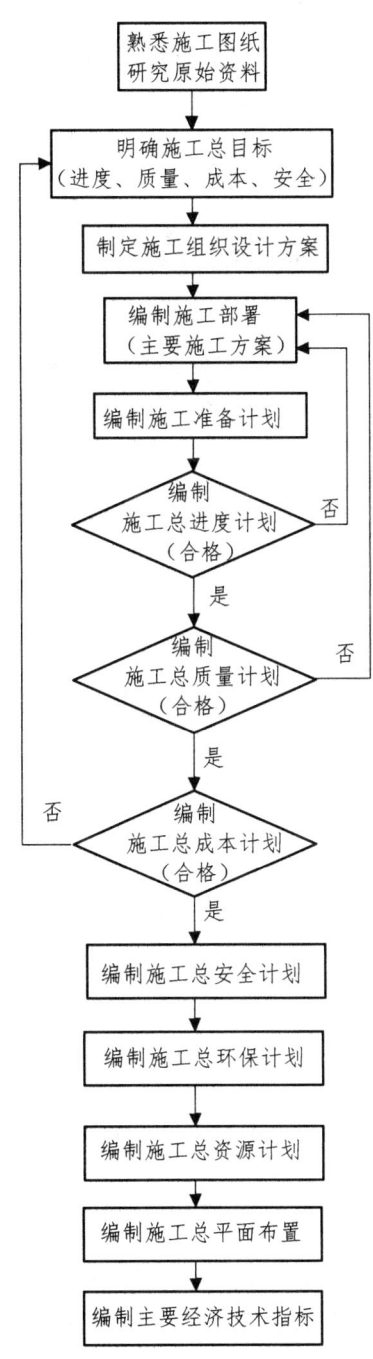

图 5-1 建筑工程施工组织总设计的编制程序

5. 建筑工程施工组织总设计的编制内容

根据工程性质、规模、建筑结构的特点和复杂情况，施工的复杂程度和施工条件的差异，施工组织总设计的内容也有所不同，但一般应包括下面几点主要内容。
（1）建设项目概况和施工特点分析；
（2）施工部署和主要工程项目施工方案；
（3）施工总进度计划、施工准备工作计划、施工资源需用量计划；
（4）施工总平面图布置和各项主要技术经济评价指标等。

5.2 建设项目概况和施工特点分析

建设项目概况是对拟建项目或建筑群所做的一个简明扼要、突出重点的文字介绍，目的是对整个建设项目的基本情况作一个总的分析说明，必要时还需要附上建设项目设计总平面图和主要建筑的平、立、剖面示意图及有关表格。一般应包括项目构成状况，建设项目的建设、设计、承包单位和建设监理单位情况，建设地区的自然条件状况，建设地区的技术经济状况和施工项目的施工条件等内容。

1. 项目的构成情况

工程构成情况概况主要包括：建设项目名称、性质、适用功能和建设地点；占地总面积和投资总规模（产量）；建安工作量和设备安装总吨数；分批分期建设范围；每个单项工程占地面积、建筑面积、建筑层数、建筑体积、结构类型、建筑结构和装饰用料、建筑抗设防震烈度和工程复杂程度。通常以表 5-1 所示。

表 5-1 工程构成情况概况一览表

单位工程名称	工程造价/万元	占地面积/m²	建筑面积/m²	层数	建筑总高度	基础形式	上部结构类型	装饰装修情况	建筑安装情况

2. 项目的建设、设计、施工、监理等单位情况

该部分包含项目的建设、设计和总承包单位、分包单位名称，总承包范围和分包范围，以及建设单位委托的社会建设监理单位名称及其监理班子组织状况。通常以表 5-2 所示。

表 5-2 工程建设概况一览表

工程名称		工程地址	
建设单位		勘查单位	
设计单位		监理单位	
质量监督部门		总承包单位	
合同工期		合同工程投资额	
主要分包单位			
工程主要功能或者用途			

3. 项目地区自然条件、施工条件情况

（1）项目自然条件：包括建设地区的气象状况、区域地形和水文地质情况、地上地下管线以及相邻的地上地下建（构）筑物状况、地震级别及其危害程度等。

（2）项目实施条件：当地建筑材料、设备供应等服务能力情况，与施工相关的交通和河流等情况，当地供水、供电、供热、供气和通信能力状况等。

（3）工程特点及工程要求：工程特点需基本说明工程特点、难点，如高、大（体量、跨度等）、新（结构、技术等）、特（有特殊要求）、重（国家、行业或地方的重点工程）、深（基础）、近（与周边建筑或道路）、短（工期）等；工程要求分析主要对工程施工合同条件、现场条件、现行法规条件进行分析。必要时，可概要说明项目管理特点，包括项目承包方式，业主对项目在质量、安全、工期等方面的总体要求等。

5.3 施工部署和核心工程的施工方案

施工部署是对整个项目的施工全局做出统筹规划和全面安排，即明确地指出了整个工程施工全过程的工作内容和工作顺序。由于建设项目的性质、规模和客观条件不同，施工部署的内容和侧重点也会有所不同。一般应包括确定工程开展程序、拟定主要工程项目的施工方案、明确施工任务划分与组织安排、编制施工准备工作计划等内容。施工部署和主要工程项目施工方案是施工组织总设计的纲领性内容，施工进度计划、资源配置计划、现场平面布置等施工组织设计的内容都需要围绕施工部署的原则进行编制。

1. 确定主要工程展开程序

根据建设项目总目标及项目总展开程序的要求，确定出建筑工程阶段各单项工程或单位工程分期分批施工的合理顺序，这是关系到整个建设项目能否迅速建成的重大问题，在确定展开程序时，应主要考虑以下几点：

（1）根据工期要求及结构施工进展状况，对各个单项工程实行分期分批施工，既有利于保证项目的总工期，又可在全局上实现施工的连续性、均衡性，减少暂设工程数量，降低工程造价，还可以使各个子系统迅速建成，尽早投入使用并发挥投资效益。至于分几批施工，还应根据其使用功能、业主要求建筑规模、资金情况，由甲、乙双方共同研究确定。例如：施工工期长的、技术复杂的、施工困难多的工程，应提前安排施工；项目急需的和关键的工程，应先期施工和交工；可供施工使用的永久性工程和公用设施工程（包括供水设施、排水干线、输电线路、配电变压所、交通道路等），应提前施工和交工；按生产工艺要求起主导作用或需先期投入生产，应提前安排施工；可对工程形象起到正面作用的，应先安排提前施工和交工。

（2）统筹安排各类施工项目，保证重点兼顾其他确保按期交付使用。按照各工程项目的重要程度和建筑的复杂程度优先安排，并使各类物资及技术条件供应之间达到平衡以及尽量使得这些资源得到合理利用，促进均衡施工。

（3）各个项目均应按照先结构管线、后建筑装饰，先湿作业、后干作业，先地下后地上，先深后浅，先主线后配套的原则安排。

（4）要考虑季节对施工的影响。既要保证施工的连续性和全年性，又要考虑其经济性，而且不致造成施工的复杂性。例如，大规模土方工程和深基础土方施工一般要避开雨季；寒冷地区的房屋施工尽量在入冬前封闭，使冬季可进行室内作业和设备安装；室外湿作业应避开冬季，油漆、裱糊要尽量避开冬雨期施工。

2. 施工任务划分与组织安排

根据施工部署的情况和确定工程的开展顺序，以此明确总承包单位的项目管理组织机构形式，大中型项目宜设置矩阵型项目，小型项目宜设置直线职能式项目管理组织，并宜采用框图的形式表示项目管理组织，在组织机构中要体现组织人员配置、业务联系和信息反馈，明确组织人员的所属部门和职责，对于分包单位要提出明确的资质和能力要求，以表5-3表示。同时提出项目管理目标，主要包括业主对建设项目施工总成本、总工期和总质量的等级要求，以及每个单项工程施工成本、工期、质量、安全及现场控制目标的等级要求。以表5-4表示。

表5-3 项目管理人员的工作职责和权限

序号	项目职务	姓名	工作职责和权限

表5-4 单位工程管理目标一览表

单位工程名称	项目施工成本	工期	质量目标	安全目标	文明施工目标

在明确施工项目管理体制、机构、管理目标的条件下，划分各参与施工单位的任务，明

确总包与分包的关系,建立以项目经理为核心的领导组织机构及职能部门,确定综合的和专业化的施工组织,明确各单位之间分工与协作的关系,划分施工阶段,确定各分包单位分期分批的主攻项目和穿插项目。以表5-5所示。

表5-5 总包范围内施工区段任务划分与安排一览表

施工项目名称	项目负责人	专业施工队	施工队负责人	开始施工时间	建设工期	承包形式

3. 拟定核心工程的施工方案

施工组织总设计中要拟定一些核心工程项目的施工方案。这些项目通常是建设项目中工程量大、施工难度大、工期长、对整个建设项目的完成起关键性作用的建筑物（或构筑物）以及全场范围内工程量大影响全局的特殊分部（项）工程。拟定主要工程项目的施工方案的目的是进行技术和资源的准备工作,组织和调集施工力量,同时也为了施工进程的顺利开展和现场的合理布置。其内容包括确定施工方法、工艺流程、选择施工机械设备等。对施工方法的确定要兼顾技术工艺的先进性和经济上的合理性,尽量扩大工厂化施工的范围,提高机械化施工程度,例如扩大预制装配程度等;对施工机械的选择,应使主导机械的性能既能满足工程的需要,又能发挥其效能,使各个工程上能够实现综合流水作业,减少其拆、装、运的次数,对于辅助配套机械,其性能应与主导施工机械相配套,以充分发挥主导施工机械的工作效率。

4. 编制施工准备工作总计划

施工准备工作是顺利完成建筑施工任务的前提和保证,应根据施工展开程序和主要项目施工方案,编制好全场性的施工准备工作计划。其表格形式见表5-6。施工准备工作的主要内容包括思想准备、组织准备、技术准备、物资准备、各项生产及生活临时设施。

（1）建立测量控制网点。按照总平面图要求布置测量点,设置永久性的经纬坐标桩及水平桩,组成测量控制网。

（2）认真做好土地征用、居民迁移和现场障碍物的拆除工作。

（3）组织对项目所采用的新结构新材料、新设备、新技术的试制和试验。

（4）确定场内外运输及施工用干道水、电来源及其引入方案,做好"七通一平（路通、电通、水通、气通、排水排污通、通信、通热力、平整场地）"工作。修通场区主要运输干道,接通工地用电线路,布置生产、生活供水管网和现场排水系统,尤其是全场性的排水、防洪,按总平面确定的标高组织土方工程的挖填找平工作等。

（5）根据施工资料计划要求,落实建筑材料、构配件、加工品、施工机具和工艺设备加工或订货工作,及其运输储存方式。

（6）修建大型临时设施包括各种附属加工场、堆场、仓库、食堂、宿舍、厕所、办公室以及公用设施等，安排好生产和生活基地建设。

（7）认真做好工人岗位前的技术培训工作以及冬、雨期施工所需的特殊准备工作。

（8）编制各单位工程施工组织设计和研究制定施工技术措施等。

表 5-6 主要施工准备工作计划表

序号	准备工作名称	准备工作内容	主办单位	协办单位	完成日期	负责人

5.4 施工总进度计划的编制

施工总进度计划是施工组织总设计中的重要内容，是对民用建筑群、大型建筑工程项目及单项工程编制的进度计划，它确定了每个单项工程和单位工程在总体工程中所处的地位，包括各个施工项目及其主要工种工程、准备工作和整个工程的施工期限以及开、竣工日期、总工期和搭接关系等，也是制定各类资源计划、临时设施的建设和进行现场规划布置的主要依据和控制性文件。施工总进度计划的内容应包括：编制说明，施工总进度计划表（图），分期（分批）实施工程的开、竣工日期、工期一览表等。由于工程施工的内容较多，工期较长，故其计划项目综合施工总进度计性强，具有较强控制性，很少作业性。

施工总进度计划是根据依据施工合同、施工进度目标、有关技术经济资料，并按照总体施工部署确定的施工顺序和空间组织等对全工地所有工程项目做出时间上的安排，其可以用横道图和网络图的形式表达，宜优先采用网络图。总进度计划的编制应根据施工部署中分期分批投产顺序，将每个交工系统的各项工程分别列出，在控制的期限内进行各项工程的具体安排。建设项目的规模不大，各交工系统工程项目不多时，亦可不按分期、分批投产顺序安排，而直接安排总进度计划，其编制方法和步骤因各行业和具体编制人员的经验而有所不同，一般可按以下步骤进行编制。

1. 列出工程项目及计算全场性工程的工程量

根据批准的总承包工程项目一览表，分别计算各工程项目的工程量。由于施工总进度计划主要起控制性作用，因此项目划分不宜过细，可按确定项目的分期分批投产顺序或工程开展程序排列，应突出主要项目，一些附属、辅助工程及小型工程、临时建筑物可以合并。

然后计算各工程项目的工程量。计算工程量是为了正确选择施工方案和主要的施工、运输安装机械，并以此计算各项资源的需用量，因此只需粗略计算，可按初步设计图纸或扩大初步设计图纸并根据各种定额手册或有关资料进行计算。常用的定额或有关资料有以下几种：

（1）万元、十万元投资工程量、劳动力及材料消耗扩大指标。在此定额中，规定了某一种结构类型建筑，每万元或十万元投资中劳动力、主要材料等消耗数量。对照图纸中的结构类型，即可估算出拟建工程各分项需要的劳动力和主要材料的消耗数量。

（2）概算指标和扩大结构定额。概算指标是以建筑物每 100 m^3 体积为单位；扩大结构定额以每 100 m^2 建筑面积为单位。这两种定额分别按建筑物的结构类型、跨度、层数、高座等分类，给出每 100 m^2 建筑体积和每 100 m^2 建筑面积的劳动力和主要材料消耗指标。

（3）标准设计或已建的同类型建筑物、构筑物的资料。在缺乏上述几种定额手册的情况下，可采用标准设计或已建成的类似工程实际所消耗的劳动力及材料加以类推，按比例计算。但是，由于和拟建工程完全相同的已建工程是比较少见的，因此在采用已建工程资料时，一般都要根据设计图纸和预算定额进行换算调整。这种消耗指标都是各单位多年积累的经验数据，实际工作中常用这种方法计算。

除建设项目本身外，还必须计算其他全工地性工程的工程量。例如，场地平整面积，铁路、道路及各种地上地下管线长度等，这些可根据建筑总平面图来计算。将按上述方法计算出的工程量填入统一的工程量汇总表，见表 5-7 所示。

表 5-7 工程项目工程量汇总表

项目工程分类	工程项目名称	结构类型	建筑面积/100 m^2	栋（跨）数/个	概算投资/万元	主要实物工程量			
						场地平整/1 000 m^2	土方工程/1 000 m^2	桩基工程/100 m^2	装饰工程/100 m^2
A 全工地性工程									
B 主体项目									
C 辅助项目									
D 永久住宅									
E 临时建筑									

2. 确定各建筑物或构筑物的施工期限

影响单位工程施工期限的因素很多，如建筑类型、结构特征、施工方法、施工技术、施工管理水平、机械化程度以及施工现场的地形和地质条件等。因此建筑物或构筑物的施工期限应根据施工单位的施工技术力量、管理水平、施工项目要求、施工机械化水平、建筑结构特征、建筑面积或体积大小、现场施工条件（地形、地质等条件）、资金与材料供应等情况综合确定。确定时，还应参考工期定额（或指标），工期定额是根据我国各部门多年来的施工经验，在调查统计的基础上经分析对比后制定的。

3. 确定各建筑物或构筑物的开、竣工时间和相互搭接关系

在施工部署中已确定总的施工期限、总的开展程序，再通过上面对各建筑物或构筑物施工期限（即工期）进行分析确定后，就可以进一步确定各建（构）筑物的开、竣工时间和相

互搭接关系和施工时间,尽量使主要工种的能连续、均衡地施工,具体安排时应考虑以下几种因素:

(1) 同一时间进行的项目不宜过多,以免分散有限的人力、物力。

(2) 安排施工进度时,应力求使主要工种、施工机械及土建中的主要分部分项工程连续施工,尽量组织流水施工,使劳动力、技术物资在全工程上均衡消耗,避免出现短时高峰和长时低谷的现象,以利于劳动力的调度和原材料的供应,从而实现人力、材料和施工机械的综合平衡。

(3) 按照辅助—主要—辅助的顺序安排,辅助工程(动力系统、给排水系统、运输系统及居住建筑群、汽车库等)应先行施工一部分,这样既可以为主要生产车间投产时使用,又可以为施工服务,以节约临时设施费用。

(4) 必须满足生产工艺要求。根据工艺所确定的分期分批建设方案,合理安排各个建筑物的施工顺序和衔接关系,做到土建施工、设备安装和试生产在时间、量的比例上均衡、合理实现生产一条龙。

(5) 确定一些附属工程或零星项目作为后备项目(如宿舍、商店、附属或辅助车间、临时设施等)和调节项目,穿插在主要项目的流水施工中,以便在保证重点工程项目的前提下实现均衡施工。

(6) 应考虑施工现场空间布置、季节性施工的影响,减少施工措施费。

4. 编制初步施工总进度计划

以上工作完成,即可着手编制施工总进度计划,此时应布置全工地性的流水作业,安排时应以工程量大、工期长的单项工程或单位工程为主导,组织若干条流水线并以此带动其他工程。

施工总进度计划可以用横道图表达,也可以用网络图表达。由于施工总进度计划只是起总体控制性作用,因此不必编得过细,否则,由于在实施过程中情况复杂多变,反而不利于调整和实施过程中的动态控制。

当用横道图表达总进度计划时,项目的排列可按施工总体方案所确定的工程开展程序排列,初步绘制出各施工项目的开、竣工时间及施工持续时间,表 5-8 为施工总进度计划的表格形式。

表 5-8 施工总进度计划

序号	工程项目名称	建安指标		设备安装指标/t	造价/万元 合计	建筑工程	设备工程	施工进度计划					
		单位	数量					××××年				××××年	
								1	2	3	4	1	2

当用网络图表示施工总进度计划时,先要依据各项目的施工期限和它们之间的逻辑关系

编制网络计划草图，注意各项目之间的顺序关系、搭接关系，如图5-2所示为某一工程施工进度网络计划图实例。

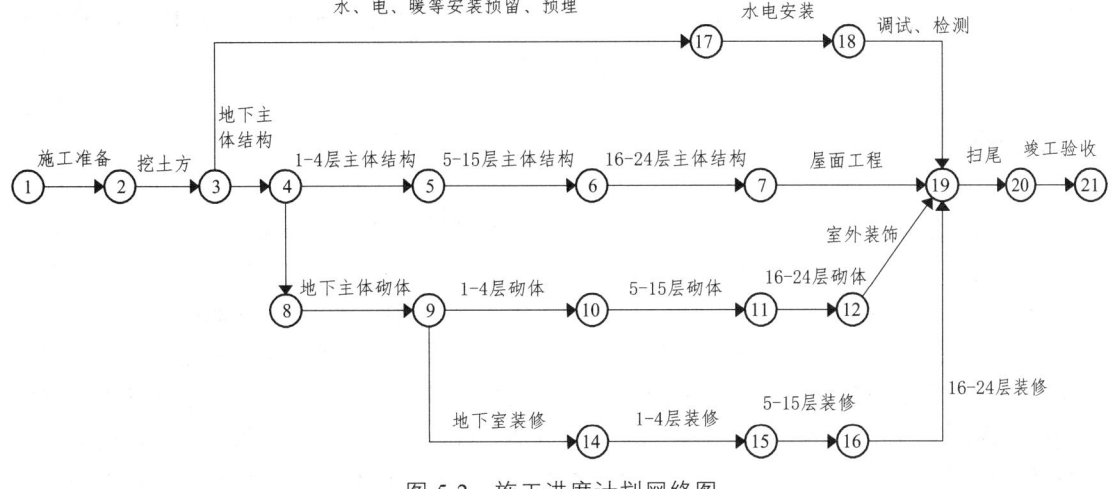

图 5-2 施工进度计划网络图

5. 施工总进度计划的检查与调整优化

绘制出以横道图表示的初步进度计划后，在此基础上绘制出建设项目的资源动态曲线，再评估其均衡性，如果曲线上存在着较大的高峰或低谷，按照综合平衡的要求进行调整，使各个时期的工作量和物资消耗尽量达到均衡，最后再编制正式施工总进度计划。

对于以网络图表示的施工进度计划草图，之后需要根据进度目标、成本目标、资源目标进行优化后再得到正式施工总进度计划网络图，并可确定计划中的关键线路和关键工作，作为项目实施过程中的重点控制对象。

绘制完施工总进度计划后，应对其进行检查，主要从以下4个方面进行。

（1）是否满足业主要求的项目总进度计划或施工总承包合同对总工期以及岂止时间的要求。

（2）各施工项目之间的搭接关系是否合理，能否满足工艺、季节、施工空间的要求。

（3）整个建设项目资源需要量动态曲线是否均衡。

（4）主体工程与辅助工程、配套工程之间是否平衡。

经过检查如果发现施工总进度计划有问题则应调整解决。调整的主要方法是改变某些工程的起止时间或调整关键工程的工期，或者调整某些工作之间的逻辑关系。如果是利用计算机程序编制计划，还可分别进行工期优化、费用优化及资源优化。在实际施工中，也要注意，当实际进度与计划进度不一致时，及时进行检查和再次调整。

5.5 施工总资源计划

施工资源需用量计划又称施工总资源计划，包括劳动力需用量计划、主要材料和预制件需用量计划、施工机具以及设备需用量计划。施工总进度计划编制完成后，就可以编制劳动力、材料、构配件、加工品及施工机具等主要资源需要量计划，以便组织供应、保证施工总进度计划的实现；同时也为施工现场场地布置及临时设施的规划提供依据。

1. 劳动力需求量计划

合理的劳动力需求量计划可减少劳务作业人员不必要的进、退场或避免窝工状态，进而节约施工成本，编制时需要前期的工程量汇总、施工进度计划、劳动定额等资料。

劳动力需求量计划是确定施工设施规模和组织劳动力进场的依据。编制时应首先根据工种工程量汇总表中分别列出的各个项目专业工种的工程量，查套概（预）算定额或有关经验资料，求出各个建筑物的主要工种的劳动量；再根据总进度计划表中各单位工程各工种的施工时间，求出某单位工程在某段时间里的平均劳动力人数、工日数和进场时间。用同样方法进行逐项计算并汇总，最后求出整个项目所需劳动量计划。将总进度计划表纵坐标方向上各单位工程同工种的人数叠加在一起并连成一条曲线，即为某工种的劳动力动态曲线图。劳动力需求量计划以表 5-9 所示。

表 5-9 劳动力需要量计划表

序号	工种名称	专业工种劳动量/工日	高峰期需要人数	需要量计划		现有人数	不足或多余人数	备注
				××××年	××××年			
1	木工							
2	钢筋工							

备注：① 工种名称除生产工人外，还应包括附属和辅助用工、服务和管理人员（保管员等）。
② 表下应附以月为基本单位的劳动力动态曲线（横坐标表示时间，纵坐标表示人数），绘制在横道图下的除外。

2. 材料、构配件及加工品的需求量计划

该计划是落实组织货源、签订供应合同、确定运输方式、编制运输计划、组织进场、确定堆场及仓库面积、确定加工方式的依据。合理的计划既可保证工程建设的顺利进行，又可降低工程成本。根据各施工部署、施工图纸和工种工程量汇总表所列出的各建筑物主要项目的工程量，查询本地区相关定额、指标或已建类似工程的资料，便可得出各项目所需的材料、构配件和加工品的需用量。然后根据总进度计划表，大致估算出某些建筑材料在某季度或某月的需求量，从而编制出主要建筑材料、构配件、加工品的需求量计划。主要材料（主要指水泥、钢筋、砂、石子、砖、石灰、防水材料等主要材料需要量）、成品和半成品（常指混凝土预制构件、钢结构、门窗构件等成品、半成品）需求量计划的内容和一般格式见表 5-10 和表 5-11。

表 5-10　主要材料需求量计划表

序号	单项（位）工程名称	材料名称	规格	需要量		需要时间		备注
				单位	数量	×月	×月	

表 5-11　构配件、加工品需求量计划表

序号	单项（位）工程名称	构配件、加工品名称	规格	需要量		需要时间		备注
				单位	数量	×月	×月	

3. 施工机具和设备需求量计划

施工机具和设备需求量计划是组织机具供应、设备进场、确定停放场地或库房的面积、计算施工用电量及选择变压器容量等的依据。主要施工机具和设备的种类与规格应依据主要项目的施工方案确定，其数量及需用日期可根据施工部署、施工总进度计划和工程量汇总表，套用机械台班产量定额或按经验确定；辅助机械可以根据安装工程的每十万元扩大概算指标求得；运输机具的需要量根据运输量计算。主要施工机具、设备需求量计划的内容及形式见表 5-12、5-13、5-14 所示。

表 5-12　主要施工机械、设备需要量计划

序号	机械、设备名称	型号规格	电工率/(kV·A)	需要量/台	使用单位（项）工程名称	需求时间	
						××××年	××××年

表 5-13　施工机具需要量计划

序号	单位（项）工程名称	模板		钢管		脚手板		…
		需要量	进场时间	需要量	进场时间	需要量	进场时间	…

表 5-14　生产工艺设备需要量计划

序号	机械、设备名称	型号规格	电工率/(kV·A)	需要量/台	使用单位（项）工程名称	需求时间	
						××××年	××××年

4. 大型临时设施需求量计划

大型临时设施包括大型临时生产、生活用房，临时道路，临时用水、用电和供热供气设施等，该计划的编制应依据施工部署、施工总平面图纸、工程量汇总表、劳动力计划、材料构配件及加工品计划、施工机具和设备需要量计划，套用定额（有关的材料堆放、现场加工、仓库、办公、宿舍等面积定额）、参考指标或者已建类似工程资料进行计算确定。临时设施的内容及形式见表5-15所示。

表5-15　大型临时设施需要量计划

序号	大型临时设施名称	型号	数量	单位	使用时间	备注

5.6 施工总平面布置

施工总平面布置常以施工总平面图来表示，它是拟建项目施工场地的总体布置图，是一个具体指导施工部署的行动方案，对于指导现场有组织、有计划的文明施工具有重大意义。施工总平面图按照施工部署、施工方案和施工总进度计划等前期已完工作的要求，对施工现场的交通道路、材料仓库、附属生产企业、临时房屋建筑和临时水、电管线等做出合理的规划布置，从而正确处理全工地施工期间所需各项临时设施和永久性建筑物以及拟建工程之间的空间关系。一些特殊的内容，如现场临时用电、临时用水布置等，当总平面布置图不能清晰表示时，也可单独绘制平面布置图。平面布置图绘制应有比例关系，一般为1∶1 000或者1∶2 000。各种临设应标注外围尺寸，并应有文字说明。现场所有设施、用房应由总平面布置图例表述，避免采用文字叙述的方式。

1. 施工总平面图布置的原则

为了保证施工总平面图的可行性与合理性，布置时应遵循以下几条原则。

（1）充分利用现有场地，施工场地占用面积少；不占或少占农田，使整体布局紧凑、科学、合理。

（2）合理布置运输机械和其他施工设施，科学规划道路，保证运输方便、道路畅通，减少二次搬运及运输费用。

（3）合理划分施工区域和存放场地，要满足施工部署和施工工艺流程的要求，减少各工程之间和各专业工种之间的相互干扰。

（4）充分利用各种永久性建（构）筑物和已有设施为施工服务，降低临时设施的建造费用，尽量采用装配式施工设施，提高其安装速度。

（5）生产区与生活区宜分离设置，各种生产生活设施应便于使用，要满足"有利生产、方便生活、安全防火和环境保护"的要求。

（6）应满足劳动保护、节能、消防等要求，遵守当地主管部门和建设单位关于施工现场安全文明施工的相关规定。

① 除垂直运输工具以外，建筑物四周 3m 范围内不得布置任何设施。
② 塔吊根据建筑物平面形式和规模，布置在施工段分界处，靠近料场。
③ 装修时搅拌机布置在施工外用电梯附近，施工道路近旁，以方便运输。
④ 水泥库选择地势较高、排水方便靠近搅拌机的地方。
⑤ 临时水电应就近铺设。

2. 施工总平面图布置的依据

布置施工总平面图时，应以现场条件及以下资料为依据：

（1）建设项目的施工总平面图或建设项目总平面图中已有的各种设施位置，竖向布置图和地下设施布置图。

（2）工程所在地的用地范围、水电道路等接入位置、自然条件和技术经济条件。

（3）建设项目施工部署、主要建筑物的施工方案、总进度计划、各种资源需要量计划及施工总成本计划。

（4）各种现场加工、仓库及其他临时设施的数量及面积尺寸。

（5）现场管理、安全用电、安全文明施工、节能、消防等方面的有关文件和规范、规程、标准等。

3. 施工总平面图布置的内容

平面图施工总平面图布置的内容包括以下 4 点：

（1）项目施工用地范围内的地形状况，建筑总平面图上一切地上地下的已有和拟建建筑物、构筑物及其他设施的位置及尺寸，相邻的地上、地下既有建（构）筑物及相关环境。

（2）一切为整个工地施工服务的临时设施的布置位置，包括以下几个部分：
① 施工用道路、停车场规划位置。
② 加工设施及有关施工机械、运输设施的位置。
③ 各种材料仓库、堆场等工地储存设施及取土弃土的位置。
④ 办公、宿舍、食堂等生活性设施的位置。
⑤ 水源、电源、变压器、临时给水排水排污管线、通信设施、供电线路及动力设施、供热设施的位置。一切消防及必备的安全、保卫、环保等设施位置。

（3）永久性测量放线标桩的位置，包括全部拟建的建筑物、构筑物和其他基础设施的坐标网。

（4）必要的等高线、方向标志、风玫瑰图、比例尺以及文字说明等。

随着结构工程的完成和装饰工程的进展，现场的面貌将不断改变。因此，应及时对施工总平面图进行修正，以适应施工的要求。

4. 施工总平面图布置的步骤

设计步骤一般为：确定建筑位置→起重及垂直运输机械位置→搅拌站、仓库、材料和构件堆场布置→临时道路布置→临时设施布置→临时水电管网布置。

1）熟悉场地基本情况

（1）场地的形状尺寸；
（2）已建和拟建筑物或构筑物；
（3）已有的水源、电源及水电管线、排水设施；
（4）已有的场内、场外道路，围墙；
（5）施工需予以保护的树木、房屋及其他设施等。

2）场外交通的引入

关于场外交通的引入需要注意以下几个方面：

（1）当大量物资由铁路运入工地时，应首先解决铁路由何处引入及如何布置的问题。场区内没有永久性铁路专用线时，通常可提前修建，以便为工程施工服务。但由于铁路的引人将严重影响场内施工的运输和安全，因此，铁路的引入应靠近工地一侧或两侧；仅当大型工地分为若干个独立的工区进行施工时，铁路才可引入工地中央，此时，铁路应位于每个工区的侧边。

（2）当大量物资由水路运进现场时，应充分利用原有码头的吞吐能力。当需增设码头时，卸货码头不应少于两个，且宽度应大于 2.5 m，一般用石或钢筋混凝土结构建造。

（3）当大量物资由公路运进现场时，由于公路布置较灵活，一般应先将仓库、加工厂等生产性临时设施布置在最经济合理的地方，然后再布置通向场外的公路线。

3）起重及垂直运输机械的布置

起重机械的位置直接影响仓库、堆场、砂浆和砼搅拌站的布置以及场内运输道路、水电管线，涉及施工效率，应首先决定起重机械位置。

（1）塔吊、物料提升机等固定式垂直运送设备的布置，主要是根据机械性能、建筑物的平面形状和大小、施工段的划分、施工道路及材料输送量而定。一要充分发挥机械效率，二使地面、楼面上的水平运距较短，同时使用方便、安全，并满足机械操作的安全规程。当建筑物高度相同时可布置在施工段分界点附近；当高度不一时可布置在高低并列处。可使各施工段上的水平运输互不干扰。

（2）轨道式起重机的轨道与拟建工程应有最小安全距离，行驶方便，司机视线不受阻。

（3）电梯布置在人员上下方便、安装附墙方便的地方。

（4）砼泵应尽量靠近砼浇筑地点，便于供料、便于配管等。

4）仓库与材料堆场的布置

仓库和堆场的布置应符合以下原则：

（1）尽量利用永久性仓库，节约用水。
（2）仓库和堆场位置距使用地尽量接近，减少二次搬运。
（3）尽量在起重及垂直运输机械的服务半径内。

根据材料用途设置仓库和材料堆场的位置，应符合以下原则。

① 砂、石、水泥等在搅拌站附近。
② 钢筋、木材、金属结构等在加工厂附近。
③ 油库、氧气库等易燃易爆物品仓库布置在僻静、安全处。
④ 设备尤其是笨重设备应尽量在车间附近。
⑤ 砖、瓦和预制构件等直接使用材料应布置在施工现场、吊车半径范围之内。

5）加工厂布置

加工厂一般包括混凝土搅拌站、构件预制厂、钢筋加工厂、木材加工厂、金属结构加工厂等。布置这些加工厂时主要考虑来料使加工和成品、半成品运往需要地点的总运输费用最少，且加工厂的生产和工程项目施工互不干扰，可布置在拟建工程四周，并考虑木材、钢筋、成品堆放场地。

（1）搅拌站布置。根据工程具体情况可采用集中、分散，或集中与分散相结合三种方式布置。当现浇混凝土量大时，宜在工地设置混凝土搅拌站，当运输条件好时，以采用集中搅拌最有利；当运输条件较差时，则宜采用分散搅拌；当现场无条件放置搅拌站时，大数量部分可采用购买成品，少量部分采用靠近使用地点搅拌。

（2）预制构件加工厂布置。一般建在空闲地带，既能安全生产，又不影响现场施工。

（3）钢筋加工厂布置。根据不同情况，采用集中或分散布置。对于冷加工、对焊、点焊的钢筋网等宜集中布置，设置中心加工厂，其位置应靠近构件加工厂；对于小型加工件，利用简单机具即可加工的钢筋，可在靠近使用地分散设置加工棚。

（4）木材加工厂布置。根据木材加工的性质、加工的数量，采用集中或分散布置。一般原木加工批量生产等加工量大的应集中布置在铁路、公路附近，简单的小型加工件可分散布置在施工现场（设几个临时加工棚）。

（5）金属结构、焊接、机修等车间的布置。应尽量集中布置在一起，因为它们之间在生产上联系密切。

6）布置场内运输道路

在布置场内运输道路时，应与项目总平面图一致，根据加工厂、仓库及各施工对象的相对位置，研究货物转运图，区分主要道路和次要道路，进行道路的规划。规划场区道路时，应考虑以下几点：

（1）尽量利用永久性道路和已有临时道路，合理规划临时道路与地下管网的施工程序。当已有的临时道路不能满足建筑施工要求时，应首先考虑能否提前修筑拟建的永久性道路或先修筑路基和简易路面，为施工所用，以达到节约费用的目的。若地下管网图样尚未出全，必须采取先修筑道路、后施工管网的顺序时，临时道路就不能完全布置在永久性道路的位置，以免开挖管沟时破坏路面。

（2）临时道路要将加工厂、仓库、堆场和施工点连接贯穿起来，并尽量减少其长度。

（3）在土建工程结束前铺好路面，要保证车辆行驶通畅，最好能环绕建筑物布置成环形道路，道路应有两个以上进出口，末端应设置 12 m×12 m 的回车场地，出口处不宜接轨城市道路交叉口，尽量避免临时道路与铁路或塔轨交叉（若必须交叉，宜为正交）。场内主要道路宜采用双车道，路面宽度不小于 6 m；次要道路宜采用单车道，宽度不小于 3.5 m。转弯处要满足所进车辆对转弯半径的要求。

（4）选择合理的路面结构。对于永久性道路应按设计要求施工；场区内外的临时干线和施工机械行驶路线宜采用碎石级配路面，以利于修补；场内支线可为土路、砂石路或炉渣路。

7）行政与生活临时设施布置

应尽量利用建设单位的生活基地或其他永久性建筑，不足部分另行建造。若为生地，则在开工前按照计算所需面积建造临时设施。一般整个场地行政管理用房宜设在全工地入口处，以便对外联系；也可设在工地中间，便于全工地管理；工人用的福利设施应设置在工人较集中的地方，或工人必经之处；生活基地应设在场外，距工地 500~1 000 m 为宜；食堂可布置在工地内部或工地与生活区之间。

临时设施布置要求：面积据进度计划中高峰期人数及面积定额确定；生产性、生活性适当分开；使用方便、不妨碍施工；尺寸适当；符合安全防火要求。

8）临时水电管网及其他动力设施的布置

水电从外面接入工地时，先沿主要干道布置干管、主线，然后与各用户接通；临时总变电站应设置在高压电引入处，不应放在工地中心；临时水池应放在地势较高处；设置在工地中心或工地中心附近的临时发电设备，沿干道布置主线。

（1）施工水网。

施工临时用水从业主指定地点接入，场内管网沿施工用水点敷设，管径须经计算确定。供水干管道宜采用暗敷法埋置于地下，若系高层建筑，应考虑高压水泵加压供水。室外消防栓沿道路布置，且距建筑物≤5 m，距道路≥4 m，消防栓管径≤100 mm。为防止供水意外中断，现场应设置简易蓄水池。为便于排除地表水和降低地下水，施工现场应设置排水沟，并接通永久性下水道。

① 管线的布置要求。

a. 宜枝状布置，长度最短，通到各主要用水点；

b. 宜暗埋，在使用点引出，并设置龙头及阀门；

c. 管线不得妨碍在建或拟建工程，转弯宜为直角。

② 消防布置要求。

根据工程防火要求，应设立消防站。一般设置在易燃物（木材、仓库等）附近，并须有通畅的出口和消防车道，其宽度不宜小于 6 m；沿道路布置消火栓时，其间距不得大于 100 m，每 5 000 m² 现场不少于一个，消火栓距房屋 5~25 m，到路边的距离不得大于 2 m 且应与主管相连，最好在转弯处，管径不小于 100 mm；各层设消火栓周围 3 m 之内不能有任何堆物，并设置明显标志。

③ 水泵的选择。

高层施工，应在地面设蓄水池和高压水泵（按管径和排水扬程选择）。

（2）施工供电布置。

单位工程施工临时供电应在全工地性施工总平面图中统筹考虑。独立的单位工程施工时，根据计算的用电量选用变压器。现场临时供电多采用架空线路，塔吊回转半径内采用埋地电缆。对于施工现场电力网，3~10 kV 的高压线采用环状，380/220 V 低压线采用枝状布置。

① 线路宜布置在围墙边或路边，架空设置时电杆间距 25~35 m，高度为 4~6 m，距建筑物或脚手架不小于 4 m，距塔吊所吊物体的边缘不小于 2 m。

② 不能满足上述要求或在塔吊控制范围内，宜埋设电缆，深度不小于 0.6 m，电缆上下均需铺 50 mm 厚细砂，并覆盖砖等硬质保护层后再覆土，穿越道路或引出处须加设防护套管。

③ 各用电器应单独设置开关箱。开关箱距用电器不得超过 3 m，距分配电箱不超过 30 m。

④ 变压器：现场边缘高压线接入处，远离交通要道口，四周铁丝网围住。

应该指出，上述各设计步骤不是截然分开、各自孤立进行的，而是互相联系、互相制约的，需要综合考虑、反复修正才能确定下来。

5. 施工总平面图的科学管理

施工总平面图布置完成之后，就应认真贯彻其设计意图，发挥其应有作用，因此，现场对总平面图的科学管理是非常重要的，否则就难以保证施工的顺利进行。施工总平面管理指在施工过程中对施工场地的布置进行合理的调节。

（1）总平面管理应以施工总平面规划为依据，总包单位应根据工程进度情况对施工总平面布置进行调整、补充和修改，以满足各单位不同时间的需要。

（2）建立统一的施工总平面图管理制度。划分总平面图的使用管理范围，做到责任到人，严格控制材料、构件、机具等物资占用的位置、时间和面积，不准乱堆乱放。

（3）总平面管理包括施工总平面的统一管理和各专业施工单位的区域管理，确定各个区域内部有关道路、动力管线、排水沟渠及其他临时工程的施工、维修、养护责任。对水源、电源、交通等公共项目实行统一管理。不得随意挖路断道，不得擅自拆迁建筑物和水电线路，当工程需要断水、断电、断路时要申请，经批准后方可着手进行。

（4）总平面管理要根据不同时间和不同需要，结合实际情况，合理调整场地；对运输大宗材料的车辆，做出妥善安排，避免拥挤堵塞；大型施工现场在施工管理部门内应设专职组，负责平面管理，一般现场也应指派专人管理此项工作。

某工程施工总平面布置图如图 5-3 所示。

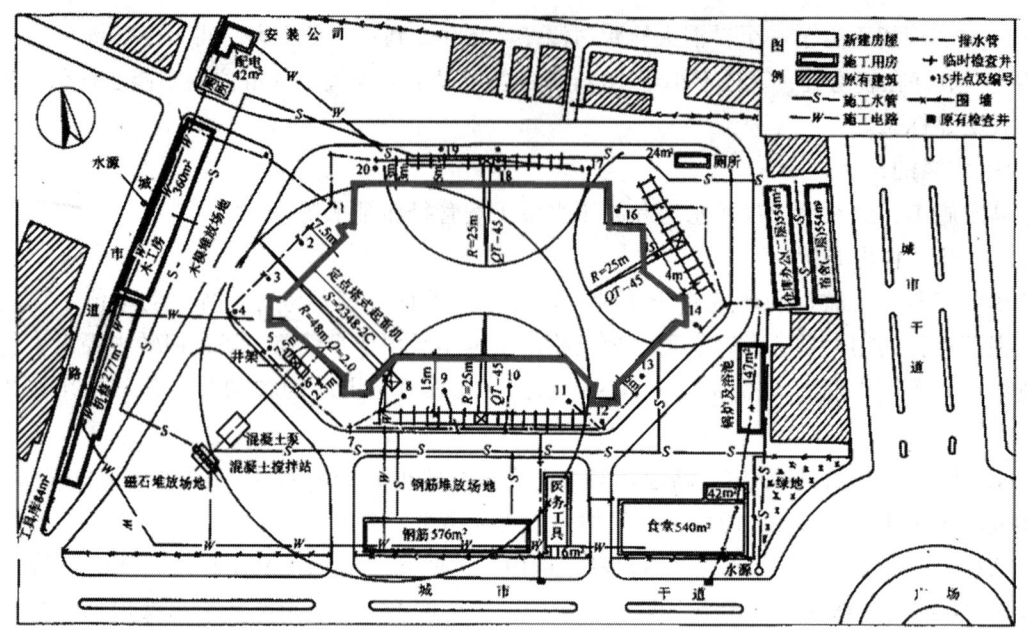

图 5-3 某工程施工总平面布置图

5.7 技术经济指标的计算

施工组织总设计编制完成后,还需对其技术经济分析评价,以便进行方案改进或多方案优选。一般常用指标有:

① 施工工期;
② 全员劳动生产率;
③ 劳动力不均衡系数;
④ 非生产人员比例;
⑤ 临时工程费用比;
⑥ 综合机械化程度;
⑦ 流水施工不均衡系数;
⑧ 施工场地利用系数;
⑨ 安全指标;
⑩ 工程质量;
⑪ 节约三大材料百分比。

思考与练习

一、单项选择题

1. 施工组织设计的内容应当包括工程概况、施工部署及施工方案、施工进度计划、施工平面图,以及( )。
   A. 技术经济指标　　　　B. 技术措施
   C. 组织措施　　　　　　D. 管理措施
2. 建筑工程施工组织总设计一般由建筑总承包单位或大型项目经理部的总工程师主持编

制，由（　　）审批。
A. 总监理工程师　　　　　　B. 项目经理
C. 总承包单位技术负责人　　　D. 项目部技术经理

3. 某建筑工程公司作为总承包商承接了某单位新建工程所有项目的施工任务。项目包括办公楼一栋、教学楼四栋、宿舍楼两栋。公司针对整个工程项目制定的施工组织设计属于（　　）。
A. 施工规划　　　　　　　　B. 单位工程施工组织设计
C. 施工组织总设计　　　　　D. 分部分项工程施工组织设计

4. 在进行施工总平面图设计时，全工地性行政管理用房宜设置在（　　）。
A. 工地与生活区之间　　　　B. 工人较集中的地方
C. 工地入口处　　　　　　　D. 距工地 500~1 000 m 处

5. 施工组织设计是（　　）的一项重要内容。
A. 施工准备工作　　B. 施工过程　　C. 试车阶段　　D. 竣工验收

二、多项选择题

1. 施工组织设计内容中施工部署的主要工作应包括（　　）
A. 确定工程开展程序　　　　B. 组织各种资源
C. 拟定主要项目施工方案　　D. 明确施工任务划分与组织安排
E. 编制施工准备工作计划

2. 在施工总平面图的设计步骤中，各种加工厂的布置原则包括（　　）
A. 方便使用　　　　　　　　B. 安全防火
C. 布置分散　　　　　　　　D. 运输费用低
E. 靠近工地出入口

3. 施工组织设计按对象范围不同分类可分为（　　）
A. 施工组织总设计　　　　　B. 单位工程施工组织设计
C. 实施性的施工组织设计　　D. 分部分项工程施工组织设计
E. 指导性施工组织设计

4. 施工组织设计中施工资源需用量计划一般包括（　　）等
A. 劳动力　　　　B. 主要材料　　　　C. 特殊工种作业人员
D. 施工机具及测量检测设备　　E. 临时设施

5. 安排施工顺序应考虑（　　）
A. 考虑施工工艺的要求　　　B. 考虑施工方法和施工机械的要求
C. 考虑施工质量的要求　　　D. 考虑施工流向
E. 考虑施工工期和三个组织

三、问答题

1. 什么是施工组织总设计？
2. 施工部署中如何确定工程开展程序？
3. 简述施工总进度计划编制的步骤？
4. 简述施工总平面布置的步骤？
5. 施工组织总设计与单位工程施工组织设计有何关系？

模块 6 单位工程施工组织设计

【学习描述】

教学内容 本模块根据《建筑施工组织设计规范》(GB/T 50502—2009)的要求,主要介绍单位工程施工组织设计编制的原则、依据和程序;单位工程施工组织设计的内容、资源需求计划编制方法;技术经济指标分析;重点阐述施工方案的选择、进度计划的编制步骤和方法、施工现场平面图布置的内容和步骤等内容。

教学要求 通过本模块的学习,使学生熟悉编制单位工程施工组织设计的基本内容及依据,熟悉施工方案施工顺序的选择方法;掌握施工进度计划各项的编制步骤及编制要求,结合课程设计的工程对象,编制出指导性的施工进度计划;掌握施工现场平面图布置的内容及步骤。

实训内容 根据实训中心项目概况,进行施工平面图的绘制,结合工程实际编制单位工程施工组织设计。

6.1 单位工程施工组织设计概述

单位工程施工组织设计就是以单位工程为主要对象编制的施工组织设计,对于已经编制了施工组织总设计的项目,单位工程施工组织设计应是施工组织总设计的进一步具体化,直接指导单位工程的施工管理和技术经济活动。

单位工程施工组织设计是一个工程的战略部署,是宏观定性的、体现指导性和原则性的,是用来指导拟建工程施工全过程中各项活动的技术、经济和组织的综合性文件。它是对拟建工程在人力和物力、技术和组织时间和空间上做出全面合理的计划,及组织施工、指导施工活动的重要依据,是对项目施工活动实行科学管理,保证工程项目安全、快速、优质、高效、全面完成的重要手段,对工程项目施工的顺利实施是必不可少的。

单位工程施工组织设计一般由施工单位的项目负责人负责编制,由施工单位技术负责人或技术负责人授权的技术人员审批。

施工组织设计从其作用上看总体有两大类:一类是施工企业在投标时所编写的施工组织设计,另一类是中标后编写的用于指导整个施工用的施工组织设计。在实际操作中,编制投标阶段施工组织设计,强调的是符合招标文件要求,以中标为目的;编制实施阶段施工组织设计,强调的是可操作性,同时鼓励企业技术创新。这里主要介绍后一类。

1. 单位工程施工组织设计的作用

施工企业在施工前应对每一个单位（子单位）工程编制详细的施工组织设计。其作用主要有以下几个方面：

（1）施工组织设计为施工准备工作作出了详细的安排。施工准备是单位工程施工组织设计的一项重要内容。在单位工程施工组织设计中对以下的施工准备工作提出了明确的要求或作出详细、具体的安排。

① 熟悉施工图纸，了解现场施工环境，编制施工预算。
② 施工项目管理机构的组建、施工力量的配备。
③ 施工现场"七通一平"工作的落实，现场道路的铺设，确保正常开工。
④ 施工设备及起重机等运输机械的准备和现场布置。
⑤ 确定施工现场临时仓库、办公室、机具房以及宿舍等临时设施的面积，并组织进场。

（2）施工组织设计对项目施工过程中的技术管理做出了具体安排。单位施工组织设计是指导施工的技术文件，可以针对以下6个主要方面的技术方案和技术措施做出详细的安排，用以指导施工。

① 结合具体工程特点，提出切实可行的施工方案和技术手段。
② 各分部（分项）工程以及各工种之间的先后施工顺序和交叉搭接关系。
③ 对各种新技术及较复杂的施工方法所必须采取的有效措施方案与技术规定。
④ 设备安装的进场时间以及与土建施工的交叉搭接。
⑤ 施工中的有关安全文明施工、季节施工、消防、环保等的技术方案和所采取的措施。
⑥ 施工进度计划与安排、各种资源量的计划与安排。

总之，从施工的角度看，单位工程施工组织设计是指导施工和施工准备工作的技术文件，是现场组织施工的计划书、任务书和指导书。

2. 单位工程施工组织设计的编写依据

单位工程施工组织设计的编写依据包括如下几个方面。

（1）主管部门的批示文件及有关要求，建设单位对施工的要求，施工合同中的有关规定和对项目质量、安全、进度、造价等有关目标。

（2）经过会审的施工图：包括单位工程的全套施工图纸、图纸会审纪要及有关标准图集。设计单位对施工提出的要求，尤其是对新结构、新技术材料和新工艺的要求。

（3）施工企业年度施工计划：主要有工程开工、竣工日期的规定，以及与其他项目穿插施工的要求等。

（4）施工组织总设计。当单位工程为建筑群的一个组成部分时，则该建筑物的施工组织设计必须按照施工组织总设计的各项指标和任务要求来编制。

（5）工程预算文件及有关定额、指标：应有详细的分部分项工程量使用的预算定额和施工定额。

（6）建设单位对工程施工可能提供的条件：主要有建设用地的征购、拆迁，现场条件如："七通一平"；业主可能提供的临时设施、材料、设备等。

（7）施工条件：主要包括现当地交通运输条件，资源生产及供应、运输情况，施工单位施工能力、劳动组织形式及当地劳动力市场状况、内部承包方式及施工管理水平、施工现场的地形、水文、气象等周围环境情况（含地上、地下情况），建筑规划红线范围。

（8）本项目相关的法律、法规、国家操作规程及相关的施工与验收规范、施工手册等，同时包括企业相关的经验资料、企业定额，相关工程的单位施工组织实例等，如国家标准《建筑施工组织设计规范》（GB 50502—2017）、《建筑工程施工质量验收统一标准》（GB 50300—2013）等。

3. 单位工程施工组织设计的编写原则

（1）原始资料的调查工作。
（2）合理划分施工段和安排施工顺序，专业工种要合理搭接和密切配合，尽可能组织流水施工，应用计算机网络计划。
（3）采用先进的施工技术和施工组织措施及科学的施工管理方法。
（4）充分做好施工前的进度计划、资源编制工作。
（5）对施工方案的技术经济分析，做到保质保量的低成本安全施工。
（6）符合相关标准、规范、施工合同等对项目施工的要求。

4. 单位工程施工组织设计的编制程序

单位工程施工组织设计编制的一般程序如图 6-1 所示。

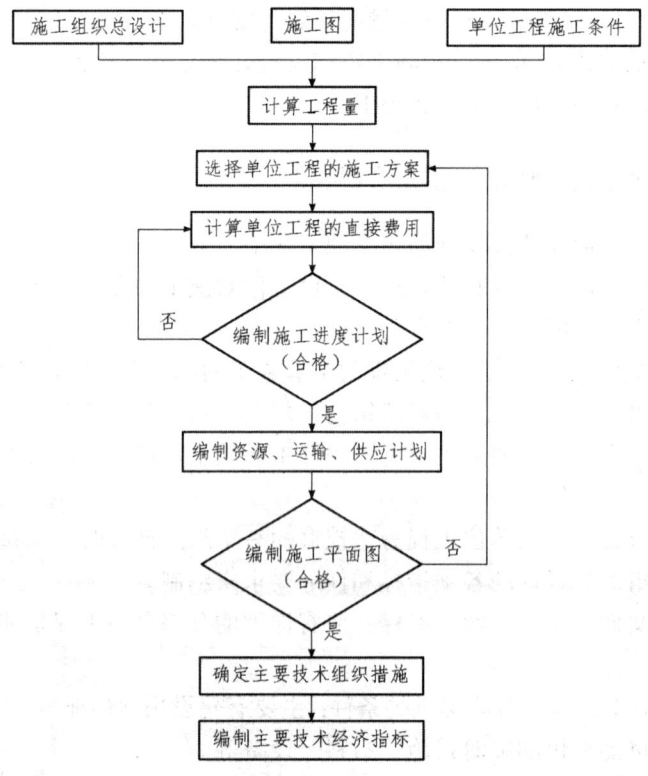

图 6-1 单位工程施工组织设计的编制程序

5. 单位工程施工组织设计的内容

根据工程性质、规模、结构特点、技术复杂程度和现场施工条件，单位工程施工组织设计在内容、深度和广度上会有不同要求，因而在编制时应从实际出发确定各种生产要素，如材料、机械、资金、劳动力等，使其真正起到指导建筑工程投标、现场施工的目的。单位工程施工组织设计一般包括以下内容：

（1）工程概况和施工特点分析。主要包括拟建工程的性质、规模、建筑结构特点、建设要求、施工条件、承发包范围等

（2）施工部署和施工方案。应对本单位工程的主要分部（分项）工程和专项工程的施工做出统筹安排，对施工过程的里程碑节点进行说明，对于工程施工的重点和难点进行分析，包括组织管理和施工技术两个方面，确定总的施工顺序及施工流向，施工方法的选择、施工段的划分、施工机械的选择、技术组织措施的拟定等。

（3）施工进度计划。主要包括划分施工过程和计算工程量、劳动量，机械台班量、施工班组人数、每天工作班次、工作持续时间，以及确定分部（分项）工程（施工过程）施工顺序及搭接关系、绘制进度计划表等。与前模块三、模块四内容相同。

（4）施工准备工作计划资源需求量计划。主要包括施工前的技术准备、现场准备，机械设备、劳动力、工具、材料、构件和半成品构件、运输量等内容的准备和需要量，并编制工作计划表。

（5）施工平面图。主要包括施工所需机械、临时加工场地、材料、构件仓库与堆场的布置及临时水网电网、临时道路、临时设施用房的布置等。

（6）技术经济指标分析。主要包括工期指标、质量指标、安全指标、降低成本、劳动率等指标的分析。

单位施工组织设计的内容相辅相成，因此在编制时，应抓住关键内容，同时处理好方面的相互关系，重点编好施工平面布置图、施工方案和施工进度计划表，即常说的"一图一案一表"，抓住3个重点，突出技术、时间和空间三大要素。

对于建筑结构简单、规模不大、技术要求较低且采用传统施工方法的单位工程的施工组织设计可以编制得简单些。主要内容可以概括为"一图一案一表一算"，即"图"为施工平面图，"案"为施工方案，"表"为施工进度计划表，"算"为施工预算（或工程量计算）。再辅以对工程特点概括性描述的工程概况，这"一图一案一表一算"就构成了简单的单位工程施工组织设计的基本内容。

6.2 工程概况与施工特点分析

工程概况是对拟建工程的各个方面做一个简要、突出重点的文字介绍。工程概况的表达形式可以是文字或表格，最好采用图表进行说明并配有简要图纸。

编写工程概况的目的：一是做到编制者心中有数，以便合理选择方案，提出相应措施；

二是做到审批人了解情况，以判断方案的可行性、合理性、经济性、先进性。

工程概况的内容应包括工程主要情况、各专业设计简介和工程施工条件等等几个方面。

1. 工程主要情况

施工组织设计中首要介绍工程概况，包括：工程名称、性质和地理位置、资金来源及造价、开/竣工日期；工程的建设、勘查、设计、监理和总承包等相关单位的情况；工程承包范围和分包工程范围；施工合同、招标文件或总承包单位对工程施工的重点要求等，以表 6-1 的形式表示。

表 6-1　工程概况表

一般情况	工程名称		建设单位	
	建设用途		设计单位	
	建设地点		监理单位	
	总建筑面积		施工单位	
	开工日期		竣工日期	
	结构类型		基础类型	
	层　数		建筑檐高	
	地上面积		地下室面积	
	人防等级		抗震等级	
	工程造价		勘查单位	
	地质情况		地下水位	
	气　温		雨量	
构造特征	地基与基础			
	柱、内外墙			
	梁、板、楼盖			
	外墙装饰			
	楼地面装饰			
	屋面防水			
	内墙装饰			
	防火装备			
	建筑节能			

续表

建设给排水、采暖、电气、通风与空调、电梯安装及智能建筑系统简要描述	
上级文件和要求	
施工图纸情况	
合同签订情况	
土地征购情况	
"七通一平"情况	
主要材料落实程度	
临时设施解决办法	
其他	

2. 各专业设计简介

（1）建筑设计简介。

建筑设计简介应依据建设单位提供的建筑设计文件进行描述，包括建筑规模；明确檐口高度、基础埋深和轴网尺寸；说明建筑防火设计和抗震设计要求；建筑功能；建筑特点；建筑耐火；防水及节能要求等，并应简单描述工程的内、外装饰及屋面的做法；附上平面立面、剖面简图。

（2）结构设计简介。

结构设计简介应依据建设单位提供的结构设计文件进行描述，包括建筑结构设计等级、使用年限；结构形式、地基基础形式、做法、埋深及设备基础形式、注明土质情况、地下水位、渗透系数、持力层的情况；结构安全等级、抗震设防类别；注明地下室主要部位的结构参数、混凝土的强度等级；说明主体结构的体系和类型、预制构件类型、屋面结构类型；注明砌体工程的部位和使用材料等。

（3）机电设备安装简介。

机电及设备安装专业设计简介应依据建设单位提供的各相关专业设计文件进行描述，包括给水、排水及采暖系统、通风与空调系统、电气系统、消防、监控、智能化系统、电梯等各个专业系统的做法要求，应说明使用的特殊设备。

3. 建设地点特征

建设地点特征主要包括拟建工程的位置，地形、地貌，工程地质、水文地质条件，不良地质现象；当地气温风力、主导风向，雨量，冬雨季时间，冻层深度，抗震设防烈度等。

4. 施工条件

主要介绍"七通一平"的情况，当地的交通运输条件，资源生产及供应情况，施工现场大小及周围环境情况，施工技术，劳动力、材料、构件、加工品、机械、水源、电源的供应和来源，内部承包方式、劳动组织形式及施工管理情况，现场临时设施的解决情况。

其中，现场管理组织形式应根据项目大小和复杂程度设立，其结构要包括确定施工管理组织目标、施工管理工作内容、施工管理组织机构，制定施工管理工作流程和考核标准等，同时还要确定组织机构形式、组织管理层次，制定岗位职责，选派管理人员等，如图 6-2 所示。

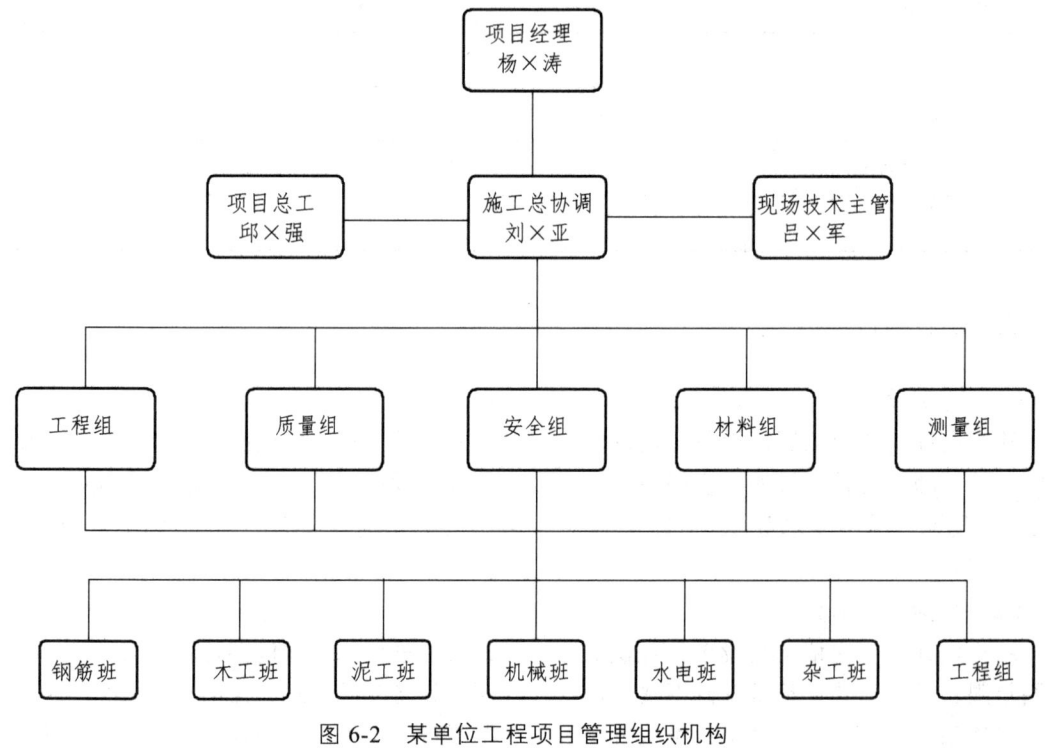

图 6-2 某单位工程项目管理组织机构

5. 施工特点分析

简要介绍拟建工程的施工特点和施工中的关键问题、难点所在以及目前所遇困难或障碍，以便在选择施工方案、组织资源供应、配备技术力量以及在施工组织上采取有效措施时，保证工程的顺利开展，提高施工单位经济效益。

【知识链接】

项目管理组织机构是施工单位内部的管理组织机构，是为某一具体施工项目而设立的，其岗位设置应和项目规模相匹配，人员组成应具备相应的上岗资格。应根据施工项目的规模、复杂程度、专业特点、人员素质和地域范围确定。大中型项目宜设置矩阵式项目管理组织，远离企业管理层的大中型项目宜设置事业部式项目管理组织，小型项目宜设置直线职能式项目管理组织。管理组织结构中一般应有3个层次：一是决策层，由项目经理和其助手组成，要根据工程项目的活动特点与内容进行科学化、程序化决策；二是中间控制层（协调层和执行层），专业工程师和子项目工程师组成，具体负责规划的落实、目标控制及合同实施管理，属承上启下的管理层次；三是作业层（操作层），由现场人员组成，负责具体的操作工作。

6.3 施工部署和施工方案

施工方案的选择是编制单位工程施工组织设计的重要环节，是整个单位工程施工组织设计的核心，是解决整个工程全局的关键，它直接影响工程施工的质量、工期和经济效益，因而，施工方案的选择是非常重要的工作。施工方案的选择主要包括确定施工展开程序和起点流向即施工部署、划分施工段、确定施工顺序、选择主要的分部（分项）工程施工方法、选择施工机械、方案评价等。

1. 施工部署

施工部署即是确定施工展开程序和起点流向，确定施工展开程序需注意以下两点：
（1）一般工程的施工展开程序应遵循先准备、后开工；先地下、后地上；先主体、后围护；先结构、后装饰；先土建、后设备的程序要求。
（2）厂房的工艺设备安装与土建施工的程序：先土建、后设备，先设备、后土建，土建与设备安装平行施工。

无论是哪一种程序，均不能与施工组织总设计中的部署顺序相矛盾。

确定施工起点流向指在平面或竖向空间开始施工的部位及其流动方向。确定施工起点流向时应考虑以下因素：
（1）生产工艺或使用要求及业主需求。工艺上要求高的、容易影响别段的、业主要求先使用的先施工。
（2）施工方便的要求。如桩基施工应"先深后浅"，高低跨单厂的结构吊装应从并列处开始，室外抹灰应"从上往下"。
（3）施工技术的难易程度。技术复杂、进度慢、工期长的部位或层段应先施工。
（4）施工现场条件确定。有外运土方时，从大门远端向近端开挖。

以上并不是一成不变的，在特殊的情况下，是可以有所更改的。如大模板建筑施工，大模板承重结构部分和某些装饰部分在加工厂同步完成，某些商业建筑，主体结构和装饰装修部分在达到一定层数后可以同时进行。

2. 划分施工段

在组织流水施工时，通常把施工对象划分为劳动量相等或大致相等的若干段，这些段称为施工段。应根据工程特点及工程量进行合理划分，并应说明划分依据及流水方向，确保均衡流水施工。每一个施工段在某一段时间内只供给一个施工过程使用。施工段可以是固定的，也可以是不固定的。在固定施工段的情况下，所有施工过程都采用同样的施工段，施工段的分界对所有施工过程来说都是固定不变的。在不固定施工段的情况下，对不同的施工过程分别规定出一种施工段划分方法，施工段的分界对于不同的施工过程是不同的。固定的施工段便于组织流水施工，应用较广，而不固定的施工段则较少采用。具体见模块3。

3. 确定施工顺序

施工顺序是指各分部（分项）工程或施工过程之间的先后次序。施工顺序应根据实际的工程施工条件和采用的施工方法来确定，确定施工顺序时应考虑以下因素。

（1）遵循施工程序。施工顺序应在不违背施工程序的前提下确定。

（2）符合施工工艺的必然要求。各施工过程之间存在着一定的工艺顺序关系，这种顺序关系随着结构特点的不同而不同，它反映了在施工工艺上存在着一定的客观规律以及各工艺之间的相互制约关系。如现浇钢筋混凝土柱的施工顺序为：绑扎钢筋→支模板→浇筑混凝土→养护→拆模板。

（3）与施工方法和施工机械的要求协调一致。不同的施工方法和施工机械会使施工过程的先后顺序有所不同。例如，建造装配式单层厂房，采用分件吊装法的施工顺序是先吊装全部柱子，再吊装全部吊车梁，最后吊装所有屋架和屋面板；采用综合吊装法的顺序是先吊装完一个节间的柱子、吊车梁、屋架和屋面板之后，再吊装另一个节间的构件。

（4）考虑施工组织的要求。如基坑开挖的方向可以从大门近端向大门远端开挖或者从距大门的远端开始向大门方向开挖，但当需要外运时，从施工组织的角度来看，第二种方案便于运输车辆的路径安排，因此宜采用此方案。

（5）考虑施工质量和安全要求。合理的施工顺序要以确保工程安全为前提，如地下水位较高时，应先排水、支护再开挖，防止出现管涌等现象。

（6）考虑到气候特点对工程的影响。如混凝土浇筑、屋面防水工程应尽量安排在冬、雨季到来之前施工，而室内工程可以适当推后。基坑开挖的施工应避开雨季，以免基坑被雨水浸泡或遇到地表水而加大基坑开挖的难度。

4. 施工方法、施工机械的确定

施工方法是工程施工期间所采用的技术方案、工艺流程、组织措施、检验手段等，它直接影响施工进度、质量、安全以及工程成本。施工机械是工程施工期间所需的运输机械、加工机械等。施工方法和施工机械的选择主要根据工程建筑结构特点、质量要求、工期长短、资源供应条件、现场施工条件、施工单位的技术装备和管理水平等因素综合考虑。

要注意的是，对脚手架工程、起重吊装工程、临时用水用电工程、季节性施工等专项工程所采用的施工方案应进行必要的验算和说明，对开发和使用的新技术、新工艺以及采用的新材料、新设备应通过必要的试验或论证并制定计划，对易发生质量通病、易出现安全问题、施工难度大、技术含量高的分项工程（工序）等应做出重点说明。

选择施工方法和施工机械的基本要求：应考虑主要分部分项工程的要求；要符合施工组织总设计的要求；应满足施工技术的要求；应考虑如何符合工厂化、机械化的要求；应符合先进、合理、可行、经济的要求；应满足工期、质量、成本和安全的要求。

1）施工方法确定的原则

（1）具有针对性。由于项目结构不同，现场条件不一样，施工单位技术水平不一致，因此在确定某个分部（分项）工程的施工方法时，应结合本分部分项工程实际的情况，不能泛泛而谈。例如，脚手架工程应结合本分项工程的特点来确定其脚手架的形式、材料、支撑及加固方案，通过详细受力计算再画出相应的脚手架安装图，不能仅仅按施工规范确定搭设要求。

（2）体现先进性、经济性、可操作性和适用性。选择某个具体的施工方法（工艺）首先应考虑其技术的先进性，保证施工的质量，还应考虑该方法在现场的可操作性，同时还应考虑到在保证质量的前提下，该方法是否经济和适用，并对不同的方案进行经济评价。

（3）保障性措施应落实。在拟定施工方法时不仅要拟定操作过程和方法，而且还需要提出该方法的保障性措施，如季节措施、安全文明施工措施等。

（4）满足施工组织总设计的要求。主要工程施工方案不能与施工组织总设计的内容相矛盾，必须一致。

（5）符合工厂化、机械化的要求。提高施工效率，满足建设方对工期、质量、成本、安全的要求。

2）施工机械的选择原则

（1）应首先根据工程特点，在满足施工方案的前提下，选择主导工程的施工机械，如地下工程的土方机械，主体结构工程的垂直、水平运输机械，结构吊装工程的起重机械等。例如在选择装配式单层工业厂房结构安装用的起重机类型时，当工程量较大且集中时，可以采用生产效率较高的塔式起重机；但当工程量较小或工程量虽大却相当分散时，则采用无轨自行式起重机较为经济。

（2）在选择辅助施工机械时，必须充分发挥主导施工机械的生产效率，要使两者的台班生产能力协调一致，并确定出辅助施工机械的类型、型号和台数。如土方工程中自卸汽车的载重量应为挖掘机斗容量的整数倍，汽车的数量应保证挖掘机连续工作，使挖掘机的效率充分发挥。

（3）为便于施工机械化管理，同一施工现场的机械型号应尽可能少，当工程量大而且集中时，应选用专业化施工机械；当工程量小而分散时，可选择多用途施工机械。如挖土机既可用于挖土，又能用于装卸、起重和打桩。

（4）尽量选用施工单位的自有机械，以减少施工的投资额，提高自有机械的利用率，降低成本。当自有施工机械不能满足工程需要时，应购置或租赁所需新型机械。

（5）满足经济性、可操作性、合理性。机械的组合形式使工程质量、工期、安全的满足的前提下，尽量成本最低。

6.4 施工进度计划安排

单位工程施工进度计划是在确定的施工方案的基础上,根据规定的工期和各种资源(即劳力、材料、机械等)的供应条件,依照合理的施工顺序,用横道图或网络图,确定一个建筑工程全部的施工过程在时间和空间上的合理安排和相互关系。单位工程的施工进度计划是施工部署在时间上的体现,反映了施工顺序和各个阶段工程进展情况,应均衡协调、科学安排。

1. 施工进度计划的分类

单位工程施工进度计划根据性质不同和作用不同,可分为控制性施工进度计划和指导性施工进度计划两类。

控制性施工进度计划的工作项目可以划分得粗一些,一般只明确到分部工程即可。它主要适用于施工工期较长、结构比较复杂、资源供应暂无法全部落实的工程,或者工作内容可能发生变化和某些构件(结构)的施工方法暂还不能全部确定的情况。这时不可能也没有必要编制较详细的施工进度计划,往往就编制以分部工程项目为划分对象的施工进度计划,以便控制各分部工程的施工进度。但当进行到分部工程施工前应按分项工程编制详细的施工进度计划,以便具体指导后续工作的现场施工。

指导性施工进度计划的工作项目必须详细划分,各分项工程彼此间的衔接关系必须明确。它适用于施工任务具体而明确、施工条件基本落实、各种资源供应平稳正常、施工工期不太长的工程。在一般情况下,单位工程施工进度计划中的工作项目应明确到分项工程或更具体,以满足指导施工作业、控制施工进度的要求。

施工进度计划可采用网络图或横道图表示,并附必要说明;对于工程规模较大或较复杂的工程,宜采用网络图表示,并通过对各类参数的计算,找出关键线路,选择最优方案。见图 6-3、6-4 为某教学楼横道图和网络图所示。

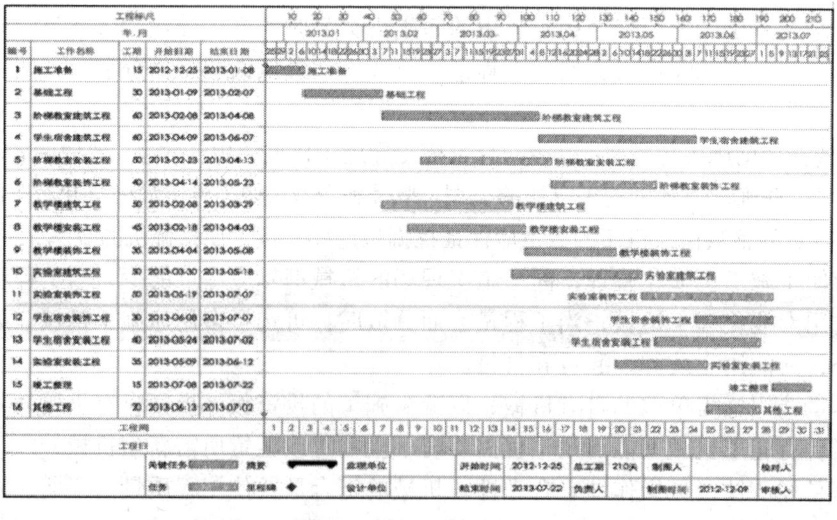

图 6-3 某教学楼施工进度计划横道图

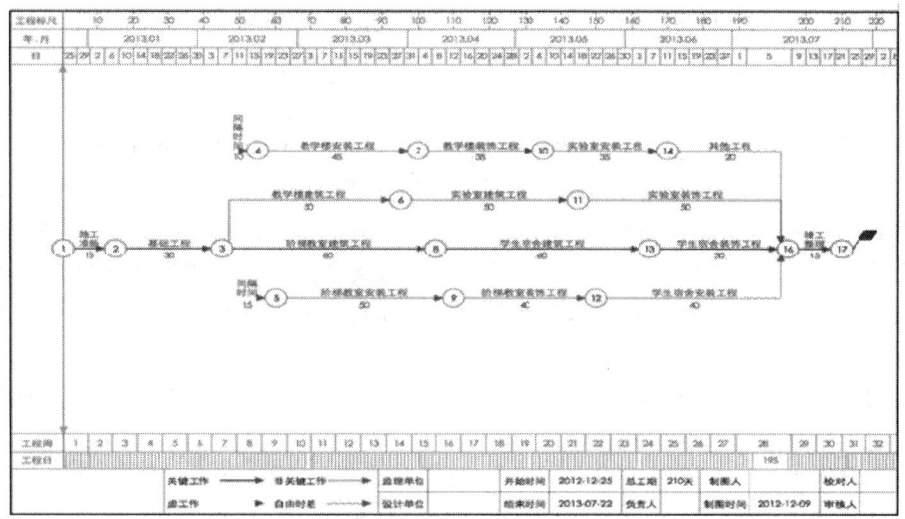

图 6-4 某教学楼施工进度计划横道图

2. 单位工程施工进度计划编制的依据

（1）工程承包合同，业主对项目的工期要求。
（2）经过审批的施工图，工艺图，有关标准图集，相关法律、法规、标准等。
（3）施工组织总设计对本单位工程的要求及施工总进度计划。
（4）施工现场资源供应情况、分包单位情况等。
（5）单位工程的施工方案、施工部署。
（6）劳动定额、机械台班定额及本企业施工水平。
（7）有关施工现场条件的资料。主要包括施工现场的水文、地质、气候环境资料，以及交通运输条件、能源供应情况、辅助生产能力等。

3. 单位工程施工进度计划的编制程序与步骤

1）编制程序

单位工程施工进度计划是在既定施工方案的基础上，根据规定的工期和各种资源供应条件，对单位工程中的各分部（分项）工程的施工顺序、施工起止时间及衔接关系进行合理安排的计划。其编制程序为：收集编制依据→划分施工过程→确定施工顺序→计算工程量→套用工程量→套用施工定额→计算劳动量和机械台班需用量→确定施工过程的持续时间→确定各项目之间的关系及搭接→编制初步计划方案并绘制进度计划图→施工进度计划的检查与调整→绘制正式进度计划。

2）编制步骤

（1）划分施工过程。
施工过程是进度计划的基本组成单元，是流水施工的基本工艺参数，其划分的粗与细、适当与否关系到进度计划的安排，因而应结合具体的施工项目来合理地确定施工过程。

① 施工过程划分的粗细程度，主要取决于进度计划的客观需要。

② 施工过程的划分要结合所选择的施工方案。

③ 适当简化施工进度计划的内容，避免工程项目划分过细、重点不突出。编制时可考虑将某些穿插性分项工程合并到主要分项工程中，如安装门窗框可以并入砌墙工程。对于在同一时间内，由同一工程队施工的过程可以合并为一个施工过程，而对于次要的零星分项工程，可合并为"其他工程"一项。水暖电卫工程和设备安装工程通常由专业施工队负责施工，因此，在施工进度计划中只要反映出这些工程与土建工程如何配合即可，不必细分。此项目可穿插进行。

④ 所有施工过程应大致按施工顺序先后排列，要注意的是施工过程应该是消耗资源且占用施工空间，对总工期有影响的过程。

（2）计算工程量。

工程量的计算应严格按照施工图纸和工程量计算规则进行。当编制施工进度计划时，如已经有了预算文件，则可直接利用预算文件中有关的工程量；当某些项目的工程量有出入但相差不大时，可结合工程项目的实际情况作一些调整或补充。计算工程量时应注意以下个问题。

① 注意计量单位。各分部（分项）工程的计算单位必须与现行施工定额的计量单位一致，以便计算劳动量和材料、机械台班消耗量时直接套用。

② 注意采用的施工方法。结合分部（分项）工程的施工方法和技术安全的要求计算工程量。例如，土方开挖时应考虑土的类别，边坡护坡处理和地下水的情况，情况不同采用方法不一样导致土方开挖面积工程量会有差别，所以不能直接套用预算工程量，适当做调整。

③ 结合施工组织的要求，分层、分段计算工程量。

（3）计算劳动量和机械台班数。

劳动量和机械台班数应根据所划分的施工过程和选定的施工方法，套用现行的施工定额，并结合当地的具体情况加以确定，一般每个地区都有适合当地使用的施工定额指标或标准，甚至于企业内部也有自己的相关标准或参考指标等，在选用的时候就要正确选择切实可行并适于施工的定额、指标或标准，进行合理的套用计算。具体计算见模块3内容。

对于"其他工程"项目的劳动量或机械台班量，可根据合并项目的实际情况进行计算。实践中常根据工程特点，结合工地和施工单位的具体情况，以总劳动量的一定比例估算，一般占总劳动量的10%~20%。

（4）确定施工项目的延续时间。

确定施工项目的延续时间的方法有如下几个：

① 经验估算法。根据过去的施工经验并按照实际的施工条件进行调整来估算项目的施工持续时间是较为简便的办法。这种办法多用于采用新工艺、新技术、新材料等无定额去衡量的工种。在经验估算法中，有时为了提高其精确程度，往往采用"三时估计法"，即先估计出该项目的最长、最短和最可能的三种持续施工时间，然后据已求出期望的施工持续时间作为该项目的施工持续时间。其计算公式是

$$t = (a + 4c + b)/6 \tag{6-1}$$

式中　t ——项目施工持续时间；
　　　a ——最长施工持续时间；
　　　b ——最短施工持续时间；
　　　c ——最可能施工持续时间。

② 定额计算法。根据可供使用的人员或机械数量和正常施工的班制安排，计算出施工项目的延续时间。公式如下

$$T = P/(Rb) \tag{6-2}$$

式中　T ——某施工项目的延续时间（d）；
　　　P ——该施工项目的劳动量（工日）或机械台班量（台班）；
　　　R ——该施工项目每天提供或安排的班组人数（人）或机械台数（台）；
　　　b ——该施工项目每天采用的工作班制数（1～3班工作制）。

③ 倒排计划法。对于某些工作过程在规定的日期内必须完成的，往往可以采用工期计算法（倒排进度法）进行估算，一般情况下可按下式估算：

$$t = T_i / M \tag{6-3}$$

式中　T_i ——某分项过程要求的总施工时间；
　　　M ——某分项过程所划分的施工段数目。

具体计算见模块3内容。

（5）编制进度计划初始方案。

根据前面过程中确定的施工顺序、各施工过程的持续时间、划分的施工段和施工层找出主导施工过程，按照流水施工的原则来组织工程施工，绘制初始的横道图或网络计划，形成初始方案，并对参数进行计算。

（6）施工进度计划的检查与调整。

无论采用流水作业法还是网络计划技术，均应对施工进度计划的初始方案进行检查、调整和优化。其主要内容有如下几个：

① 各施工过程的施工顺序是否正确，流水施工组织方法的应用是否正确，技术间歇、工序的搭接是否合理。

② 编制的计划工期能否满足合同规定的工期要求。

③ 劳动力方面，主要工种工人能否连续施工，劳动力消耗是否均衡。劳动力消耗的均衡性是针对整个单位工程或各个工种而言的，应力求每天出勤的工人人数不发生过大变动。

④ 物资方面，主要机械、设备、材料等的利用是否均衡，施工机械是否被充分利用。

根据检查结果，对不满足要求的项目进行调整，如增加或缩短某施工过程的持续时间，调整施工方法或施工技术组织措施，调整某些工序之间的逻辑关系等。总之通过调整，在满足工期的条件下，达到使资源达到均衡，满足质量、安全、工期等条件下，成本最低。

另外，值得注意的是，在施工进度计划执行过程中，实际情况复杂多变，往往会因人力、物力及现场客观条件、自然条件的变化而打破原定计划，因此，在施工过程中，应经常检查和调整施工进度计划。

有关进度计划调整与优化的方法详见模块7中的有关内容。

6.5 施工准备工作及各项资源需用量计划

施工进度计划编制完成后,应该立即进行施工准备工作及编制各项资源需用量计划,如施工准备工作计划、各项资源需要量计划、运输计划等。以上计划与施工进度计划密切相关,它们是根据施工进度计划及施工方案编制而成的,是做好各种资源供应、调配、平衡及落实的保证。

1. 施工准备工作计划

施工准备工作计划的内容主要包括技术资料、施工组织、物资、现场及场外、季节性施工等的准备工作。

(1)技术准备应包括施工所需技术资料的准备、施工方案编制计划、试验检验及设备调试工作计划、样板制作计划等。

(2)现场准备应根据现场施工条件和实际需要,准备现场生产、生活等临时设施。

(3)资金准备应根据施工进度计划编制资金使用计划。

常以表格的形式列出,见表 6-2 所示。

表 6-2 施工准备工作计划

序号	工作名称	简要内容	负责单位	负责人	起止时间		备注
					开始时间	结束时间	

2. 资源需用量计划

资源需要量计划包括劳动力需要量计划、物资配置计划。其中物资配置计划是指:主要工程材料和设备的配置计划,包括各施工阶段所需主要工程材料、设备的种类和数量;工程施工主要周转材料和施工机具的配置计划,包括各施工阶段所需主要周转材料、施工机具的种类和数量。

劳动力需用量计划是根据施工预算、劳动定额和施工进度计划编制而成的,是规划临时建筑和组织劳动力进场的依据。编制时根据各单位工程分工种工程量,查预算定额或有关资料即可求出各单位工程重要工种的劳动力需用量。将各单位工程所需的主要劳动力汇总,即可得出整个建筑工程项目劳动力需用量计划。其计划内容见表格 6-3 所示。

表 6-3 劳动力需用量计划

序号	工种名称	总需要量/工日	需要时间及人数			
			×月	×月	×月	×月

主要材料需要量计划是确定备料、供料、仓库、堆场面积及组织运输的依据。其编制方法是根据施工预算中工料分析表、施工进度计划表、材料的储备和消耗定额，将施工中需要的材料，按品种、规格、数量、使用时间计算汇总，填入主要材料需要量计划表，见表 6-4。

表 6-4 主要材料需要量计划

序号	材料名称	规格	需要量		供应时间	备注
			单位	数量		

构件需要量计划主要用于落实加工订货单位，并按照所需规格、数量、时间、组织加工运输和确定仓库或堆场，可根据施工图和施工进度计划编制，见表 6-5。

表 6-5 构件需要量计划

序号	名称	规格	图号、序号	需要量		使用部位	加工单位	供应时间	备注
				单位	数量				

施工机具需要量计划包括主要施工机械，如挖土机、起重机等的需要量，需根据施工进度计划、主要建筑物施工方案和工程量，并套用机械产量定额求得；辅助机械的需要量可以根据建筑安装工程概算指标求得；运输机械的需要量可以根据运输量计算。最后编制施工机

具需要量计划。施工机具需要量计划除为组织机械供应外，还可作为计算施工用电、选择变压器容量等和确定停放地面积的依据。其计划内容见表 6-6。

表 6-6 施工机具需要量计划

序号	机具、设备名称	型号	规格	电动机功率	需要量				供货单位	进场日期	结束日期	备注
					单位	数量	现有	不足或多余				

6.6 施工平面图

单位工程施工平面图是单位工程施工组织设计中的重要组成部分，是对一个建筑物或构筑物的施工现场的平面规划和空间布置，如图 6-5 所示为某施工现场布置图。合理的施工平面布置对顺利执行施工进度计划是非常重要的，对现场的文明施工、工程成本、工程质量和安全生产都会产生直接的影响，科学合理的施工平面布置是提高施工效率，保证施工任务顺利完成的基本条件。

1. 施工平面图设计的内容

施工平面图设计的内容包括如下几方面：
（1）总平面图上已建和拟建的地上、地下建筑物或构筑物和各种管线的位置、尺寸，相关周边河流等位置，指北针、风玫瑰图等。
（2）拟建工程所需的起重机械、垂直运输设施、搅拌机械或其他机械的位置，移动式起重机械的开行路线、方向。
（3）地形等高线、测量放线标桩的位置和取舍土方的地点。
（4）为施工服务的临时设施，如加工设施、办公和生活用房等的位置和面积。
（5）各种材料（包括水、暖、电、卫材料）、半成品、构件以及工业设备等的仓库和堆放。
（6）场内的施工道路布置及引入的城市道路、铁路、公路和航道的位置。
（7）临时的给水排水排污管线、供电线路、供热线路、供气管道等的布置。
（8）施工现场必备的安全、消防、保卫和环境保护等设施。

2. 施工平面图设计的依据

工程施工平面图应在施工设计人员踏勘现场、取得现场第一手资料的基础上，根据施工部署、施工方案和施工进度计划的要求进行设计。设计时依据的资料有以下 3 个。

1）建设地区的原始资料

（1）自然条件调查资料。主要包括气象、地形、水文及工程地质资料等。用来解决由于气候（冰冻、洪水、风、雹等）运输等产生的相关问题；也用于布置地表水和地下水的排水沟；确定易燃、易爆及有碍人体健康的设施布置等。

（2）建设地域的竖向设计资料和土方平衡图。用来解决水、电管线的布置和土方的填挖及弃土、取土位置等相关问题。

（3）建设单位及工地附近可供租用的房屋、场地、加工设备及生活设施。用来决定临时建筑及设施所需面积和空间位置。

（4）技术经济条件调查资料：主要包括交通运输、水源、电源、物资资料供应及运输状况等，用于确定现场供水、供电、供热等管道的引入位置，现场道路的引入位置及宽度，现场出口的设置等。

2）设计资料

（1）总平面图。用来正确确定临时建筑及其他设施位置，以及修建工地运输道路和解决排水，确定运输机械设施位置等所。

（2）一切已有的和拟建的地下、地上管道位置。用来决定原有管道的利用或拆除以及新管线的敷设与其他工程的关系，并注意不能在拟建管道的位置上搭设临时建筑。

3）施工组织设计资料

（1）单位工程的施工方案、进度计划及劳动力、施工机械需要量计划等。用来了解各施工阶段的情况，以便于分阶段布置现场。根据各阶段的上述资料决定各种施工机械的位置、吊装方案与构件预制、堆场的布置，确定现场生活、办公等临时施舍的面积。

（2）各种材料、半成品、构件等的需用量计划。用来决定加工厂、仓库、材料堆放场地位置、数量及场地的规划。

3. 施工平面图设计的原则

（1）在满足施工条件下，要紧凑布置，尽可能地减少施工用地，不占用农田。在市区改建程中，只能在规定时间内占用公路或人行街道。一切临时性建筑设施，尽量不占用或少占用拟建永久性建筑物的位置，以免造成不应有的搬迁和拆除。

（2）在确保施工顺利进行的前提下，尽可能地减少临时设施及施工用的管线，尽可能地利用施工现场附近的原有建筑作为施工临时用房，并利用永久性道路供施工使用。

（3）最大限度地缩短工地内部运距，尽量减少场内的二次搬运。各种材料构件、半成品应按进度计划分期分批进场，并尽量布置在使用地点附近或在垂直运输机械的回转半径内。

（4）临时设施的布置应便于工人的生产和生活，使工人休息室距施工地点距离最近，节省往返时间，且远离施工危险区域或影响身体健康的加工区域。

（5）生产、生活设施应尽量分区，以减少生产与生活的相互干扰，保证现场施工生产安全的进行。

（6）要符合劳动保护、技术安全、防火防洪、文明施工、绿色节能的要求。

4. 施工平面图的设计步骤

1）确定垂直运输机械的位置

垂直运输机械的位置直接影响仓库、料堆、砂浆和混凝土搅拌站的位置以及道路、水、电线路的布置等，它是施工平面布置的核心内容，必须首先考虑。

固定式垂直运输设备包括井架门架、桅杆式起重机等，它们的布置主要根据其机械性能、建（构）筑物的平面形状和大小施工段的划分情况、起重高度、材料和构件的重量运输道路等情况而定。其目的是充分发挥起重机械的能力，做到使用安全、方便，便于组织流水施工，并使地面与楼面上的水平运输距离最短。

自行杆式起重机要考虑其起重高度、构件的重量、回转半径、吊装方法、建（构）筑物的平面形状等。自行杆式起重机的开行路线要尽量短，尤其是汽车式或轮胎式起重机，尽量使其停机一次能吊足够多的构件，避免反复打支腿影响吊装的速度。

塔式起重机既可以进行垂直运输也可进行现场的水平运输，布置时要结合建（构）筑物的平面形状和四周的场地条件综合考虑，以使建（构）筑物平面尽量处于塔臂的活动范围之内，避免出现"死角"，要使构件、成品及半成品、堆放位置及搅拌站前台尽量处于塔臂的活动范围之内，同时还要注意安塔、拆塔是否有足够的场地，尤其是拆塔，并保证塔基坚实可靠。

2）加工厂的布置与面积确定

加工厂一般包括混凝土搅拌站、构件预制厂、钢筋加工厂、木材加工厂、金属结构加工厂、机械修理厂等。

（1）加工厂的布置。布置这些加工厂时主要考虑使来料加工和成品、半成品运往需要地点的总运输费用最小，且加工厂的生产和工程项目施工互不干扰，应尽量靠近使用地点或起重机起重能力范围内并考虑运输及装卸的方便。

搅拌站的布置可根据情况布置分散或集中式；预制构件加工厂的布置一般建在空闲地带，既能安全生产，又不影响现场施工。钢筋加工厂、木材加工厂的布置宜靠近使用地点或材料堆放地点，减少搬运；金属结构、焊接、机修等车间的布置应尽量集中布置在一起。

（2）工地加工厂的建筑面积，主要取决于设备尺寸、工艺过程、设计和安全防火等要求，通常可参考有关经验指标等资料确定，如表6-7所示。也可采用公式确定：

$$F = KQ(TSa) \tag{6-1}$$

式中　F——所需建筑面积（m^2）；

　　　K——不均衡系数，取 1.3~1.5；

Q——加工总量；

T——加工总时间（月）；

S——每平方米场地月平均加工量定额；

a——场地或建筑面积利用系数，取 0.6～0.7。

表 6-7 现场加工厂所需面积指标（截取部分）

序号	加工厂名称	年产量 单位	年产量 数量	单位产量所需建筑面积	占地总面积 /m²	备注
1	混凝土搅拌站	m³	3 200	0.022（m²/m³）	按砂石堆场考虑	400L 搅拌机 2 台
		m³	4 800	0.021（m²/m³）		400L 搅拌机 3 台
		m³	6 400	0.020（m²/m³）		400L 搅拌机 4 台
2	临时性混凝土预制厂	m³	1 000	0.25（m²/m³）	2 000	生产屋面板和中小型梁柱板等，配有蒸养设施
		m³	2 000	0.20（m²/m³）	3 000	
		m³	3 000	0.15（m²/m³）	4 000	
		m³	5 000	0.125（m²/m³）	小于 6 000	

3）确定仓库及材料、构件堆场的位置与面积确定

（1）仓库、堆场的布置。应考虑到运输和装卸料的方便，仓库和材料堆场、构件堆场的位置应尽量靠近使用地点或在起重能力范围以内，以缩短运距，避免二次搬运，并应在保证施工需要的前提下，使材料的贮备量最少，贮备期最短，装卸及转运费用最省，同时选用经济而适用的仓库结构基建形式；尽可能利用原有的或永久性建筑物，以减少修建临时仓库的费用，并遵守防火安全条例的要求。

① 考虑施工运输机械的不同类型，应布置在机械附近或者在起重半径范围内。

② 考虑材料的不同类型和使用数量，对大宗的、重量大的和先期使用的材料应尽可能地靠近使用地点或起重机附近布置；而少量的、轻的、后期使用的材料则可布置得稍远一些。如砂、石水泥等大宗材料的布置，可尽量布置在搅拌站附近，使搅拌材料被运至搅拌机的运距尽量短。

（2）仓库、堆场的面积确定。一方面要确保工程施工的顺利进行，另一方面还要避免材料的大量积压，以免仓库面积过大，增加投资，积压资金。常用材料仓库或堆场面积计算参考指标见表 6-8。公式为

$$F = P/(qk) \tag{6-2}$$

式中 F——仓库总面积（m²）；

P——仓库材料储备量；

q——每 m² 仓库面积能存放的材料、半成品和制品的数量，见表 6-8；

K——仓库面积有效利用系数（考虑人行道和车道所占面积），见表 6-8。

表 6-8　常用材料仓库或堆场面积计算参考指标

序号	材料及半成品	单位	储备天数 T_e	不均衡系数 R_i	每平方米储存定额 q	有效利用系数 K	仓库类别	备注
1	水泥	t	30~60	1.3~1.5	1.5~1.9	0.65	封闭式	堆高12-15袋
3	砂子	m³	15~30	1.4	1.5	0.7	露天	堆高1.2-1.5 m
5	石子	m³	15~30	1.5	1.5	0.7	露天	堆高1.2-1.5 m
11	钢筋	t	30~60	1.4	2.5	0.6	露天	
24	砖	千块	15~30	1.2	0.7~0.8	0.6	露天	堆高1.2-1.8 m

4）现场运输道路的布置

（1）场外交通的引入。包括铁路、水路、公路的引入，具体引入在模块5施工总平面布置具体进行介绍。

（2）施工现场内临时道路的布置。根据各加工厂、仓库及各施工对象的相对位置，对货物周转运行图进行反复研究，区分主要道路和次要道路，进行道路的整体规划，以保证运输畅通、车辆行驶安全、造价低。具体要求见模块5施工总平面布置进行介绍。现场内临时道路的路面种类和厚度见表6-9。

表 6-9　临时道路的路面种类和厚度

路面种类	特点及其使用条件	路基上	路面厚度/cm	材料配合比
混凝土路面	强度大，适用于通行各种车辆	一般土壤	10~15	≥C15
级配砾石路面	雨天照常通车，可通行较多车辆但材料级配要求严格	砂质土	10~15	体积比：黏土：砂：石子=1：0.7：3.5
		黏质土或黄土	14~18	
碎（砾）石路面	雨天照常通车，碎（砾）石本身含土较多，不加砂	砂质土	10~18	碎（砾）石≥65%，当地土壤含量≤35%
		黏质土或黄土	15~20	
碎砖路面	可维持雨天通车，通行车辆较少	砂质土	13~15	垫层：砂或炉渣4~5 cm 底层：7~10 cm 碎砖 面层：2~5 cm 碎砖
		黏质土或黄土	15~18	
炉渣或矿渣路面	可维持雨天通车，通行车辆较少，当附近有此项材料可得用时	一般土	10~15	炉渣或矿渣75%，当地土25%
		较松软时	10~30	
砂土路面	雨天停车，通行车辆较少，附近不产石料而只有砂时	砂质土	15~20	粗砂50%，细砂、粉砂和黏质土50%
		黏质土	15~30	
风化石屑路面	雨天不通车，通行车辆较少，附近有石屑可利用时	一般土壤	10~15	石屑90%，黏土10%
石灰土路面	雨天停车通行车辆少，附近产石灰时	一般土壤	10~13	石灰10%，当地土壤90%

5）确定各类临时设施的位置

临时设施分为生产性临时设施，如砂浆搅拌棚和水泵房、木工加工房；非生产性临时设施，如办公室、传达室、宿舍、医务室、食堂、厕所等行政管理和生活设施。

（1）木工棚等生产性临时设施的位置，宜布置在离建（构）筑物四周稍远一点的位置，且有一定的材料、成品堆放场地，易燃易爆品仓库应远离锅炉房、加工厂及工人休息室等布置。现场作业棚所需要面积参考资料见表 6-10。

表 6-10 现场作业棚所需要面积参考指标

序号	名称	单位	面积/m²	备注
1	木工作业棚	m²/人	2	
2	电锯房	m²	80	
	电锯房	m²	40	
3	钢筋作业棚	m²/人	3	
4	搅拌棚	m²/人	10~18	
5	卷扬机棚	m²/人	6~12	
6	烘炉房	m²	30~40	
7	焊工房	m²	20~40	
8	电工房	m²	15	

（2）现场的行政管理、生活福利设施等非生产性临时设施，应尽量少设，并尽量利用永久建筑物或已建建筑物，必须设置的临时设施应考虑使用方便，尽量设在工人较集中的地方，但又不妨碍施工，并要符合防火、保卫的规定；食堂可布置在工地内部或工地与生活区之间；全工地性管理用房（办公室、门卫等）应设在工地入口处，便于管理。生活用房设施参考指标见表 6-11 所示。

表 6-11 生活用房设施参考指标

临时房屋名称	指标使用方法	参考指标/（m²/人）	备注
一、办公室	按干部人数	3~4	
二、宿舍	按高峰年（季）平均职工人数	2.5~3.5	1. 本表根据全国收集到的有代表性的企业、地区的资料综合 2. 工区以上设置的会议室已包括在办公室指标内 3. 家属宿舍应以施工期长短和离基情况而定，一般按高峰年职工平均人数的 10%~30% 考虑 4. 食堂包括厨房、库房，应考虑在工地就餐人数和几次进餐
单层通铺	（扣除不在工地住宿人数）	2.5~3	
双层床		2.0~2,5	
单层床		3.5-4	
三、食堂	按高峰年平均职工人数	0.5~0.8	
四、食堂兼礼堂	按高峰年平均职工人数	0.6~0.9	
五、其他合计	按高峰年平均职工人数	0.5~0.6	
医务室	按高峰年平均职工人数	0.05~0.07	
浴室	按高峰年平均职工人数	0.07~0.1	

6）现场水、电管网的布置

在进行临时性水、电管网布置时，尽量利用可用的水源、电源。一般排水干管和输电线应沿主干道布置；水池、水塔等储水设施应设在地势较高处；总变电站应设在高压电入口处；消防站应布置在工地出入口附近，消火栓沿道路布置；过冬的管网要采取保温措施。

（1）临时用水设施。

现场用水包括生产、生活、消防用水三大类。在可能的条件下，建筑装饰工程施工用水及消防用水要尽量利用工程永久性供水系统，以便节约临时供水设施费用。

临时用水要根据施工用水的参考指标，如施工机械用水指标、生活用水指标及消防用水指标等施工定额手册进行估算用水量，再确定管径。

① 施工用的临时给水管，一般由建设单位的干管或自行布置的干管接到施工现场。布置时应力求管网长度最短，管道应埋入地下，尤其是受天气寒冷的影响，要埋置冰冻层以下，避免冬期施工时水管冻裂。

② 供水管网应按防火要求布置室外消防栓，消防栓应沿道路设置，距道路边不应大于 2 m，距建筑物外墙不应小于 5 m，也不应大于 25 m。消防栓的间距不应大于 120 m，工地消防栓应设有明显的标志，且周围 3 m 以内不准堆放建筑材料。

③ 为了排除地面水和地下水，应及时修通永久性下水道，并结合现场地形在建筑物周围设置排泄地面水、集水坑等设施。

（2）临时供电设施。

施工现场临时供电组织包括：计算工地总用电量，选择电源，确定变压器功率，布置配电线路和决定导线截面面积。工地用电包括动力用电和照明用电，可根据各类用电定额计算总用电量，将工地附近的用电网通过变压器引入工地，再选择导线截面。

① 为了维修方便，施工现场一般采用架空配电线路，且要求现场架空线与施工建筑物水平距离不小于 10 m，与地面距离不小于 6 m，跨越建筑物或临时设施时，垂直距离不小于 2 m。

② 现场线路应尽量架设在道路的一侧，且尽量保持线路水平。在低压线路中，电杆间距应为 25～40 m，分支线及引入线均应由电杆处接出，不得在两杆之间接线。

③ 单位工程施工用电应在全工地性施工总平面图中统筹考虑，包括用电量计算、电源选择、电力系统选择和配置。若为独立的单位工程应根据计算的有用电量和建设单位可提供电量决定是否选用变压器。变压器的设置应将施工工期与以后长期使用相结合考虑，其位置应远离交通道口处，布置在现场边缘高压线接入处，在 2 m 以外四周用高度大于 1.7 m 的铁丝网住，以保安全。

（3）布置注意事项。

① 当有可以利用的水源、电源时，可以将水电从外面接入工地，沿主要干道布置干管、主线，然后与各用户接通。临时总变电站应设置在高压电引处，不应设在工地中心，以免高压电线经过工地内部导致危险；临时水池应放在地势较高处。

② 当无法利用现有的水电时，为了解决电源，可在工地中心或靠近中心处设置临时发电站，由此把线路接出，沿干道布置主线；为了获得水源，可以利用地表水或地下水，并设置抽水设备和加压设（简易水塔或加压泵），以便储水和提高水压，然后把水管接出，布置管网。临时供水管网布置方式常见的有环状布置、支状布置及混合布置，敷设时地上一般用钢管，地下一般用铸铁管。

综上所述，施工机械、仓库、加工厂、内部道路、临时房屋、水电管网等布置应系统考虑多种方案进行比较，当确定之后采用标准图例绘制在平面图上，并按照建筑制图规则的要求绘制完善并且要适当地标注清楚图例及比例尺、相关位置的必要尺寸等，一般单位工程施工平面图的比例为1：500~1：200。单位工程平面布置如图6-5所示。

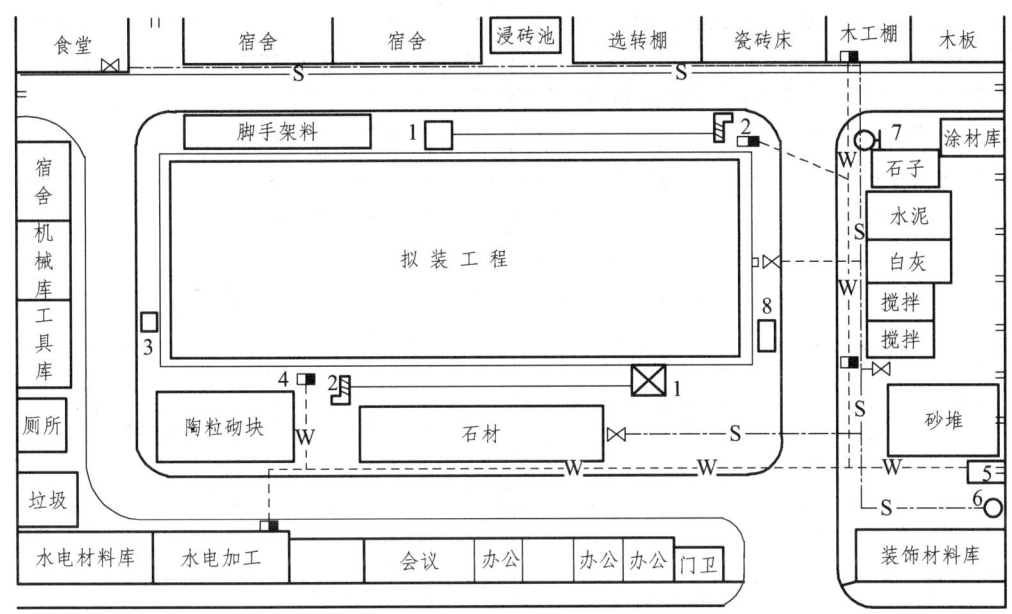

图 6-5 某单位工程施工平面布置图

施工平面图参考图例

序号	名称	图例	序号	名称	图例
一、地形及控制点					
1	三角点	△ 点名/高程	9	土堤、土堆	
2	水准点	⊗ 点名/高程	10	坑穴	
3	窑洞：地上、地下		11	填挖边坡	
4	蒙古包		12	地表排水方向	
5	坟地、有树坟地		13	树林	
6	石油、盐、天然气井		14	竹林	
7	探进（试坑）		15	耕地：稻田、旱地	
8	等高线：基本的、辅助的				

续表

序号	名称	图例	序号	名称	图例
二、建筑构筑物					
1	新建建筑物：地上、地下		6	围墙及大门	
2	原有建筑物		7	建筑工地界限	
3	计划扩建的建筑物		8	工地内的分界线	
4	拆除的建筑物		9	室内地坪标高	▽ 151.00 ±0.00
5	临时房屋：密闭式、敞篷式		10	室内地坪标高	▼ 143.00
三、交通运输					
1	原有道路		3	新建道路	
2	计划扩建的道路		4	施工用临时道路	
四、材料、构件堆场					
1	散状材料临时露天堆场		3	敞篷	
2	其他材料露天堆场或露天作业场				
五、动力设施					
1	临时水塔		12	临时排水沟	
2	临时水池		13	化粪池	
3	贮水池		14	拟建水源	
4	永久井		15	电源	
5	临时井		16	变压器	
6	加压井		17	投光灯	
7	原有的上水管线		18	电杆	

续表

序号	名称	图例	序号	名称	图例
8	临时给水管线	—S—S—	19	现有高压6 kV线路	—WW$_s$—WW$_s$—
9	给水阀门（水嘴）	▷◁	20	施工期间利用的永久高压6 kV线路	—LLW$_s$—LLW$_s$—
10	支管接管位置	—S↑	21	临时高压3~5 kV线路	—VV—VV—
11	消火栓	●	22	现有低压线路	—W$_{3.5}$—W$_{3.5}$—

6.7 措施与技术经济指标

1. 各项技术与组织措施

1）保证质量措施

保证工程质量的关键是对本类工程经常发生的质量通病制定防治措施，并建立质量保证体系。主要应考虑以下内容。

（1）有关建筑材料的质量标准、检验制度、保管方法和使用要求。

（2）主要工种工程的技术要求、质量标准和检验评定方法。

（3）对可能出现的技术问题或质量通病的改进办法和防范措施。

（4）新工艺、新材料、新技术和新结构以及特殊、复杂、关键部位的专门质量措施等。

2）安全施工措施

根据安全操作规程和安全技术规范，对施工中可能发生安全问题的环节进行预测，从而提出预防措施。主要包括以下几个方面。

（1）高空作业、立体交叉作业的防护和保护措施。

（2）施工机械、设备、脚手、上人电梯的稳定和安全措施。

（3）防火、防爆措施。

（4）安全用电和机电设备的保护措施。

（5）预防自然灾害（防雷击、防台风、防洪水、防地震、防暑防冻、防寒、防滑等）的措施。

（6）防止中毒的措施。

（7）新技术、新材料、新结构、新工艺及特殊工程的专门安全措施等。

3）降低成本措施

在不影响工程质量、易于实施且能保证安全的前提下提出降低成本一般采取以下措施：

（1）节约劳动力、材料的措施。

（2）节约机械设备费、工具费、临时设施费、间接费和其他资金的措施。

（3）计算出经济效果和指标。

制定措施时，要正确处理降低成本与提高质量、缩短工期的关系，以取得较好的综合效益。例如，提高施工的工厂化、机械化程度，提高施工的综合化和机械化；采用新机械、新工具、新工艺、新材料和同效价廉的代用材料等。

4）季节性施工措施

有冬雨期施工时应制定本项措施，以保证工程的施工质量、安全、工期和节约成本。

（1）雨期施工。要根据当地的雨量、雨期及雨期施工的工程部位和特点制定措施。要在防淋、防潮、防泡、防淹、防质量安全事故、防拖延工期等方面，分别采取遮盖、疏导、堵挡、排水、防雷、合理储存、改变施工顺序、避雨施工、加固防陷等措施。

（2）冬期施工。要根据当地的气温、降雪量、工程部位、施工内容及施工单位的条件，按有关规范及《冬期施工手册》等有关资料，制定保温、防冻、改善操作环境、保证质量、控制工期、安全施工、减少浪费的有效措施。

5）防止环境污染的措施

（1）防止废水污染的措施（搅拌机冲洗废水、磨石废水、油漆废液等）。

（2）防止废气污染的措施（熬制沥青胶、熟化石灰、某些涂料的喷刷等）。

（3）防止垃圾、粉尘污染的措施（土方与垃圾的运输、散装水泥与白灰的装卸和存放等）。

（4）防止噪声污染的措施（搅拌与振捣混凝土、锯割材料、打桩等）。

6）安全文明施工的措施

本着"安全第一"的原则，建立现场的安全生产体系和安全生产管理措施。严格贯彻执行"ISO 14001 环境管理体系"，做出详尽的文明管理和环境管理方案。

2. 单位工程施工组织设计的技术经济分析

1）技术经济分析的要求

技术经济分析应以设计方案的要求、有关的国家规定及工程的实际需要为依据，并抓住施工方案、施工进度计划和施工平面图三大重点内容，进行技术经济指标的计算。

2）技术经济分析的指标

（1）总工期。它是指自开工日算起，直至工程全部竣工所需的总天数（日历天）。

（2）劳动生产率相关指标有：

① 全员劳动生产率[元/（人·年）]。

② 单位竣工面积用工（工日/m^2）。

③ 劳动力不均衡系数，计算公式为：劳动力不均衡系数 = 施工期高峰人数 ÷ 施工期平均人数

（3）工程质量。说明工程质量达到的等级，如合格、优良、省优、鲁班奖等。

（4）降低成本相关指标：

① 降低成本额，计算公式为：降低成本额 = 承包成本额 − 计划成本额

② 降低成本率，计算公式为：降低成本率 = 降低成本额÷承包成本额

（5）安全指标。安全指标以工伤事故频率控制数表示。

（6）机械相关指标：

① 机械化程度。计算公式为：机械化程度 = 机械化施工完成工作量÷总工作量

② 施工机械完好率。

③ 施工机械利用率。

（7）预制化施工程度。强制化施工程度的计算公式为：预制化施工程度 = 在工厂及现场预制的工作量÷总工作量

（8）临时工程投资比例。临时工程投资比例的计算公式为：临时工程投资比例 = 全部临时工程投资建安工程总值÷临时工程费用比例

临时工程费用比例的计算公式为：临时工程费用比例 =（临时工程投资-回收费 + 租用费）÷建安工程总值

（9）节约三大材料百分比。节约三大材料百分比包括节约钢材百分比、节约木材百分比、节约水泥百分比。

① 主要材料节约量=预算用量 − 施工组织设计计划用量。

② 主要材料节约率=主要材料计划节约额/主要材料预算金额。

思考与练习

一、单项选择题

1. 单位工程施工组织设计是以一个（　　）为编制对象，用以指导其施工全过程的各项施工活动的综合技术经济性文件。

A. 单位工程　　　　　　　　B. 分项工程
C. 分部工程　　　　　　　　D. 工程项目

2. 单位工程施工平面图的设计步骤中包括以下内容：①布置运输道路，②布置水电管线，③确定起重机的位置，④确定搅拌站、仓库、材料和构件堆场、加工厂的位置；⑤布置行政管理、文件、生活、福利用临时设施；⑥计算技术经济指标。则下列排序正确的是（　　）。

A. ③①④②⑤⑥ B. ③④①⑤②⑥
C. ②③④⑤①⑥ D. ①④③②⑤⑥

3. 单位工程施工组织设计的主要内容不包括（　　）。

A. 施工总进度计划 B. 资源需求量计划
C. 单位工程施工进度计划 D. 施工方案的选择

4. 施工平面图设计首先要考虑的因素是（　　）。

A. 布置运输道路 B. 布置水电管网
C. 确定搅拌站及构件堆场等位置 D. 确定起重机械的位置

5. 在进行单位工程施工进度计划编制时，首先应（　　）。

A. 计算工程量 B. 确定施工顺序
C. 划分施工过程 D. 组织流水作业

二、多项选择题

1. 单位工程施工组织设计的内容包括（　　）。

A. 施工部署 B. 施工作业计划
C. 各种资源需要量计划 D. 施工准备工作计划
E. 施工方案

2. 单位工程施工方案选择的内容包括（　　）。

A. 技术组织措施的确定 B. 流水施工的组织
C. 施工顺序的确定 D. 各项资源需要计划的确定
E. 施工方法和施工机械的选择

3. 资源供应计划包括下列的（　　）。

A. 劳动力需要量计划 B. 主材需要量计划
C. 施工机械计划 D. 工程资金需求计划
E. 进度计划

4. 单位工程施工平面图设计的依据包括（　　）。

A. 建筑总平面图 B. 建设单位可以提供的条件
C. 施工方案 D. 流水施工
E. 图纸会审资料

5. 单位工程施工组织设计内容中的工程概况，主要包括（　　）。

A. 建设概况 B. 建筑、结构设计概况
C. "四通一平"情况 D. 建设地点特征 E. 施工条件

三、简答题

1. 单位工程施工组织设计的编制依据有哪些？
2. 施工方案选择的内容有哪些？
3. 单位工程施工进度计划的编制步骤是什么？
4. 单位工程施工平面图的布置内容包括什么？
5. 简述经济分析的指标有哪些？

【实训项目】

根据下列工程资料和建设要求,编制一份单位工程施工组织设计文件。

一、实训练习目的

独立制定单位工程施工组织设计是重要的实践性教学环节。通过现浇多层钢筋混凝土框架结构施工组织设计实训,学生自己动手进行编制,可以巩固和深化已学过的专业理论知识,把本章节所学重点内容再次进行理解和掌握,并能培养学生对所学知识的综合运用能力和动手能力,让学生理解实际施工现场的职业要求。

二、实训练习工程条件

1. 工程概况

本工程位于××市××区云潭南路与碧海路交叉口往西 500 m 处,工程为某职业院校实训综合楼工程,建筑面积 11 385.59 m^2,主体为地上 4 层的全现浇钢筋混凝土框架结构,无地下室,建筑总高度为 21.2 m,屋面防水等级为二级,抗震设防烈度为 6 度,因位于学校校区内,故不设人防,基础类型为筏板基础,内外墙为 200 厚增压加气混凝土砌块,采用深灰色铝合金单框窗、实木门以及明框玻璃幕墙,外墙装饰采用干挂蜂窝铝板以及仿铝板金属漆,镶砖地面,内墙面抹灰刷内墙涂料,屋面为 75 厚难燃挤塑聚苯板保温层,自粘聚合物改性沥青防水卷材防水。

2. 工期目标

本工程要求 4 月 15 日开工,12 月 15 日竣工,总工期 8 个月(每月按 25d 计算)。基础工程为 60d;主体结构为 80d;屋面工程为 20d;装修工程为 40d。(可进行工期调整)

3. 施工段及施工过程

(1)基础工程。

根据施工现场允许的工作面考虑最小劳动组合的要求,组织流水施工;施工内容划分为六个施工过程:土方开挖、基础垫层、基础钢筋、基础模板、基础混凝土、基础回填土。各施工过程的工程量、时间定额、劳动力安排见表 6-12。

表 6-12 基础工程数据表

序号	分部分项工程名称	工程量		时间定额	工人人数
		数量	单位		
1	土方开挖	8 000	m^3	0.004 台班	两台挖机
2	基础垫层	400	m^2	0.5 工日/m^2	25
3	基础钢筋	240	t	2 工日/t	25
4	基础模板	1 840	m^2	0.4 工日/m^2	40
5	基础混凝土	1 240	m^3	0.8 工日/m^3	40
6	基础回填土	1 600	m^3	0.4 工日/m^3	36

(2)主体结构。

主体结构施工主要考虑三个分项工程:柱绑扎钢筋支模板浇筑混凝土、梁板支模绑扎钢筋浇筑混凝土、楼梯绑扎钢筋支模板浇筑混凝土以及砌筑填充墙等。根据层间关系及施工现场情况,组织流水施工。计算每层主要分项工程工程量,套用施工定额计算劳动量。根据现场施工作业劳动面、业主要求等安排主体施工工期，确定施工人数。劳动量及劳动力安排见表6-13。

表6-13 主体结构数据表

序号	分部分项工程名称	劳动量/工日	工人人数
1	柱绑钢筋	478	14
2	柱支模	1 960	20
3	柱浇筑混凝土	560	30
4	梁板绑钢筋	680	25
5	梁板支模	2 400	28
6	梁板浇筑混凝土	790	30
7	楼梯绑钢筋	340	15
8	楼梯支模	980	20
9	楼梯混凝土	390	20
10	砌墙	170	25

（3）屋面工程。

初步计算工程量和劳动量，组织流水施工，分四个施工过程：找坡层施工、保温层施工、找平层施工、隔离层施工、防水层施工和保护层施工。劳动量及劳动力安排见表6-14。

表6-14 屋面工程数据表

序号	分部分项工程名称	劳动量/工日	工人人数
1	找坡层施工	380	25
2	找平层施工	480	30
3	防水层施工	330	30
4	隔离层施工	220	20
5	保温层施工	420	25
6	保护层施工	240	20

（4）装饰工程。

初步计算工程量和劳动量，组织流水施工，分四个施工过程：楼地面施工、室内抹灰施工、吊顶施工、门窗安装施工、玻璃幕墙施工、室外装饰施工以及水电等。劳动量及劳动力安排见表6-15。

表6-15 装饰工程数据表

序号	分部分项工程名称	劳动量/工日	工人人数
1	楼地面施工	1 600	25
2	室内抹灰施工	1 800	30
3	吊顶施工	920	20
4	门窗安装施工	480	15
5	玻璃幕墙施工施工	2 200	30
6	室外装饰施工	1 400	25
7	水电等其他工程		

4. 施工项目周边条件状况

东面为已建教学楼，西面为学生宿舍楼，北面为学校广场，南面邻碧海路与云潭南路交叉口。周边无水域。交通便利，项目周围均为房开项目以及体育设施项目。具体见图6-6所示。

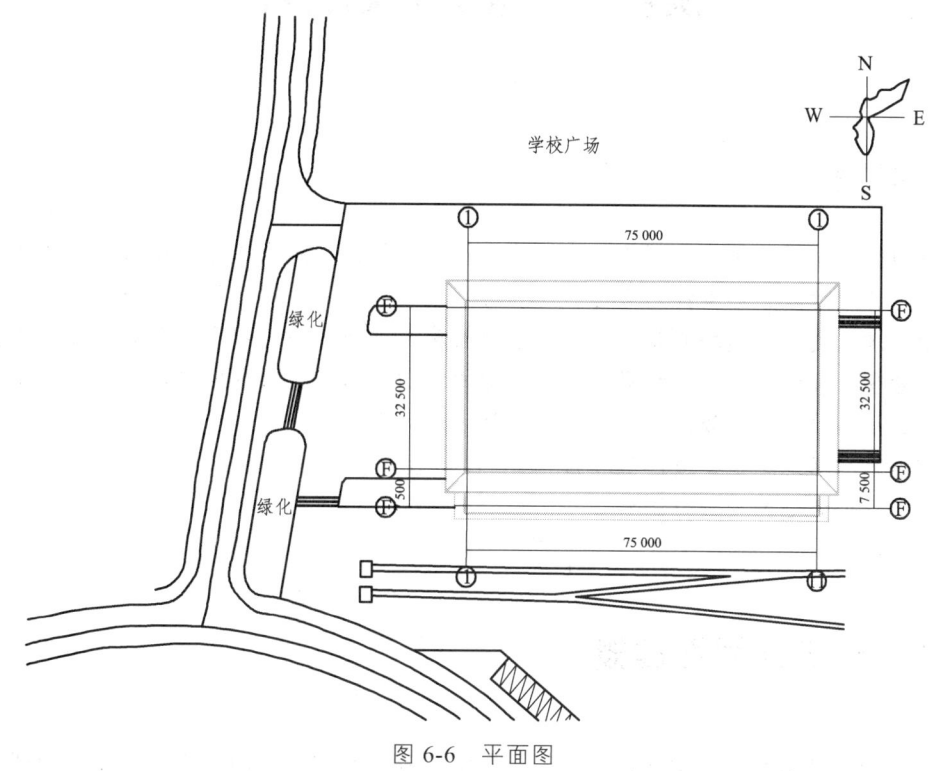

图 6-6 平面图

三、实训练习任务与内容

（1）编制整套单位工程施工组织设计，包括：① 工程概况及施工特点分析；② 施工部署以及施工方案的选择；③ 施工进度计划的安排以及施工准备工作计划资源需求量计划；④ 施工平面部署；⑤ 主要经济技术指标。

（2）计算各施工过程的流水节拍，确定各过程之间的逻辑及搭接关系。

（3）绘制施工进度计划表（图）、现场施工平面图。

四、成果要求

（1）编写本工程的完整施工组织设计方案一份。

（2）编写设计说明书一份：各时间参数的计算；施工进度计划编制过程；设计平面布置图的相关计算及有关经济技术指标的计算及确定过程。

（3）施工进度计划表或网络图（A2）；施工平面图（A2）。

五、建议时间安排

2周，此练习可在课程结束后或在课程进行期间集中安排。

模块 7 施工计划管理

【学习描述】

教学内容 本模块主要介绍施工计划管理的相关知识,阐述了进度计划管理、质量计划管理、安全计划管理、环境计划管理、成本计划管理以及其他计划管理的编制情况等内容。

教学要求 通过本模块的学习,使学生熟悉施工计划管理的内容;了解质量计划管理、安全计划管理、环境计划管理和成本计划管理的编制内容;掌握进度计划管理的内容,重点掌握进度计划的检查和比较,熟练掌握进度计划的调整方法。

实训内容 熟练运用横道图比较法、S曲线比较法、"香蕉"形曲线比较法和前锋线比较法进行施工进度计划的检查与调整。

7.1 施工计划管理概述

施工计划管理是对项目预期目标进行筹划安排等一系列活动的总称,是项目管理的重要组成部分,它对工程项目的总体目标进行规划,对工程项目实施的各项活动进行周密的安排,从而使工程项目在合理的工期内以较低的成本高质量地完成任务。

施工计划管理在目前多作为管理和技术措施编制在施工组织设计中,是施工组织设计必不可少的内容。施工计划管理涵盖多方面的内容,可根据工程的具体情况加以取舍,根据项目的特点有所侧重。在施工组织设计中,各项管理计划可单独成章,也可穿插在施工组织设计的相应章节中。

1. 施工计划管理的作用

(1) 为工程项目的决策提供更为详尽的论证和依据。
(2) 是项目实施的指导性文件,为项目实施提供必要的保障措施。
(3) 是实现项目目标的一种手段,为项目的基本目标提供方法。

2. 施工计划管理的特点

(1) 计划的总体性。计划的管理要考虑施工项目的所有目标而进行编制。

（2）计划的多变性。计划的管理要考虑实际情况的变化而留有余地。
（3）计划的统筹性。计划的管理要考虑各个目标之间的相互平衡关系。

3. 施工计划管理的内容

施工管理计划涵盖多方面的内容，如图7-1所示，但一般应包括以下几个方面：
（1）进度计划管理；
（2）质量计划管理；
（3）安全计划管理；
（4）环境计划管理；
（5）成本计划管理；
（6）其他计划管理。

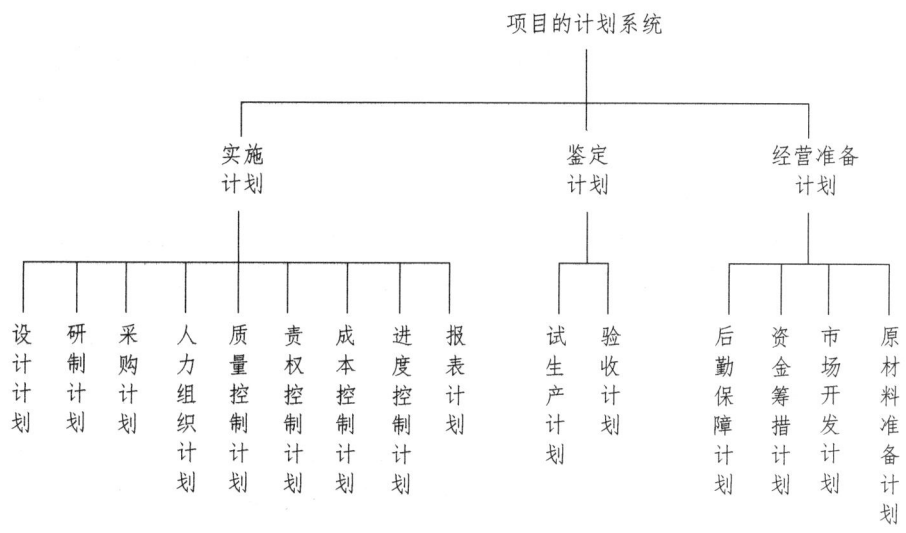

图7-1 施工计划管理系统内容

7.2 施工进度计划管理概述

施工进度计划是施工单位进行生产和经济活动的重要依据，它从施工单位取得建设单位提供的设计图纸进行施工准备开始，直到工程竣工投产交付使用为止。所谓的施工进度计划管理，是指施工项目进度计划的制订、实施和检查。即在限定的工期内，编制出最佳的施工进度计划，在计划执行过程中不断检查进度和工程实际进展情况，并将实际情况与计划安排进行比对，若出现偏差，要分析产生的原因和对工期的影响程度，采取必要的调整措施。如果采取措施后，不能执行原计划的，则需要对原进度计划进行调整或修改，再按新的进度计划实施。这样在进度计划的执行过程中不断地进行检查和调整，直至工程竣工验收，保证施工进度总目标的完成。

施工进度计划管理的总目标是确保施工项目的既定目标工期的实现，或者在保证施工质量和不增加施工实际成本的条件下，适当缩短施工工期。

1. 施工进度计划管理的方法

施工项目进度控制的方法主要是规划、控制和协调。规划是指确定施工项目的总进度控制目标和分进度控制目标，并编制施工总进度计划和单位工程进度计划。控制是指在施工项目实施的全过程中，进行施工实际进度与计划进度的比较，出现偏差时及时采取措施调整使项目正常进行。协调是指协调与施工进度有关的单位、部门和工作队之间的进度关系。

2. 施工进度计划管理的措施

进度控制主要包括组织措施、经济措施、技术措施、合同措施、管理措施和信息管理措施等。

1）组织措施

通过分析确认由于组织的原因而影响项目目标实现的问题，并采取相应的措施，如调整项目组织结构形式，重新确定任务分工、管理职能分工，制定符合实际的工作流程组织和项目管理班子人员等。

2）经济措施

经济措施主要涉及编制与进度计划相适应的资源需求计划和采取加快施工进度的经济激励措施。具体包括：及时办理工程预付款及进度款支付手续；对工程延误收取误期损失赔偿金；落实加快工程施工进度所需的资金；对应急赶工给予优厚的赶工费用；对工期提前给予奖励等。

3）技术措施

技术措施是指采取科学的方法制订施工进度计划，确定项目的总进度目标和分进度目标，审核其科学性和可实施性，并在实施的过程中进行严格的控制；采用网络计划技术及其他科学适用的计划方法，利用计算机对工程项目进度计划实施动态控制；对施工组织计划进行科学的技术评审和分析；对实施中的施工计划进行及时的监控和修订，对施工组织设计内容进行技术经济指标的具体评价等。

4）合同措施

合同措施就是采取分段发包、提前施工等措施缩短工期，保证各施工合同的工期与进度计划能够统一，在合同中明确约定工期进度要求，并规定相应的奖惩措施，防止工期拖延。

如在承发包合同中写进有关工期和进度的条款，建设单位在招标时应通过制定进度优惠条件鼓励施工单位尽可能加快施工进度。另外做好工程施工记录，保存各种文件，特别是有关工程变更的图纸和资料，为工程实施进度的过程和变化找出原因，并可以预测和纠正以后的施工进度计划，同时制定出进度相关的索赔程序。

5）管理措施

管理措施是指上级单位或是领导，利用其行政地位和权利，通过发布进度指令，对施工进度进行指导、协调、检查、考核，利用激励、监督等方式进行进度控制。

6）信息管理措施

信息管理措施是指将不断地收集到的施工实际进度的有关资料进行整理统计，并与计划进度进行比较，定期地向建设单位提供比较报告。具体包括：建立计算机信息动态管理系统，建立完善的信息、档案管理制度，建立文件传递程序、收集和整理制度等。

3. 施工进度计划影响的因素

工程建设项目具有庞大、复杂、周期长、相关单位多等特点，因此影响施工进度计划的因素也很多，具体影响因素如下：

1）客观因素

工程地质条件和水文地质条件与勘查设计的不符，如地质断层、溶洞、地下障碍物、软弱地基以及恶劣的气候、暴雨、高温和洪水等都将对施工进度产生影响，造成临时停工或破坏；另一方面施工工期较长，存在许多不可预见的因素，如自然灾害、社会动乱等，都会影响到施工进度。

2）主观因素

（1）业主等单位的影响。

建设单位与监理单位、设计单位，以及施工单位上级主管部门、银行信贷单位、材料设备供应部门、运输部门水电供应部门及政府的有关主管部门都可能给施工某些方面造成困难而影响施工进度。例如，当业主或业主代表（监理单位）发了开工令后，施工场地还未能完全交给施工单位；业主提供的材料和设备不能按期供应，或质量、规格不符合要求，都将使施工停顿；资金不能保证也会使施工中断或速度减慢；建设单位改变项目设计功能、项目设计图样错误或变更等。

（2）技术失误与施工失误。

施工单位的施工技术不科学，可能造成盲目施工、质量事故的出现，如导致返工、拖延进度；应用新技术新材料、新结构缺乏经验，不能保证质量等，都要影响施工进度和造成施工失误。

（3）施工组织管理不利。

施工现场的情况千变万化，若承包单位的施工方案不恰当、计划不周详、管理不完善、解决问题不及时等，都会影响工程项目的施工进度。例如，施工平面布置不合理、劳动力和机械设备的选配不当或流水施工组织不合理等都将影响施工进度计划的执行；施工过程中需要的材料、构配件、机具和设备等不能按期运抵施工现场或运抵后发现符合有关标准的要求，都会影响施工进度。

4. 施工进度计划的审核和实施

1）施工项目进度计划的审核

在实施施工项目进度计划之前，为了保证进度计划的科学合理性，必须对施工项目进度计划进行审核。施工进度计划审核的内容主要包括以下6点。

（1）进度安排是否与施工合同相符，是否符合施工合同中开工、竣工日期的规定，分期施工的项目是否满足分期交工的要求和配套交工的要求。

（2）施工进度计划中的项目是否有遗漏，内容是否全面，项目的施工顺序的安排是否符合施工工艺、施工程序的要求。

（3）资源供应计划是否均衡并满足进度要求。

（4）总、分包间的计划是否协调、统一，专业分工与计划衔接是否明确合理。

（5）对实施进度计划的风险是否分析清楚并有相应的对策。

（6）各项保证进度计划实现的措施是否周到、可行、有效。

2）施工项目进度计划的实施

施工项目进度计划管理的重要工作就是落实施工进度计划，保证项目各项施工活动按施工项目进度计划所确定的顺序和时间进行，以及保证各阶段进度目标和总进度目标的实现，应做好下面的工作。

（1）进度计划目标的分解要能分能合，保证统一。

（2）综合平衡，做好主要资源的优化配置。

（3）承发包合同的任务要明确到各级单位。

（4）进度计划要进行全面交底，做到人人皆知。

（5）做好施工记录，掌握现场实际情况，以便进行动态调整。

（6）做好施工中的协调工作，进行风险预控。

5. 施工项目进度计划的检查与比较

1）施工项目进度计划的检查

在施工项目的实施过程中，为了进行施工进度管理，进度管理人员应经常性地、定期地跟踪检查施工实际进度情况，主要是收集施工项目进度材料，进行统计整理和对比分析，确定实际进度与计划进度之间的关系,最后向有关主管人员和部门汇报。

2)实际进度与计划进度的比较

实际进度与计划进度的比较是建设工程进度监测的主要环节,常用的进度比较方法有横道图比较法、S形曲线比较法、"香蕉"形曲线比较法和前锋线比较法。

(1)横道图比较法。

横道图比较法是指将在项目实施中检查实际进度收集的信息,经整理后直接用横道线并列标于原计划的横道线处,进行直观比较的方法。采用横道图比较法,可以形象、直观地反映实际进度与计划进度的比较情况。

① 匀速进展横道图比较法。

匀速施工是指在施工项目中,每项工作的施工进展速度都是匀速的,即在单位时间内完成的任务量都是相等的,累计完成的任务量与时间呈直线变化。比较时,在进度计划上标出检查日期,然后将检查收集到的实际进度数据经加工整理后按比例用黑粗线标于计划进度的下方。对比分析实际进度与计划进度得出结论:

a. 粗线的右端在检查日期的右侧,表明实际进度超前。

b. 粗线的右端在检查日期的左侧,表明实际进度拖后。

c. 粗线的右端与检查日期重合,表明实际进度与施工计划进度致。

匀速进展横道图比较法只适用于在工程从开始到完成的整个过程中,其施工速度是不变的,累计完成的任务量与时间成正比。若工程的施工速度是变化的,则此种方法不适用。如图7-2所示。

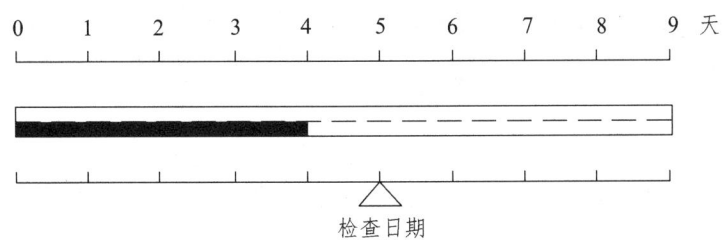

图7-2 匀速进展横道图比较法

② 非匀速进展横道图比较法。

当在不同单位时间里的施工进展速度不相等时,累计完成的任务量与时间就不可能是线性关系。此时,应采用非匀速进展横道图比较法进行工程的实际施工进度与计划施工进度的比较。比较时,在横道线上方标出各主要时间计划完成任务量累计百分比,在横道线下方标出相应时间实际完成任务量累计百分比,用黑粗线标出工作的实际进度,从开始之日标起,同时反映出该工作在实施工程中的连续与间断情况,最后对照横道线同一时刻上方计划完成累计量与下方实际完成累计量,得出结论:

a. 如果同一时刻横道线上方累计百分比大于横道线下方累计百分比,表明实际进度拖后,拖欠的任务量为二者之差。

b. 如果同一时刻横道线上方累计百分比小于横道线下方累计百分比,表明实际进度超前,超前的任务量为二者之差。

c. 如果同一时刻横道线上下方两个累计百分比相等，表明实际进度与计划进度一致。

由于工作进展速度是变化的，因此，图中的横道线无论是计划的还是实际的，只能表示工作的开始时间、完成时间和持续时间，并不表示计划完成的任务量和实际完成的任务量。如图 7-3 所示。

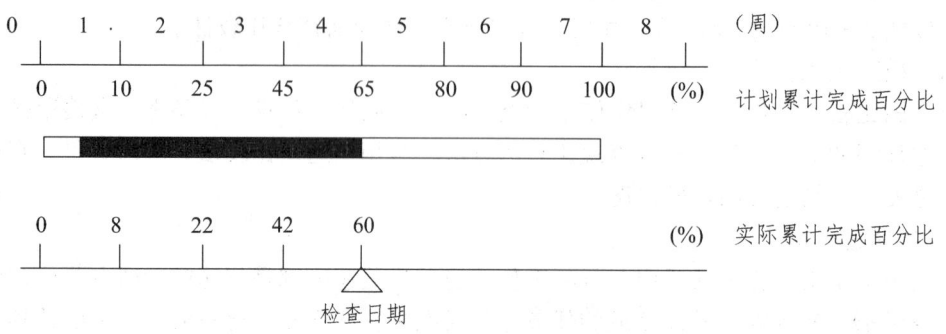

图 7-3 非匀速进展横道图比较法

横道图比较法的优点是记录方法比较简单形象直观、容易掌握、应用方便，被广泛地应用于简单的进度监测工作中。但是，由于横道图比较法以横道图进度计划为基础，因此，带有其不可克服的局限性，如各工作之间的逻辑关系不明显，关键工作和关键线路无法确定，一旦某些工作进度产生偏差，将难以预测其对后续工作和整个工期的影响及确定调整方法。

（2）S 形曲线比较法。

S 形曲线比较法是以横坐标表示时间，纵坐标表示累计完成任务量（该工作量的具体表示内容可以是实物工程量的大小、工时消耗或费用支出额，也可以用相应的百分比来表示），而绘制出一条按计划时间累计完成任务量的 S 形曲线；然后将工程项目实施过程中各检查时间实际累计完成任务量的 S 形曲线也绘制在同一坐标系中，进行实际进度与计划进度比较的一种方法。

从整个工程项目实际进展的全过程看，单位时间投入的资源量一般是开始和结束时较少，中间阶段较多。因其形似英文字母"S"而得名 S 形曲线，S 形曲线可以反映整个工程项目进度的快慢信息。

S 形曲线比较法与横道图比较法一样，是在图上直观地进行施工项目实际进度与计划进度的比较。一般情况下，计划进度控制人员在计划实施前绘制出 S 形曲线。在项目施工过程中，按规定时间将检查的实际完成情况与计划 S 形曲线绘制在同一张图上，可得出实际进度 S 形曲线，如图 7-4 所示。比较前后两条 S 形曲线可以得到如下信息：

① 项目实际进度与计划进度比较。当实际工程进展点落在计划 S 形曲线左侧时，表示此时实际进度比计划进度超前；若落在其右侧，则表示拖后；若刚好落在其上，则表示二者一致。

② 项目实际进度比计划进度超前或拖后的时间。ΔT_a 表示 T 时刻实际进度超前的时间；ΔT_b 表示 T 时刻实际进度拖后的时间。

③ 项目实际进度比计划进度超额或拖欠的任务量。如图 7-4 所示，ΔQ_a 表示 Q 时刻超额完成的任务量；ΔQ_b 表示在 T 时刻拖欠的任务量。

④ 预测工程进度。若后期工程按原计划速度进行，则工期拖延预测值为 ΔT。

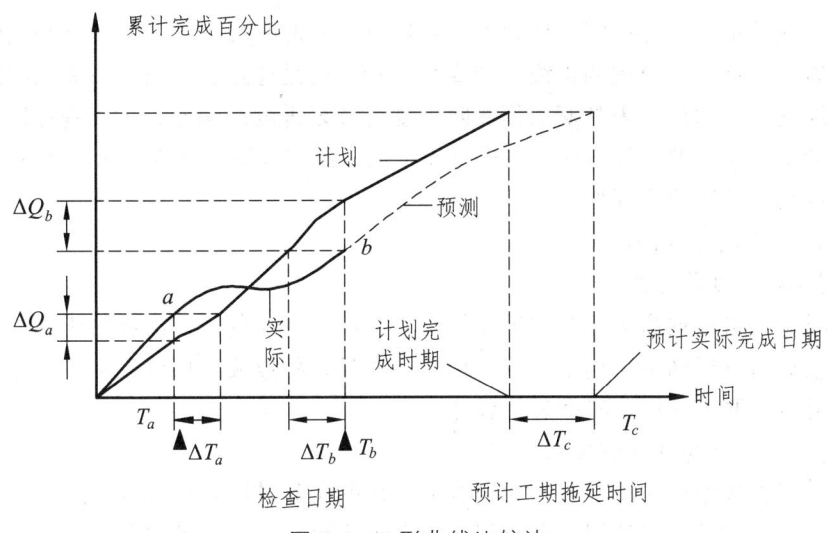

图 7-4 S 形曲线比较法

(3)"香蕉"形曲线比较法。

"香蕉"形曲线是由两条同一开始时间、同一结束时间的 S 形曲线组合而成。其中,一条 S 形曲线是工作按最早开始时间安排进度所绘制的 S 形曲线,简称 ES 曲线;而另一条 S 形曲线是工作按最迟开始时间安排进度所绘制的 S 形曲线,简称 LS 曲线。一般情况下,除了项目的开始和结束点外,其余时刻 ES 曲线上的各点均落在 LS 曲线相应点的左侧,形成一条形如"香蕉"的曲线,故称为"香蕉"形曲线,如图 7-5 所示。

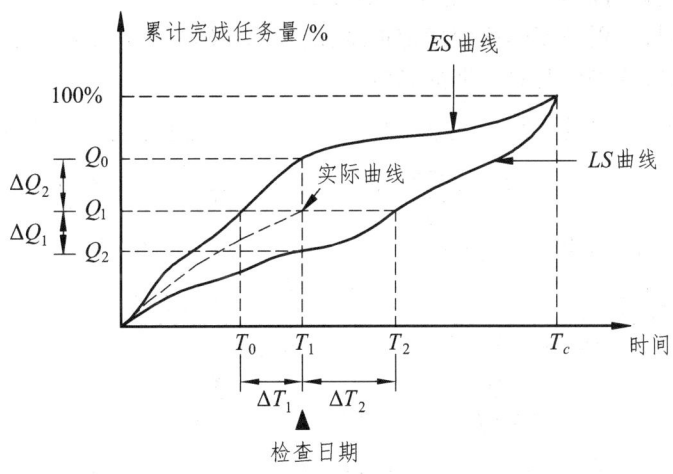

图 7-5 "香蕉"形曲线比较图

同一时刻两条曲线所对应完成的工作量是不同的。在项目实施过程中,理想的状况是任一时刻的实际进度在这两条曲线所包围区域内的曲线上。在项目的实施中进度控制的理想状况是任一时刻按实际进度描绘的点,都应落在该"香蕉"形曲线的区域内。

"香蕉"形曲线比较法,可以进行进度的合理安排,进行施工实际进度与计划进度的比较,在检查状态下,确定后期工程的 ES 曲线和 LS 曲线的发展趋势。

(4)前锋线比较法。

所谓前锋线是指在原时标网络计划上，从检查时刻的时标点出发，用点画线依次将各项工作实际进展位置点连接而成的折线。前锋线比较法就是通过实际进度前锋线与原进度计划中各工作箭线交叉点的位置来判断工作实际进度与计划进度的偏差，进而判定该偏差对后续工作及总工期影响程度的一种方法。如图 7-6 所示为某工程第六周末和第十周末检查情况。

采用前锋线比较法的步骤如下。

① 绘制时标网络计划图。

② 绘制实际进度前锋线。

一般从时标网络计划图上方时间坐标的检查日期开始绘制，依次连接相邻工作的实际进展位置点，最后与时标网络计划图下方坐标的检查日期相连接。可以按照工作已完任务量进行标注，也可以按照尚需作业时间进行标注。

③ 进行实际进度与计划进度的比较。

前锋线可以直观地反映出检查日期等有关工作的实际进度与计划进度之间的关系。对某项工作来说，其实际进度与计划进度之间的关系可能存在以下 3 种情况：

a. 工作实际进展位置点落在检查日期的左侧，表明该工作实际进度拖后，拖后的时间为二者之差。如第六周末 A 工作拖后两周。

b. 工作实际进展位置点与检查日期重合，表明该工作实际进度与计划进度一致。如第六周末 E 工作正常工作。

c. 工作实际进展位置点落在检查日期的右侧，表明该工作实际进度超前，超前的时间为二者之差。如第十周末 N 工作提前一周。

④ 预测进度偏差对后续工作及总工期的影响。

通过实际进度与计划进度的比较确定进度偏差后，还可根据工作的自由时差和总时差，预测该进度偏差对后续工作及总工期的影响。

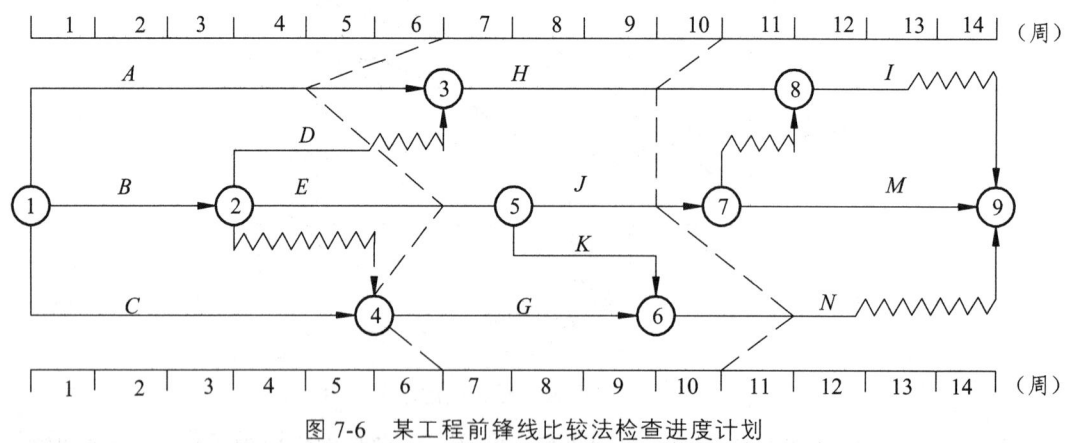

图 7-6 某工程前锋线比较法检查进度计划

6. 施工进度计划的调整方法

在工程项目实施过程中，通过实际进度与计划进度的比较发现有进度偏差时，需要分析该偏差对后续工作及总工期的影响，从而采取相应的调整方法对原进度计划进行调整，以确保工期目标的顺利实现。具体见模块三内容介绍。

1）分析进度偏差对后续工作及总工期的影响

（1）分析判断出现的进度偏差是否为关键工作；
（2）判断进度偏差是否大于总时差；
（3）判断进度偏差是否大于该工作的自由时差。

经过以上的分析判断，进度控制人员便可根据对后续工作的不同影响采取相应的进度控制措施，以便获得新的进度计划并用于指导工程项目的施工。

2）进度计划的调整方法

（1）缩短某些工作的持续时间。

① 组织措施。如增加工作面，组织更多的施工队伍；增加每天的施工时间（如采用三班制等）；增加劳动力和施工机械的数量等。

② 技术措施。如改进施工工艺和施工技术，缩短工艺技术间歇时间；采用更先进的施工方法，以减少施工过程的数量（如将现浇框方案改为预制装配方案）；采用更先进的材料或施工机械，加快作业速度等。

③ 经济措施。如实行提前竣工奖；对所采取的新技术措施给予相应的经济补偿。

④ 其他配套措施。如改善外部配合条件；改善劳动条件；实施强有力的调度等。

一般来说，不管采取哪种措施都会增加费用。因此，在调整施工进度计划时，应利用费用优化的原理选择费用增加量最小的关键工作作为压缩对象。

（2）改变某些工作间的逻辑关系。

7.3 施工质量计划管理概述

工程项目质量是指工程产品满足规定要求和需要的能力，该能力包括适用性、可靠性、经济型和安全性。工程项目最根本性的目的就是满足质量目标要求，而该目标的实现需要具体的管理计划和技术措施。

施工质量计划管理就是指针对具体工程项目的要求，以及应重点控制的环节所采取的对工程项目质量要求的一系列落实、检查、纠偏等活动。它是确保工程项目顺利通过验收，并满足工期计划、成本计划和安全施工要求的重要手段。

1. 施工质量计划管理的编制依据和要求

施工单位应按照《质量管理体系要求》（GB/T 19001）建立本单位的质量管理体系文件。可以独立编制质量计划，也可以在施工组织设计中合并编制质量计划的内容。质量管理应按照 PDCA 循环模式，加强过程控制，通过持续改进提高工程质量，设立确定标准、实施、反馈和纠偏的质量管理环节，对工程项目进行全方位、全过程、全内容的控制。

【知识链接】

PDCA 循环模式：

PDCA 循环的含义是将质量管理分为四个阶段，即计划（plan）、实施（do）、检查（check）、纠正（Act）。

（1）P（plan）计划，包括方针和目标的确定，以及活动规划的制定。即是查找问题进行排列，分析问题产生的原因。

（2）D（Do）实施，根据已知的信息，设计具体的方法、方案和计划布局；再根据设计和布局，进行具体运作，实现计划中的内容。即是执行措施。

（3）C（Check）检查，总结执行计划的结果，分清哪些对了，哪些错了，明确效果，找出问题。即是检查实施执行后的效果。

（4）A（Act）纠正，对总结检查的结果进行处理，对成功的经验加以肯定，并予以标准化；对于失败的教训也要总结，引起重视。对于没有解决的问题，应提交给下一个 PDCA 循环中去解决。即是建立巩固措施，确定遗留问题。

以上四个过程不是运行一次就结束，而是周而复始的进行，一个循环完了，解决一些问题，未解决的问题进入下一个循环，这样阶梯式上升的。

PDCA 循环是全面质量管理所应遵循的科学程序。全面质量管理活动的全部过程，就是质量计划的制订和组织实现的过程，这个过程就是按照 PDCA 循环，不停顿地周而复始地运转的。

2. 施工质量计划管理的内容

（1）按照项目具体要求确定质量目标并进行目标分解，质量指标应具有可测量性。

应制定具体的项目质量目标，质量目标应不低于工程合同明示的要求；质量目标应尽可能地量化和层层分解到最基层，建立阶段性目标。

（2）建立项目质量管理的组织机构并明确职责。

应明确质量管理组织机构中各重要岗位的职责，与质量有关的各岗位人员应具备与职责要求匹配的相应知识、能力和经验。

（3）制定符合项目特点的技术保障和资源保障措施，通过可靠的预防控制措施，保证质量目标的实现。

应采取各种有效措施，确保项目质量目标的实现；这些措施包含但不局限于：原材料、构配件、机具的要求和检验，主要的施工工艺、主要的质量标准和检验方法，夏期、冬期和雨期施工的技术措施，关键过程、特殊过程、重点工序的质量保证措施，成品、半成品的保护措施，工作场所环境以及劳动力和资金保障措施等。

（4）建立质量过程检查制度，并对质量事故的处理做出相应规定。按质量管理八项原则中的过程方法要求，将各项活动和相关资源作为过程进行管理，建立质量过程检查、验收以及质量责任制等相关制度，对质量检查和验收标准做出规定，采取有效的纠正和预防措施，保障各工序和过程的质量。

3. 施工质量计划管理体系

施工质量计划管理体系一般包括组织体系、对象体系、过程体系。

1）组织体系

组织体系包括：思想保证、组织保证、工作保证。通过对组织结构、工作制度以及人员思想培训的体系建立，进行施工质量的管理。

2）对象体系

对象体系包括：人、材料、机械、施工方法、施工环境。通过对这五种影响施工质量因素的对象进行管理，达到使施工任务完成的目的。

3）过程体系

过程体系包括：开工前、施工中、完工后。通过这三个施工过程的全过程把控，是对施工质量管理计划的保障。

7.4 施工安全计划管理概述

建筑工程施工安全管理应贯彻"安全第一、预防为主"的方针。施工现场的大部分伤亡事故是由于没有安全技术借施、缺乏安全技术知识、不做安全技术交底、安全生产责任制不落实，违章指挥、违章作业造成的。因此，必须建立完善的施工现场安全生产保证体系，针对项目实际情况，制定适用的施工安全计划，才能确保施工的安全和健康。

施工安全是指建造"实物"的人在建设"实物"过程中的生命安全和身体健康。没有建筑业的产品质量，建筑业就无法生存和发展；不能保证施工人员的安全和健康，就难以生产出质量好的产品。因此质量和安全是工程施工的永恒主题。

1. 施工安全计划管理的编制依据和要求

保证实现项目施工职业健康安全目标的管理计划，包括制定、实施所需的组织机构、职责、程序以及采取的措施和资源配置等。其管理计划可参照现行国家标准《职业健康安全管理体系规范》（GB/T 28001），在通过了职业健康安全管理体系的认证的施工单位安全管理体系的框架内，针对项目的实际情况编制。

2. 施工安全计划管理的内容：

建筑施工安全事故（危害）通常分为七大类：高处坠落、机械伤害、物体打击、坍塌倒塌、火灾爆炸、触电、窒息中毒。安全管理计划应针对项目具体情况，建立安全管理组织，制定相应的管理目标、管理制度、管理控制措施和应急预案等。

（1）确定项目重要危险源，制定项目职业健康安全管理目标；

（2）建立有管理层次的项目安全管理组织机构并明确职责；

（3）根据项目特点，进行职业健康安全方面的资源配置；

（4）建立具有针对性的安全生产管理制度和职工安全教育培训制度；

（5）针对项目重要危险源，制定相应的安全技术措施；对达到一定规模的危险性较大的分部（分项）工程和特殊工种的作业应制定专项安全技术措施的编制计划；

（6）根据季节、气候的变化制定相应的季节性安全施工措施；

（7）建立现场安全检查制度，并对安全事故的处理，包括应急处理程序等做出相应规定。

3. 施工安全计划管理的体系

（1）安全教育体系。项目经理部应该建立健全施工人员入场教育制度、安全法律、法规和标准及企业安全生产规章制度、各工程的安全技术操作规程培训制度、紧急安全救护知识培训制度、班组作业前安全教育等。通过对工人们的安全教育，工人们的安全知识水平将得到提高，安全施工意识将有所增强，这样他们才能自觉遵守安全规则，执行安全生产措施，才能保障他们的生命安全和企业的利益。

（2）安全交底体系。项目经理部技术负责人在对施工班组进行施工工艺交底的同时，应进行相关的安全技术交底。对于复杂的分部分项工程施工前，项目部技术负责人应有针对性地进行全面、详细的安全技术交底。

（3）安全防护体系。应该按照相关规章制度，凡进场人员必须佩戴安全帽；对机械的使用和"四口五边"的防护上做到轮有罩、轴有套、坑有栏、洞有盖、孔有箅；对于高层建筑，必须设立符合安全要求的首层挑网及四层一道的层间挑网；施工现场周边设置围档，基坑周边按要求做好安全防护；对超过 2 m 以上的高空操作，工人必须佩戴安全绳，"高挂低用"等。

（4）安全检查体系。项目经理部应根据施工安全目标，建立安全检查制度，明确安全检查程序，确定专门的安全检查人员，明确施工现场安全检查内容。加强对施工现场安全防护、安全作业的检查，对于高空作业、深基坑作业、脚手工业架是作业、特种机械作业等专业性强的施工作业，应对操作人员的安全作业资格和身体状况进行审查，合格后方可上岗。

【知识链接】

三级安全教育：

（1）公司教育：安全生产政策、法规、标准、规章制度、安全纪律、事故案例，发生事故后如何抢救伤员、排险、保护现场和及时报告。

（2）工程项目部教育：施工安全基本知识，安全生产制度、规定及安全隐患注意事项；本工种的安全技术操作规程；机械设备电气安全及高处作业安全基本知识；防毒、防尘、防火、防爆、紧急情况安全技术和安全疏散知识；防护用具、用品使用基本知识。

（3）班组教育：本班组作业及安全技术操作规程；班组安全活动制度及纪律；爱护和正确使用安全防护装置、设施及个人劳动防护用品；本岗位易发生事故的不安全因素及防范对策；本岗位的作业环境及使用的机械设备、工具的安全要求。

（4）特种作业人员除一般安全教育外，必须经国家规定的有关部门进行安全教育和安全技术培训，并经考核合格取得操作证后，方准独立作业，同时要参加按规定时间进行复审。

三级安全教育是公司、项目、班组分别对施工人员进行教育培训，考核合格后方允许上岗。

7.5 施工环境计划管理概述

建筑工程施工过程中不可避免地会产生施工垃圾、粉尘、污水及噪声等环境污染，制定环境管理计划就是要通过可行的管理和技术措施，使环境污染降到最低。施工现场环境管理越来越受到建设单位和社会各界的重视，同时各地方政府也不断出台新的环境监管措施，环境计划管理已成为施工组织设计的重要组成部分。

1. 施工环境计划管理的编制依据

环境管理计划可参照现行国家标准《环境管理体系要求及使用指南》（GB/T 24001），对于通过了环境管理体系认证的施工单位，在施工单位环境管理体系的框架内，针对项目的实际情况编制。保证实现项目施工环境目标的管理计划，包括制定、实施所需的组织机构、职责、程序以及采取的措施和资源配置等。

2. 施工环境计划管理的内容

（1）确定项目重要环境因素，制定项目环境管理目标；
（2）建立项目环境管理的组织机构并明确职责；
（3）根据项目特点进行环境保护方面的资源配置；
（4）制定现场环境保护的控制措施；
（5）建立现场环境检查制度，并对环境事故的处理做出相应的规定。

3. 施工环境计划管理的要求

根据我国相关标准，文明施工的要求主要包括现场围挡、封闭管理、施工场地、材料堆放、现场住宿、现场防火、治安综合治理、施工现场标牌、生活设施、保健急救、社区服务11项内容。总体上应符合以下要求。

（1）有整套的施工组织设计或施工方案，施工总平面布置紧凑，施工场地规划合理，符合环保、市容、卫生的要求。

（2）有健全的施工组织管理机构和指挥系统，岗位分工明确；工序交叉合理，交接责任明确。

（3）有严格的成品保护措施和制度，大小临时设施和各种材料构件、半成品按平面布置堆放整齐。

（4）施工场地平整，道路畅通，排水设施得当，水电线路整齐，机具设备状况良好，使用合理。施工作业符合消防和安全要求。

（5）搞好环境卫生管理。

（6）文明施工应贯穿施工结束后的清场。

4. 施工环境计划管理的措施

（1）加强现场文明施工的组织措施。
① 建立文明施工的管理组织。
② 健全文明施工的管理制度。
（2）落实现场文明施工的各项管理措施。
① 施工平面布置。
② 现场围挡、标牌。
③ 施工场地。
④ 材料堆放、周转设备管理。
⑤ 现场生活设施。
⑥ 现场消防、防火管理。
⑦ 医疗急救的管理。
⑧ 社区服务的管理。
⑨ 治安管理。
（3）建立检查考核制度。
（4）抓好文明施工建设工作。
① 建立宣传教育制度。
② 坚持以人为本，加强管理人员和班组文明建设。
③ 主动与有关单位配合，积极开展共建文明活动，树立企业良好的社会形象。

【知识链接】

文明施工主要包括规范施工现场的场容，保持作业环境的整洁卫生；科学组织施工，使生产有序进行；减少施工对周围居民和环境的影响；遵守施工现场文明施工的规定和要求，保证职工的安全和身体健康。

一般来讲，建筑工程常见的环境因素包括如下内容：

① 大气污染；
② 垃圾污染；
③ 建筑施工中建筑机械发出的噪声和强烈的振动；
④ 光污染；
⑤ 放射性污染；
⑥ 生产、生活污水排放。

应根据建筑工程各阶段的特点，依据分部（分项）工程进行环境因素的识别和评价，并制定相应的管理目标、控制措施和应急预案等。

7.6 施工成本计划管理概述

工程施工阶段是资金投入的最大阶段，也是招投标工作的延伸，是合同的具体化。因此，施工现场的成本管理则是整个工程管理过程中重要的阶段之一，尤其对于施工企业来说，更是直接关系到企业经济效益实现程度的关键。成本计划管理就是在项目施工过程中以尽量少资源消耗降低项目成本，把影响项目成本的各项消耗控制在计划范围内，同时不影响项目的质量、安全和进度等目标的实现。

1. 施工成本计划管理的编制依据和要求

成本管理计划应以项目施工预算和施工进度计划为依据编制。为保证实现项目施工成本目标的管理计划，编制时要包括成本预测、实施、分析、采取的必要措施和计划变更等。

2. 施工成本计划管理的内容

（1）根据项目施工预算，制定项目施工成本目标；
（2）根据施工进度计划，对项目施工成本目标进行阶段分解；
（3）建立施工成本管理的组织机构并明确职责，制定相应管理制度；
（4）采取合理的技术、组织和合同等措施，控制施工成本；
（5）确定科学的成本分析方法，制定必要的纠偏措施和风险控制措施。

3. 施工成本计划管理与其他计划管理的关系

成本管理是与进度管理，质量管理，安全管理和环境管理等同时进行的，是针对整体施工目标系统所实施的管理活动的一个组成部分。在成本管理中，必须要协调好与进度、质量、安全和环境等的关系，不能片面强调成本节约。

4. 施工成本计划管理的程序

由于建筑产品生产周期长，造成了施工成本控制的难度。成本管理的基本原理就是把计划成本作为施工成本的目标值，在施工过程中定期地进行实际值与目标值的比较，通过比较找出实际支出额与计划成本之间的差距，分析产生偏差的原因，并采取有效的措施加以控制，以保证目标值的实现或减小差距。

7.7 施工其他计划管理概述

其他管理计划宜包括绿色施工管理计划、防火保安管理计划、合同管理计划、组织协调管理计划、创优质工程管理计划、质量保修管理计划以及对施工现场人力资源、施工机具、材料设备等生产要素的管理计划等。其他管理计划可根据项目的特点和复杂程度加以取舍，其内容应有目标，有组织机构，有资源配置，有管理制度和技术、组织措施等。

思考与练习

一、单项选择题

1. 施工进度检查的主要方法是（　　）。
   A. 对比法　　　　　　　　　B. 纠偏法
   C. 调整法　　　　　　　　　D. 分析法

2. 既适用于工作实际进度与计划进度之间的局部比较，又可以用来分析和预测工程项目整体进度状况的方法是（　　）。
   A. S 曲线比较法　　　　　　B. 横道图比较法
   C. 前锋线比较法　　　　　　D. 香蕉线比较法

3. 施工成本计划应满足的要求是（　　）。
   A. 材料、设备进场数量和质量的检查、验收和保管要求
   B. 任务单管理、验工报告审核的要求
   C. 把施工成本管理制度与对项目管理者的激励制度结合起来
   D. 组织对施工成本管理目标的要求

4. 施工安全管理计划应在项目开工前编制，经（　　）批准后实施。
   A. 项目技术负责人　　　　　B. 项目经理
   C. 法定代表人　　　　　　　D. 项目部安全员

5. 关于工程建设项目施工质量计划的说法，错误的是（　　）。
   A. 施工质量计划应由建设单位编制
   B. 施工质量计划是技术交底的依据
   C. 施工质量计划是质量策划的标志性成果

D. 施工质量计划的基本要求可包含在施工组织设计中

二、多项选择题

1. 工程网络计划的计划工期确定方法是（　　）。
A. 当已规定要求工期时，计划工期肯定小于要求工期
B. 当未规定要求工期时，计划工期可取等于计算工期
C. 当已规定要求工期时，计划工期不超过要求工期
D. 当未规定要求工期时，计划工期一定小于计算工期
E. 当已规定要求工期时，计划工期等于要求工期

2. 施工计划管理的内容包括（　　）。
A. 进度计划的管理　　　　　B. 质量计划管理
C. 安全计划管理　　　　　　D. 环境计划管理
E. 成本计划管理

3. 下列关于进度前锋线检查说法正确的事（　　）。
A. 检查实际进展点在检查日期左侧，表示进度拖延
B. 检查实际进展点在检查日期左侧，表示进度提前
C. 检查实际进展点在检查日期右侧，表示进度拖延
D. 检查实际进展点在检查日期右侧，表示进度提前
E. 检查实际进展点与检查日期重合，表示进度正常

4. PDCA 循环的含义是将质量管理分为四个阶段，即（　　）。
A. 计划　　　B. 实施　　　C. 检查
D. 对比　　　E. 纠正

5. 施工环境计划管理的内容为（　　）。
A. 确定项目重要环境因素，制定项目环境管理目标；
B. 建立项目环境管理的组织机构并明确职责；
C. 根据项目特点进行环境保护方面的资源配置；
D. 制定现场环境保护的控制措施；
E. 建立现场环境检查制度，并对环境事故的处理做出相应的规定。

三、简答题

1. 施工管理计划的内容有哪些？
2. 进度计划管理的措施和检查方法有哪些？
3. 质量计划管理的内容是什么？
4. 安全计划管理的体系是什么？

【实训项目】

某工程网络计划如下图，在第 6 天检查时，A 工作已经完成，B 工作已进行 4 天，C 工作已进行 5 天，D 工作已进行 3 天，其他工作均未开始。

问题：

（1）根据上述检查情况，在时标网络计划图上标出实际进度前锋线；

（2）写出检查结果；

（3）分析进度偏差的影响。

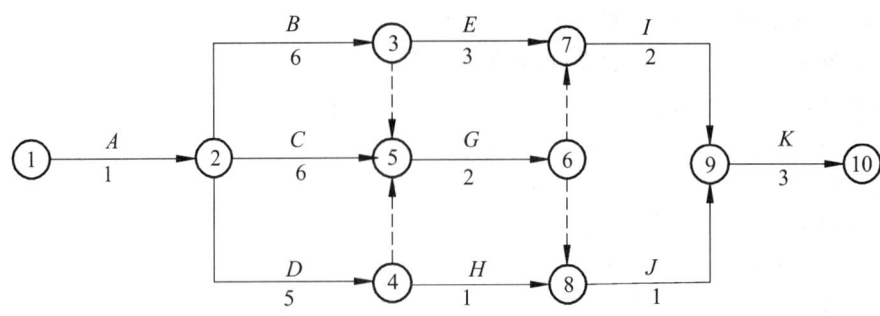

模块 8 实训——施工组织在 BIM 中的应用

【学习描述】

教学内容 本模块主要介绍 BIM 软件在施工组织中的应用基础知识,介绍了 BIM 施工现场布置软件,用实际案例具体阐述了 BIM 施工现场布置软件的操作步骤。

教学要求 通过本模块的学习,使学生了解 BIM 施工现场布置软件在现代工程的地位,要求学生掌握 BIM 施工现场布置软件的具体操作,能熟练做出施工现场布置图,并绘制到施工组织文件中。

实训内容 通过模块六的工程实例,绘制施工现场平面布置图。

8.1 BIM 施工现场布置软件实际案例工程操作

1. BIM 施工现场布置软件

真正用于建设项目全过程临建规划设计的三维软件,BIM 施工现场布置软件提供多种临建 BIM 模型构件,可以通过绘制或者导入 CAD 电子图纸、GCL 文件快速建立模型,同时还支持导入 OBJ,SKP 模型,且支持将导入的 SKP 及 OBJ 文件存储到软件构件列表中。软件支持导出和打印三维效果图片,输出漫游及关键帧动画,导出 DXF、IGMS、3DS 等多种格式文件,软件还提供场地漫游、录制视频等功能,使现场临设规划工作更加轻松、更形象直观、更合理、更加快速。

2. BIM 施工现场布置软件整体操作思路(图 8-1)

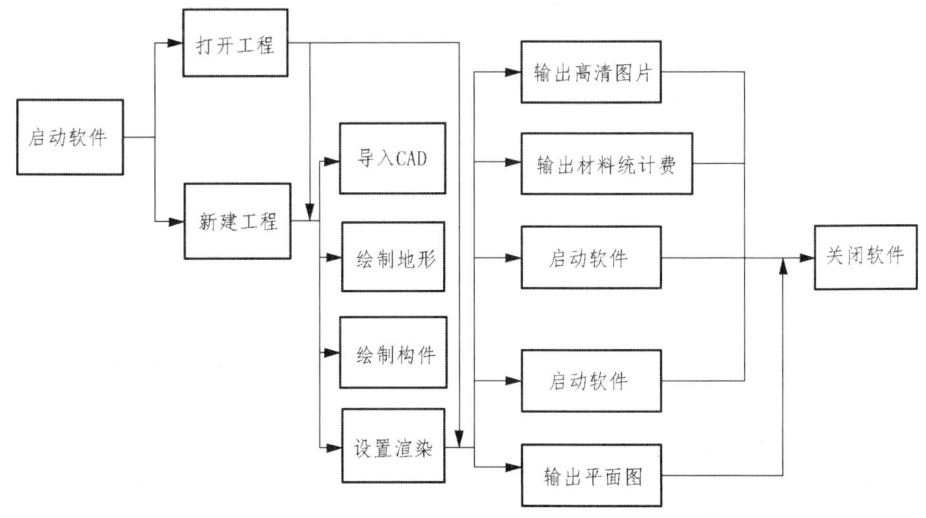

图 8-1 BIM 施工现场布置软件整体操作思路

8.2　实际案例工程操作

本节将通过对示例工程绘制的介绍和演示，使读者掌握以下内容：
（1）掌握用软件做工程的流程；
（2）掌握软件做工程的基本功能。

1. 启动软件

有两种方法可以启动 GCB 软件
（1）方法 1：通过开始菜单启动软件，如图 8-2 所示。

图 8-2

（2）方法 2：通过点击快捷图标启动，如图 8-3 所示。

图 8-3

2. 用户登录

启动软件后，进入用户登录界面（图 8-4），输入正确的用户名及密码即可登录。
需要注意：
（1）登录用户名时可以输入注册时用的用户名、手机号码、邮箱地址。
（2）若用户目前无账号，可点击【注册账号】注册 GCB 账号，也可以在广联达云施工平台网页注册，广联达云施工平台地址：http://ysg.glodon.com。

图 8-4

(3) 若用户忘记账号密码,可点击【找回密码】,通过用户注册时的手机号验证重新 设置密码。

(4) 用户可勾选【记住密码】来保存登录账号的密码。

(5) 也可以通过下方的获取试用账号,获取全功能软件体验账号。

3. 软件界面

软件界面如图 8-5 所示。

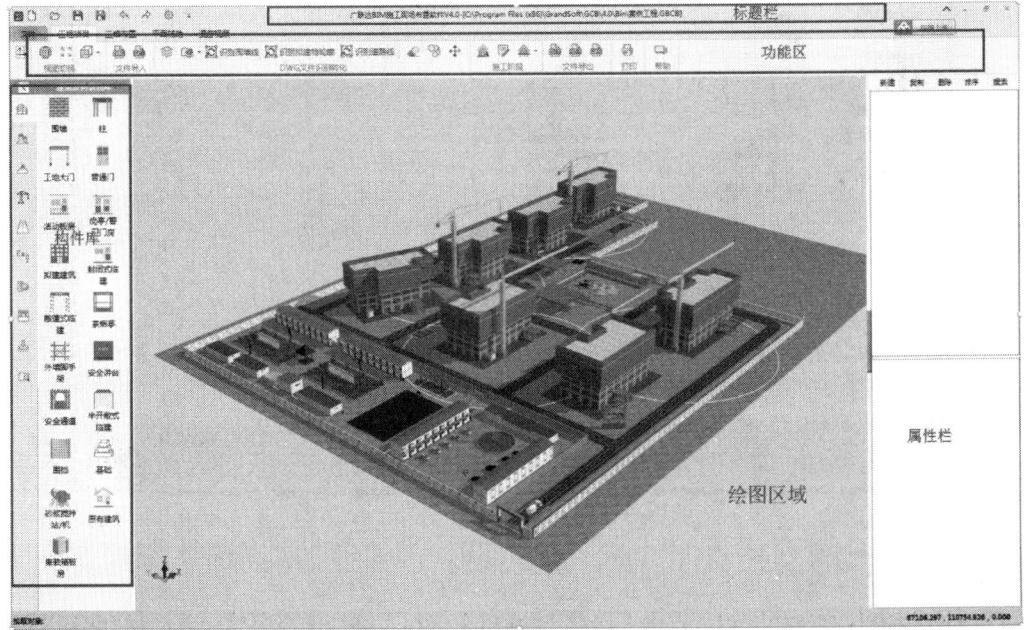

图 8-5

1）标题栏

（1）新建工程。

点击【新建工程】后即可新建一个空白工程，如图 8-6 所示。

图 8-6

（2）打开工程

点击【打开工程】，弹出【打开工程】窗体，首次打开为软件的安装地址通常为 C：\GrandSoft\GCB\7.0\Bin，软件安装路径下内置有软件的案例工程（图 8-7）。

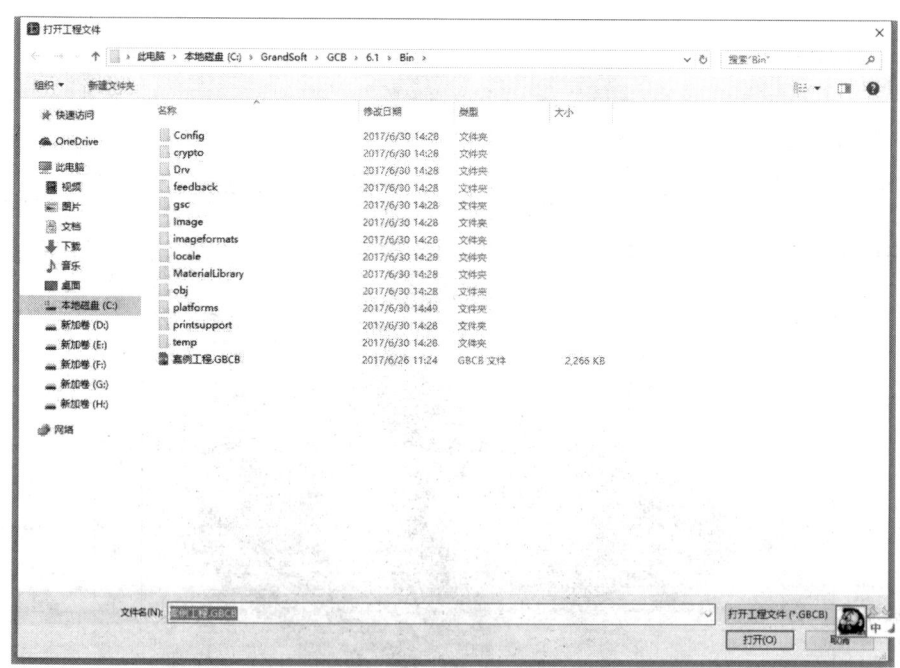

图 8-7

（3）保存。

① 对于没有保存过的工程，点击【保存】，弹出【保存】路径选择窗体，首次保存路径为软件

的安装地址，通常为 C：\GrandSoft\GCB\7.0\Bin，重新设置保存路径，输入保存工程的名称即可，如图 8-8 所示。

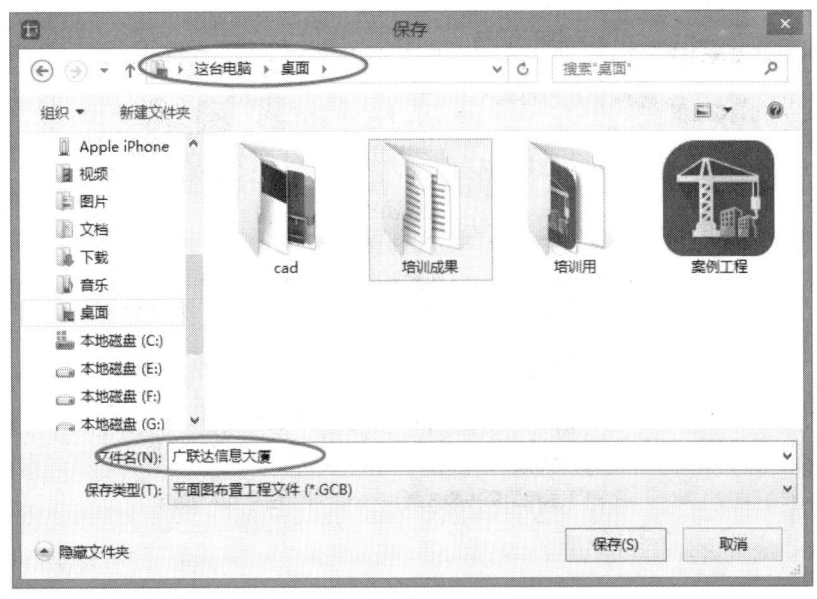

图 8-8

② 对于已保存过的工程，点击【保存】，不弹出【保存】路径，直接保存工程。

（4）另存为。

点击【另存为】，弹出【另存为】路径选择窗体，首次另存路径为软件的安装地址，通常为 C：\GrandSoft\GCB\7.0\Bin，重新设置保存路径，输入保存工程的名称即可。

（5）设置。

点击【设置】弹出【参数设置】窗口。

① 设置 2D 背景色，如图 8-9 所示。

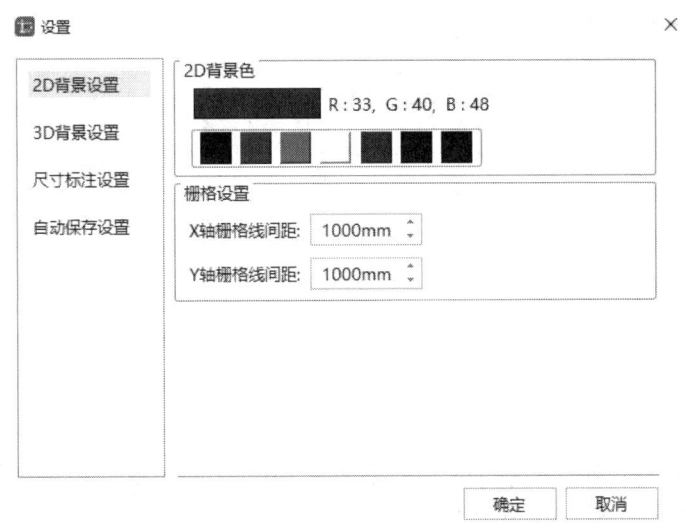

图 8-9

179

② 设置3D背景色和场景阴影效果，如图8-10所示。

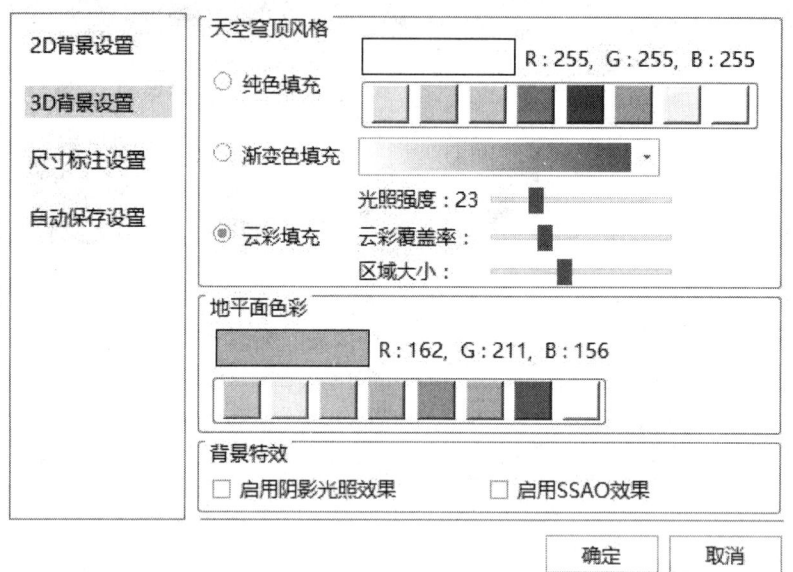

图 8-10

③ 设置标注线颜色及字样，如图8-11所示。

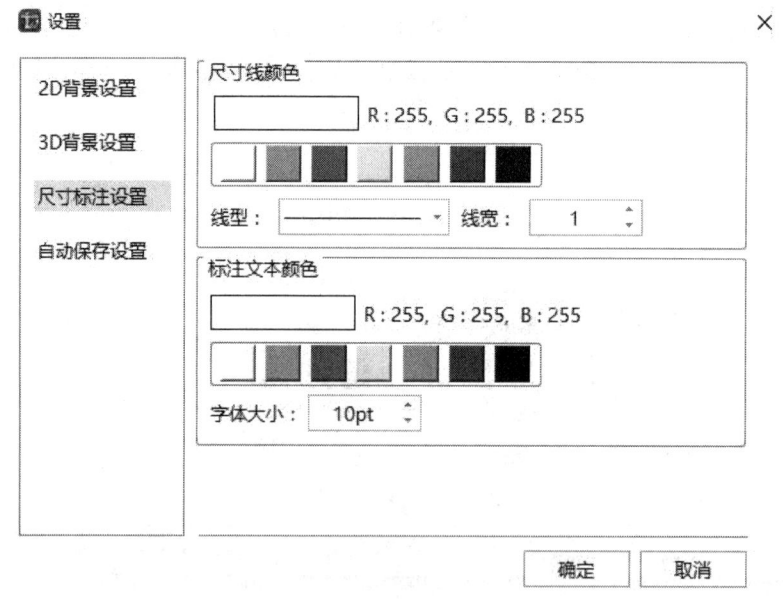

图 8-11

④ 弹出【设置自动保存间隔】窗体，输入 5～100 之间的整数，点击【确定】即可成功设置自动保存时间，如图8-12所示。

图 8-12

4. 功能区

1）工程项目

（1）视图切换。

① 二三维切换。

用于软件二维效果图和三维效果图的切换，如图 8-13 所示。

图 8-13

② 动态观察。

点击"动态观察"按钮，软件自动切换到三维效果，按住鼠标左键拖动视野，即可实现动态观察，如图 8-14 所示。

③ 自适应。

在软件图像不居中时，点击"自适应"按钮即可使图像自适应页面显示，如图 8-15 所示。

图 8-14　　　　　　　　图 8-15

④ 视图。

实现三维效果图的十个常见视角的切换，如图 8-16 所示。

（2）导入 CAD 文件（图 8-17）。

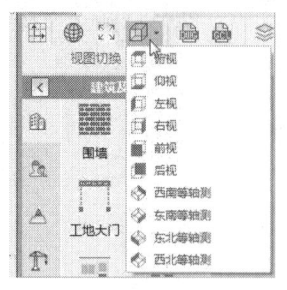

图 8-16

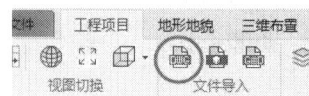

图 8-17

操作步骤如图 8-18 所示。

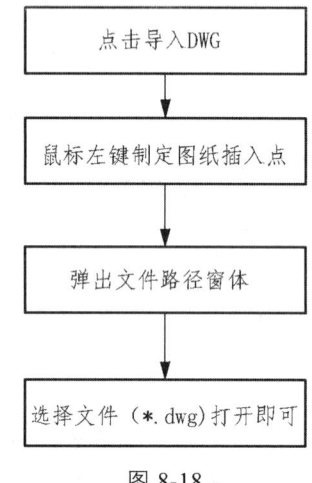

图 8-18

插入效果如图 8-19 所示。

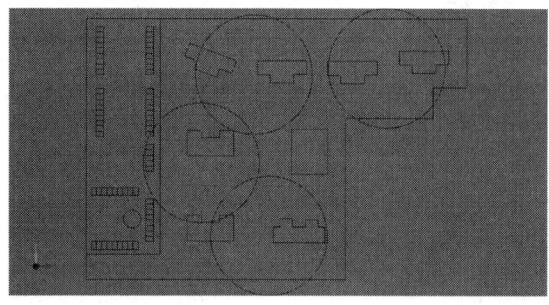

图 8-19

（3）DWG 文件识别转化。

软件可以通过边线实现围墙，拟建以及道路的识别，操作的流程是选择 CAD 线，然后选择识别命令，如图 8-20 所示。

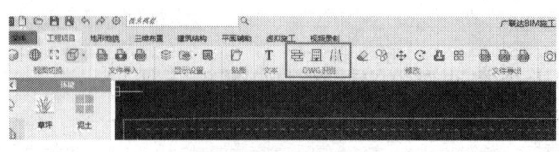

图 8-20

（4）文件导出（图 8-21）。

图 8-21

① 导出 DXF，导出为工程的二维样式，可用 CAD 软件打开使用；
② 导出 3DS，导出为工程的三维样式，可用 3D max 软件打开使用；
③ 导出 GMS，导出为 BIM5D 的接口文件，可导入 BIM5D 为做场地模型。

（5）打印。

输出绘图区域所有内容，如图 8-22 所示。

图 8-22

2）三维布置

（1）视图切换流程与前述方法相同。

（2）修改。

① 删除。

操作步骤：选择【图元】，点击【删除】，选择时可单选、多选、全选。

操作步骤如图 8-23 所示。

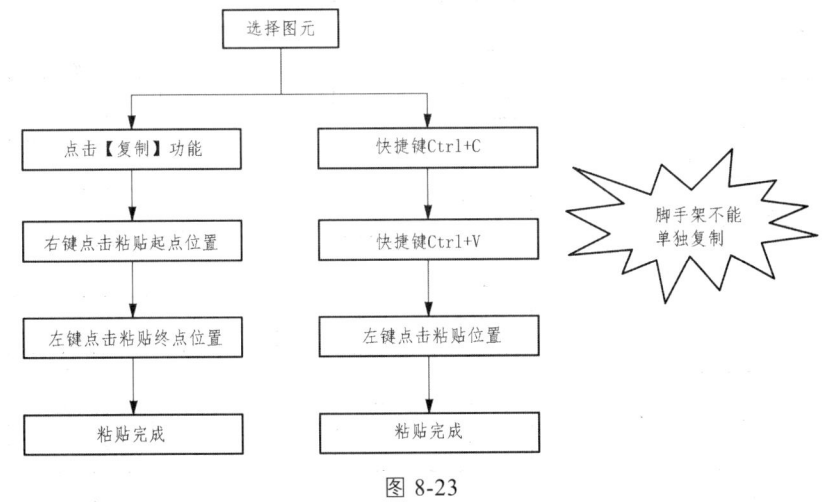

图 8-23

② 复制。

选择机制：
a. 左键单击单选图元；
b. 连续单击多选图元；
c. Ctrl+A 全选构件；
d. 按 ESC 取消选择；
e. shift+左键单击图元，实现取消选择单个图元。
③ 平移。
操作步骤如图 8-24 所示。

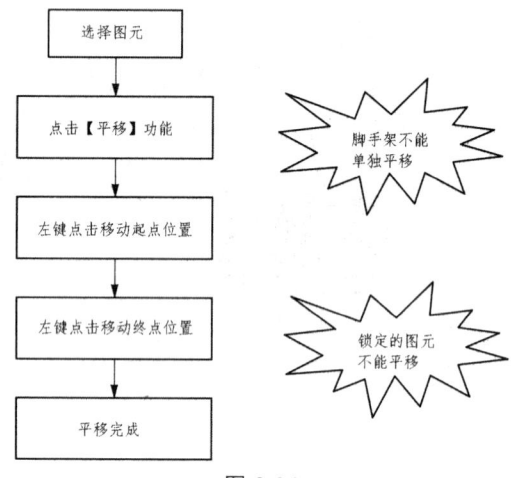

图 8-24

④ 旋转.
操作步骤如图 8-25 所示。
⑤ 偏移。
操作步骤如图 8-26 所示。

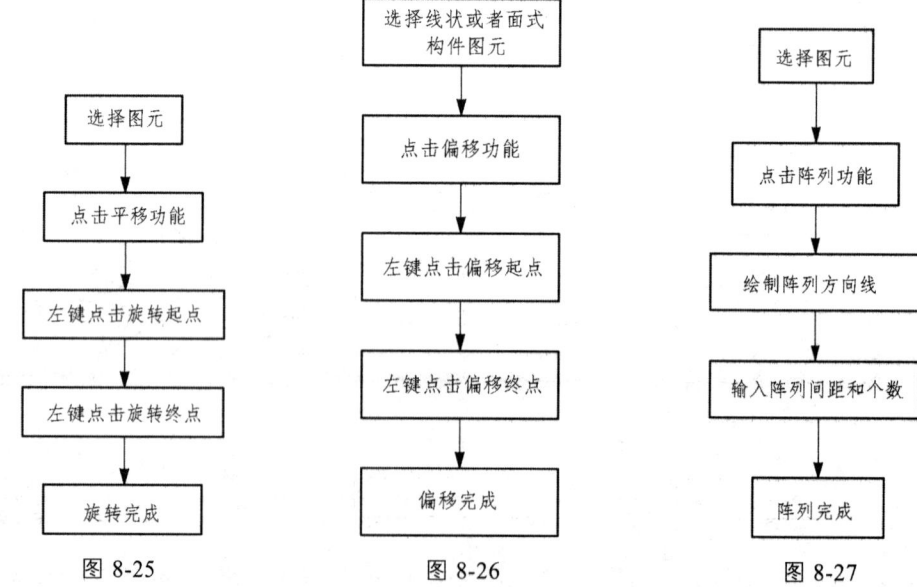

图 8-25　　　　　　　图 8-26　　　　　　　图 8-27

备注：线式构件的偏移功能为复制+平移功能，面式构件的偏移功能为内缩或者外扩的功能。

⑥ 阵列。

操作步骤如图 8-27 所示。

（3）辅助工具。

① 截取整个屏幕截取屏幕图片，截图后保存图片即可。

② 测量距离点击"测量距离"按钮，鼠标左键点击测量的起点和终点，软件会自动计算测量的距离，如图 8-28 所示。

图 8-28

③ 标注。

点击，鼠标左键点击测量的起点和终点，鼠标左键确定端线的位置即可，如图 8-29 所示。

图 8-29

④ 查找图元。

a. 点击【查找图元】或者使用快捷键 Ctrl+F，弹出【查找图元】窗体，如图 8-30 所示。

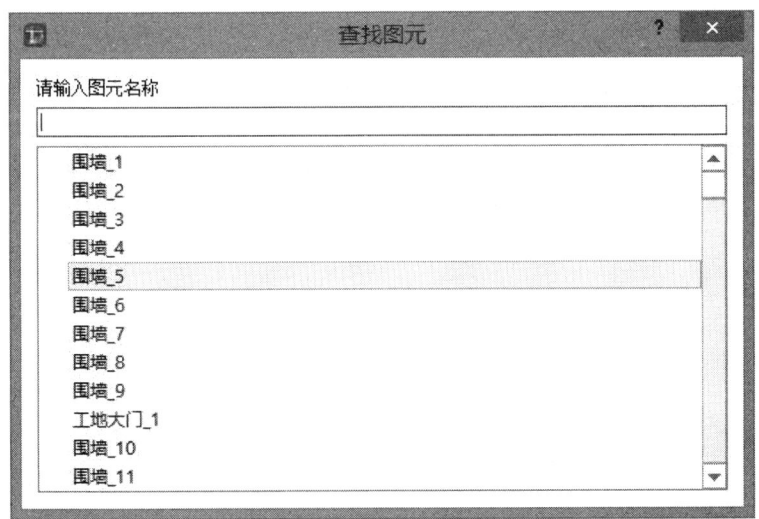

图 8-30

b. 输入要找到的图元，如图 8-31 所示。

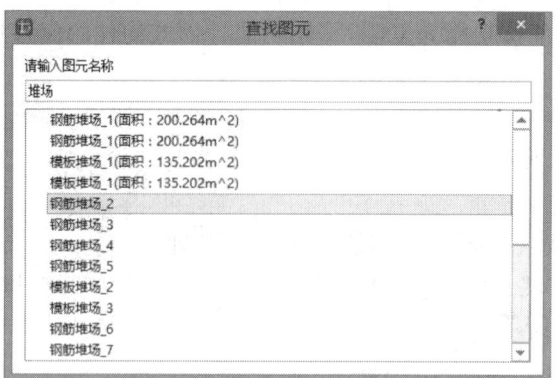

图 8-31

c. 双击图元即可查找定位，如图 8-32 所示。

图 8-32

⑤ 图元显示设置。

a. 点击【图元显示设置】，弹出【选择图层】窗体，内容为构件库，默认显示所有的构件，如图 8-33 所示。

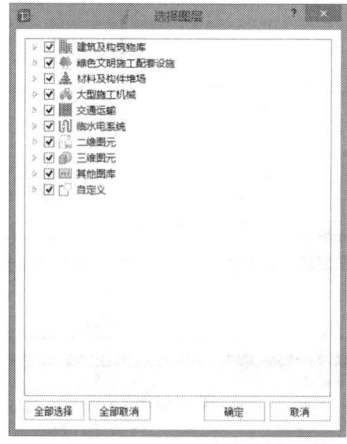

图 8-33

b. 勾选需要显示的构件，如图 8-34 所示。

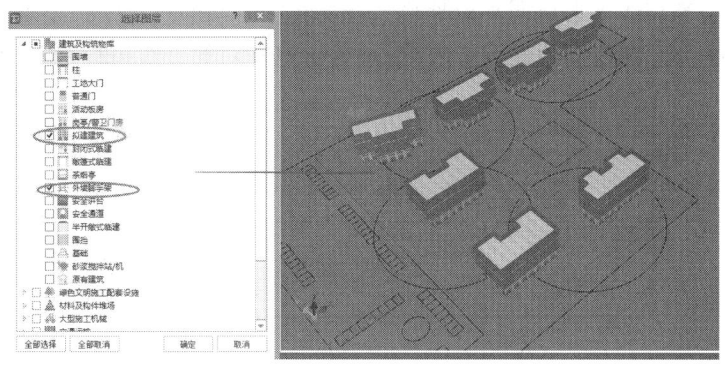

图 8-34

3）地形地貌

（1）地形表面（图 8-35）。

图 8-35

① 参数设置 ，如图 8-36 所示。

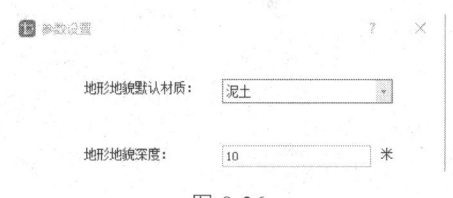

图 8-36

a. 地形默认地貌材质：选择建立地形的材质，现支持泥土及毛石两种材质；
b. 地形地貌深度：填写需要生成的地形厚度，要大于后面需要开挖的基坑深度。
② 平面地形。
 通过绘制封闭的面来生成平面地形，材质以及地形深度在"参数设置"中设置，如图 8-37 所示。

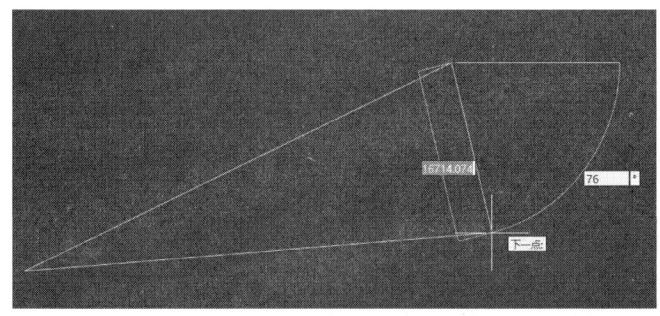

图 8-37

③ 等高线。

通过绘制等高线来形成非平面地形，登高线在绘制的过程中，要求封闭，不相交；绘制方式是样条曲线，在绘制的过程中右键，软件会自动对等高线进行封闭，如图 8-38 所示。

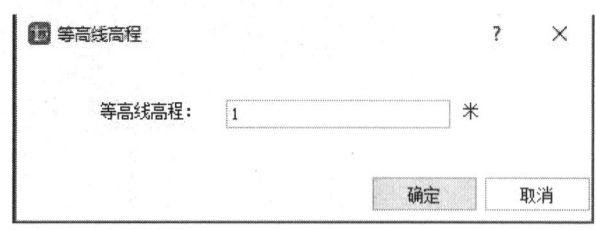

图 8-38

在绘制每条等高线时，先输入等高线的高程；绘制如下图；点击 ☑ 生成曲面地形；若是相对曲面地形再次编辑，可以通过 ☒ "曲面地形转化为等高线"命令实现。

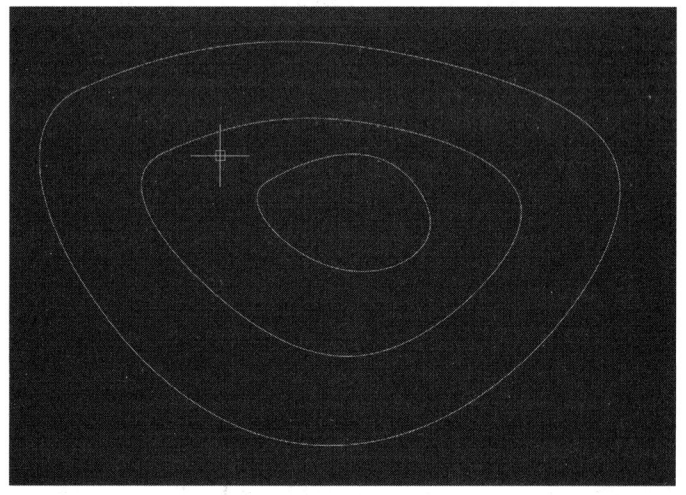

图 8-39

（2）开挖和回填。

图 8-40

① 开挖。

通过底部标高以及放坡角度的设置，实现开挖。绘制时，绘制的开挖轮廓线是指开挖底部的轮廓线，若是角度小于 90°，基坑上部的范围要更大一些，在绘制时，若是锐角注意顶部的范围不能超出地形的范围，否则会无法生成。

绘制方式：通过连续线绘制封闭区域，如图 8-41 所示。

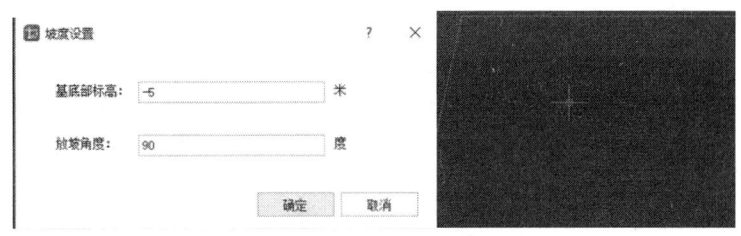

图 8-41

② 回填 🛒。

通过设置回填的顶标高,实现对地形的回填,如图 8-42 所示。

图 8-42

③ 开挖底部斜坡。

在开挖过的地形上,选择开挖地形的内部一点,选择然后划线选择方向,然后弹出右下对话框,输入坡低点以及高点高度,实现斜坡的绘制,如图 8-43 所示。

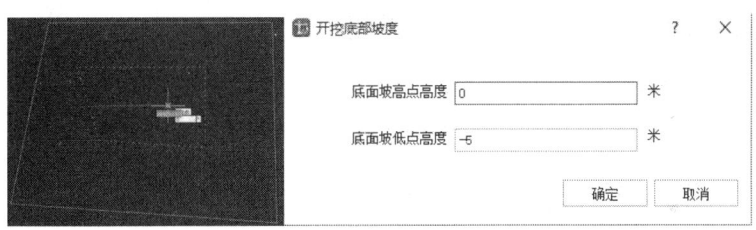

图 8-43

(3)基坑维护。

① 围护桩 ⠿ 围护桩。

通过设置左下列表参数,采用线性绘制的方式绘制维护桩,如图 8-44 所示。

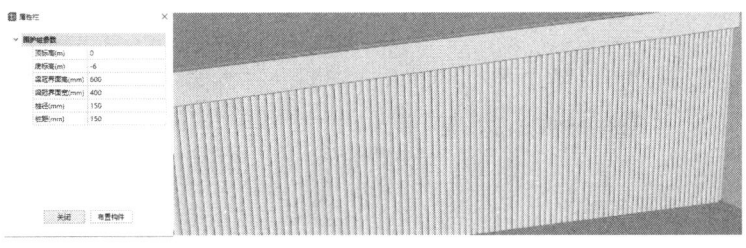

图 8-44

② 地下连续墙 Ⅲ 地下连续墙 。

设置左下列表参数,然后点击"布置构件",采用线性的方式进行布置,如图 8-45 所示。

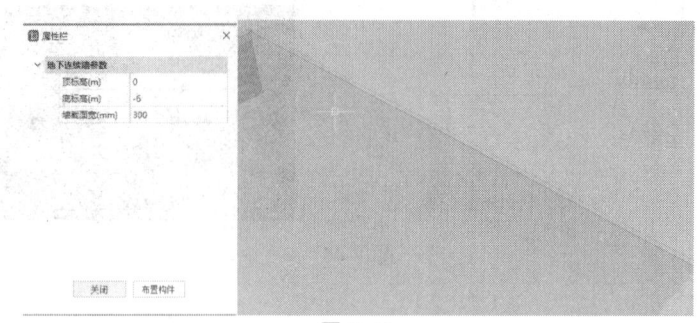

图 8-45

4）建筑结构

（1）轴网。

① 创建轴网。

选择"开间"或"进深"，回车键或者点击"添加"进行轴网的绘制，如图 8-46 所示。

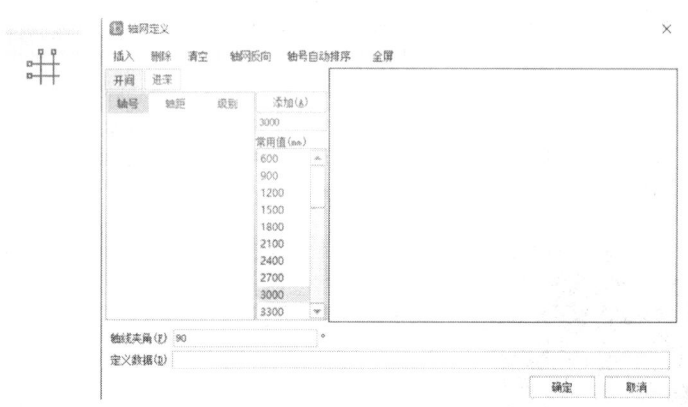

图 8-46

② 创建标高系 。

点击"创建标高系"按钮，弹出如下对话框，可以通过"上增标高""下增标高"来实现标高线的增加；可以通过"删除标高"实现对标高线的删除；可以通过间距及标高两个参数控制标高线的位置；若是绘制比较复杂的模型，需要不同的标高系时，可以通过 来实现标高系的增加，如图 8-47 所示。

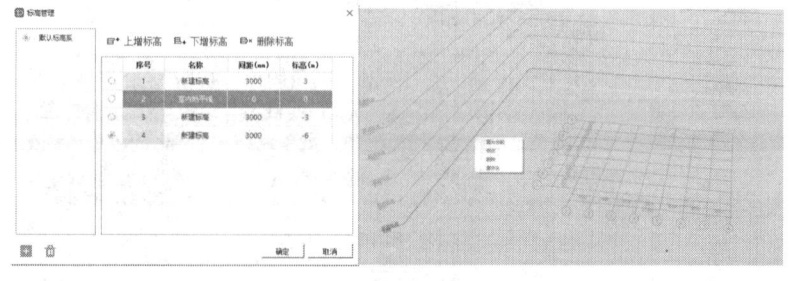

图 8-47

默认的标高层是室内地平线，如果需要更改标高操作层，可以对标高线右键，然后选择置为当前就好。

（2）结构建模（图 8-48）。

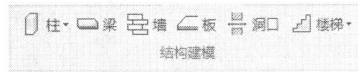

图 8-48

① 柱 柱。

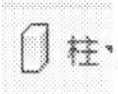

软件目前支持矩形柱以及圆柱两种，选择矩形柱弹出如下参数框，将对应的参数输入，点击布置构件，在软件低部，有布置方式的选择，选择" "点布命令，软件将按照点击的点布置柱，选择" "轴交点布置，将会在所选择的轴交点处布置上柱，如图 8-49 所示。

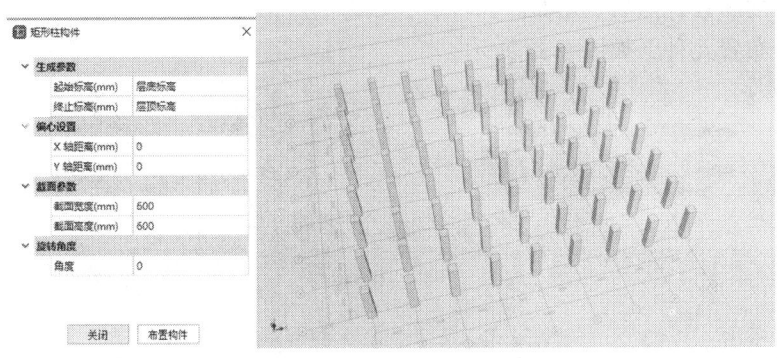

图 8-49

② 梁 梁。

输入下表的参数，然后点击布置构件，在软件的底部显示绘制方式，我们可以根据自己的需 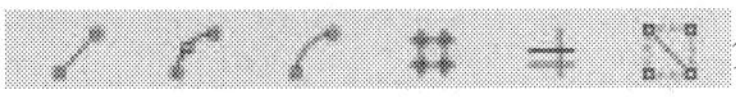 分别有直线、三点画弧、两点画弧、轴网布置、轴段布置以及矩形布置，如图 8-50 所示。

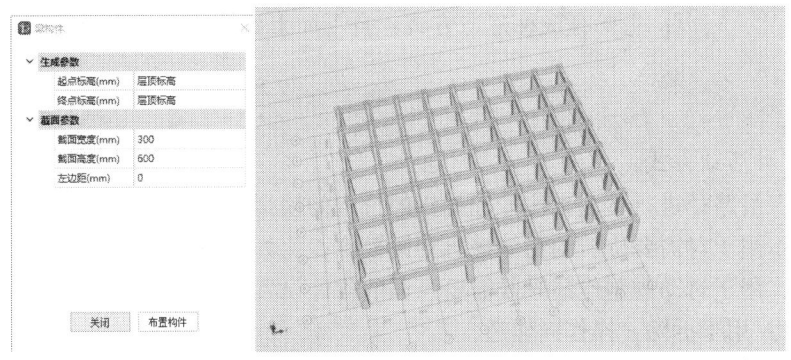

图 8-50

④ 墙 墙。

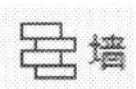

输入下表的参数，然后点击布置构件，在软件的底部显示绘制方式，我们可以根据自己的需要选择。可以根据参数，调整墙的各种样式，如图 8-51 所示。

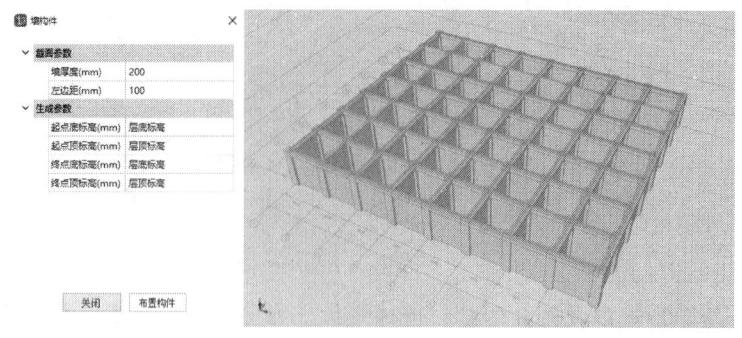

图 8-51

⑤ 板 ◣板。

输入左下的参数，然后点击布置构件，在软件的底部显示绘制方式，有房间布置和整层布置以及线性布置几种，如图 8-52 所示。

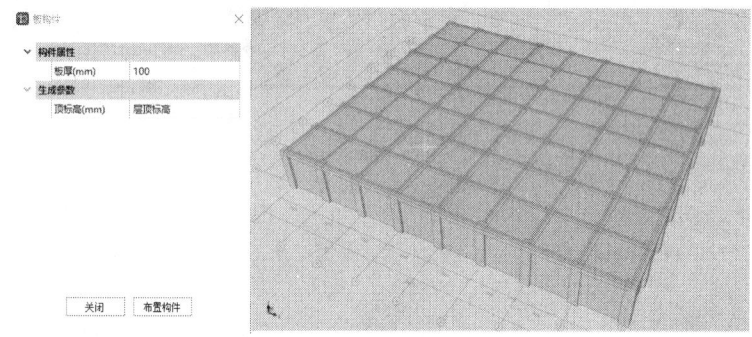

图 8-52

5）虚拟施工

（1）动画预览 ：点击动画预览播放制作好的动画。

（2）建造 ：主要有三种建造方式：自下而上建造、自上而下建造以及平移推进建造。

（3） 。

主要有三种活动方式：

① 路径：沿路径进行移动，比如挖掘机的行走的模拟等。

② 旋转：用于对需要旋转的物体进行动画模拟，比如塔吊等。

③ 强调：用于对动画制作的时候需要强调的构件设置。

（4）拆除：用于拆除，操作同建造。

（5）设置：用于调整转换天数，改变动画播放的快慢，该参数越大，播放得越快，如图 8-53 所示。

（6）动画属性（图 8-54）。

（7）动画序列（图 8-55）。

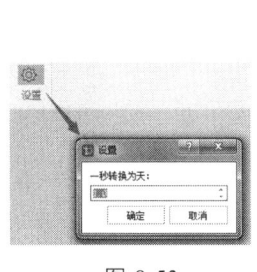 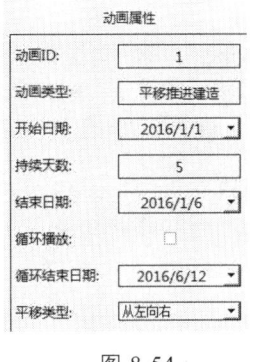 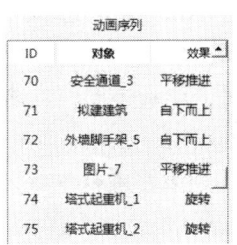

图 8-53　　　　　　　图 8-54　　　　　　　图 8-55

6. 视频录制

（1）操作步骤。

视频录制流程，如图 8-56 所示。

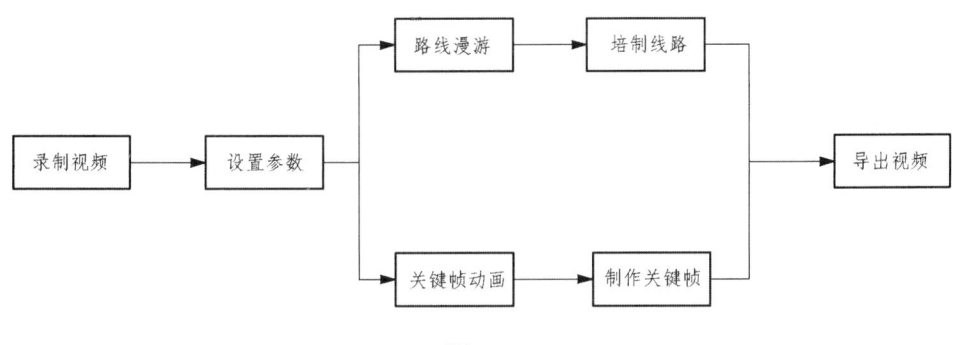

图 8-56

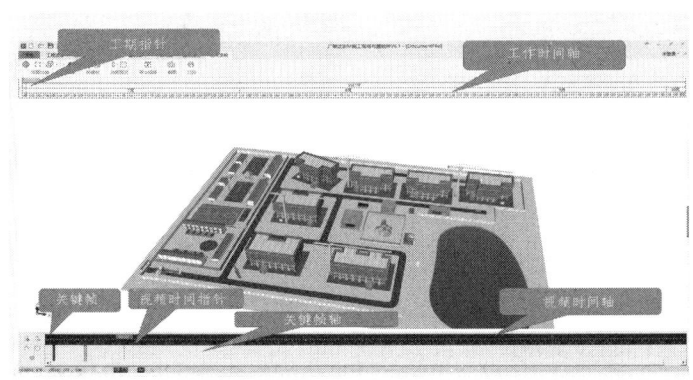

图 8-57

（2）工期指针（图 8-57）。

① 通过工期指针的移动改变视图区的显示状态；

② 默认时间是虚拟施工最早的日期；

③ 通过摁住鼠标左键移动（选中时可以通过方向键移动）；

④ 通过 Ctrl+滚轮，可以对时间轴的刻度单位 进行修改（年/月/天、年/月/周、年/月/

旬、年/季/月);

⑤ 使用逻辑：在设置选择路线漫游或者 未开启施工动画，工期时间轴会隐藏。

（3）视频时间轴（图 8-57）。

① 和视频时间对应；

② 用于记录关键帧具体对应的播放时间；

③ 可以通过拖动时间控制条快速进行移动；

④ Ctrl+滚轮可以改变刻度大小。

（4）关键帧指针（图 8-57）。

① 用于创建关键帧时标识其所在的时间位置；

② 时间指针在关键帧内移动时，窗口会有视频播放的效果；

③ 创建关键帧时，先移动时间指针到想要的位置。

（5）关键帧（图 8-57）。

① 用于记录相机位置及工期；

② 红色处于选中状态；

③ 光标移动到关键帧附近会有缩略图出来；

④ 处于选中的关键帧可以移动，对应的视频也会发生改变。

5. 构件库

1）构件与图元说明

① 软件提供 BIM 模型构件库，当构件绘制于画布后称为图元。

② 一个构件可以对应多个图元，一个图元只能对应一个构件。

③ 点击构件修改属性，将会修改所有图元的属性；点击单个图元修改属性，将只能修改单个图元的属性。

④ 不能删除软件默认的构件，也不能删除存在图元的构件。

2）构件定义

构件提供默认的构件属性，若需要新的样式，可通过构件定义窗口进行构件定义，如图 8-58 所示。

3）构件绘制

（1）案例工程的绘制效果图（图 8-59）。

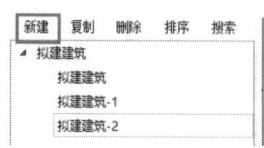

图 8-58

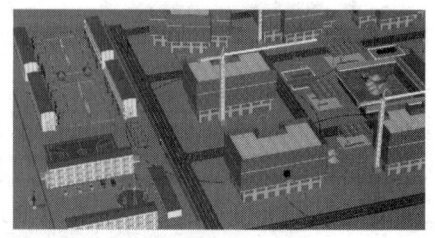

图 8-59

（2）案例工程绘制思路（图8-60）。

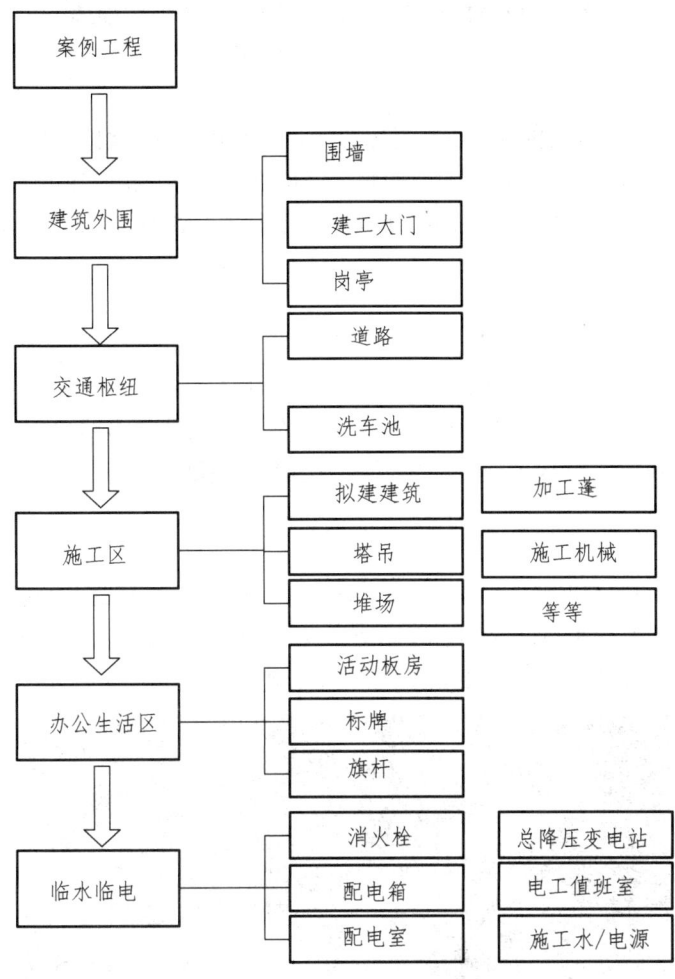

图8-60 案例工程绘制思路

4）围墙

围墙是施工现场的一种常见的围护构件，软件提多种围墙的绘制方式：

① 直线绘制方式，按鼠标左键指点直线的第一个端点，按鼠标左键指点直线的下一个端点，按右键终止或者 ESC 即可绘制完成。

② 起点—终点—中点弧线绘制方式，按鼠标左键指点圆弧的起点，按鼠标左键指点圆弧的终止点，按鼠标左键指点圆弧经过的一点，按右键终止或者 ESC 即可绘制完成。

③ 起点—中点—终点弧线绘制方式，按鼠标左键指点圆弧的起点，按鼠标左键指点圆弧经过的一点，按鼠标左键指点圆弧的终止点，按右键终止或者 ESC 即可绘制完成。

④ 矩形绘制方式，按鼠标左键指定矩形的第一个角点，按鼠标左键指定矩形的对角点，按 右键终止或者 ESC 即可绘制完成。

⑤ 圆形绘制方式，按鼠标左键指定圆心点，按鼠标左键指定圆半径，按右键终止或者 ESC 即可绘制完成。

⑥ 利用 CAD 识别，选择 CAD 线，选择时可连续点击实现多选 CAD 线，或者选择 CAD 的 墙图层，选择后点击【识别 CAD 线生成围墙】即可快速生成围墙。

5）施工大门

施工大门是供人员、施工机械和材料运输车辆进出必备构件，软件提供旋转点的绘制方式，用鼠标左键指定大门的插入点，指定大门的角度即可绘制完成。我们知道，一般施工大门是与围墙相互依附存在，因此绘制施工大门时在围墙上点击插入点，大门即可依附围墙绘制。

6）道路

道路是供各种车辆和行人等通行的工程设施，施工现场主要有现有永久道路、拟建永久道路、施工临时道路、场地内道路、施工道路几种类型。绘制方式主要有直线、起点—终点—中点画弧、起点-中点-终点画弧三种绘制方式。对于道路的转弯路口，交叉路口，或者 T 字形等路口，软件在绘制过程中能自动生成，不用重复绘制。

7）洗车池

为了不污染社会道路，项目管理处要求与社会道路直接相接的标段施工出入口处设置洗车池，因此道路可以依附于道路绘制，选择洗车池，在施工道路上点击一点，即可绘制完成，软件还提供矩形绘制方式绘制洗车池，如图 8-61 所示。

图 8-61

8）拟建建筑

对于工程中的拟建建筑，软件只采用外轮廓线简易处理，提供多种外轮廓的绘制方式，选择直线多边形绘制方式，选择拟建建筑，按鼠标左键指点直线的第一个端点，按鼠标左键指点直线的下一个端点，绘制时必须指定的端点数必须是 3 个以上，在绘制的过程中若指定端点错误，可按 u 键回退一步。软件还其他拟建建筑的绘制方式：① 起点—终点—中点弧形方式；② 起点—中点—终点弧线多边形绘制方式；③ 对角矩形绘制方式；④ 长宽矩形绘制方式；⑤ 圆形绘制方式；⑥ 若导入 CAD 的情况下，选择封闭的 CAD 线，或者选择拟建建筑的 CAD 图层，选择后后点击【识别 CAD 线生成拟建建筑】即可快速生成拟建建筑。

(1) 脚手架。

① 智能布置脚手架：软件会根据绘制的拟建物自动绘制脚手架，然后再脚手架的属性栏中简单修改属性，就可以得到我们想要的脚手架。

② 手动布置。

在绘制脚手架的时候选择直线或者弧形布置，可以不依附于建筑物，绘制完成后选择布置方向即可，如图 8-62 所示。

图 8-62

(2) 拟建建筑/脚手架的依附构件——安全通道。

施工现场的安全通道，通常是指在建筑物出入口位置用脚手架、安全网及硬质木板搭设的"护头棚"，目的是为了避免上部掉落物品伤人。因为安全通道常常依附脚手架或者拟建建筑绘制，软件默认提供点式绘制方式，选择安全通道，用鼠标左键在画布上点击插入点，按右键终止或者 ESC 即可绘制完成；当安全通道插入点在拟建建筑或者脚手架附近时，安全通道能自动依附脚手架或者拟建绘制。

(3) 脚手架的依附构件——卸料平台。

卸料平台是施工现场常搭设各种临时性的操作台和操作架，能进行各种砌筑装修和粉刷等作业。卸料平台一般存在于脚手架外围，选择卸料平台，在脚手架外围点用鼠标左键指定插入点，按右键终止或者 ESC 即可绘制完成，绘制完成后输入合理数值调整低标高即可，如图 8-63 所示。

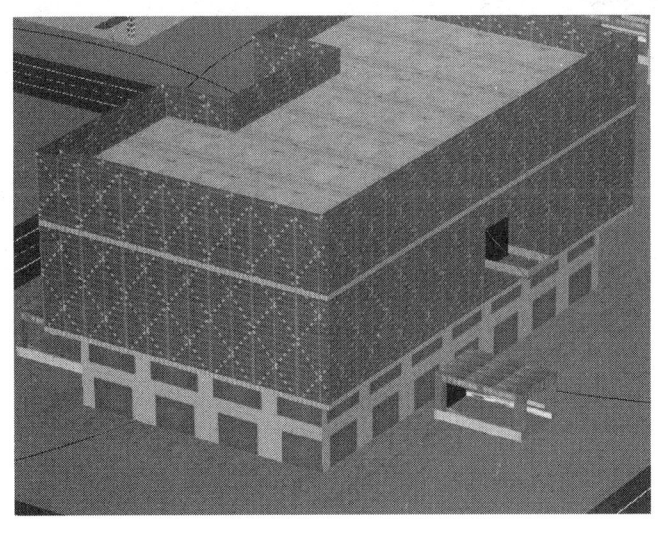

图 8-63

9) 塔吊

塔吊为施工现场内常见的运输工具，软件绘制方式为点式和旋转点绘制，选择塔吊，按鼠标左键指定插入点，按右键终止或者 ESC 即可绘制完成，选择旋转点绘制时，用鼠标左键指定塔吊的插入点，指定塔吊的角度即可绘制完成，如图 8-64 所示。

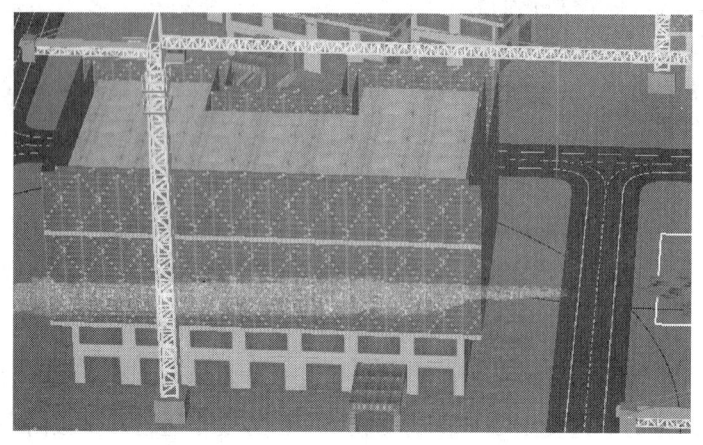

图 8-64

10）堆场

软件提供十多种施工现场常见的材料堆场，比如钢筋、木头、模板堆场等，可以采用多种方式绘制堆场。选择堆场，默认长宽矩形绘制方式，按鼠标左键指定矩形的第一点，按鼠标左键指定矩形的长度方向点，按鼠标左键指定矩形的宽度方向点，按右键终止或者 ESC 即可绘制完成，绘制完成后可追加方式材料的 OBJ 模型，如图 8-65 所示。

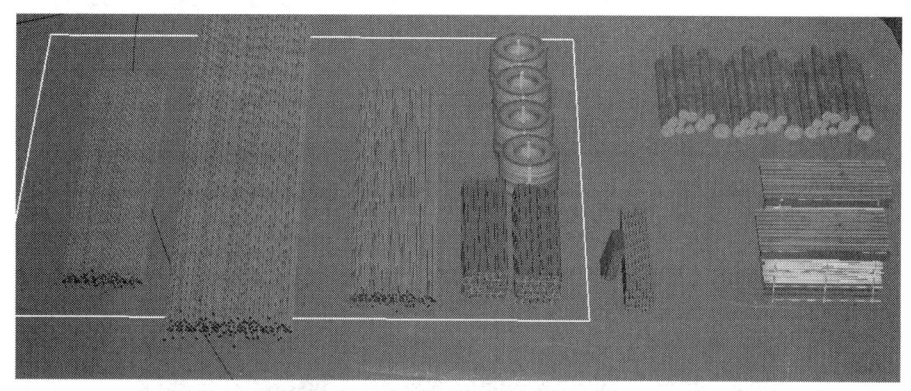

图 8-65

11）加工棚

敞篷式临时房屋一般用作于施工现场的加工蓬，敞篷式临时房屋的绘制方式以矩形为主，选择敞篷式临时房屋，按鼠标左键指定矩形的第一点，按鼠标左键指定矩形的长度方向点，按鼠标左键指定矩形的宽度方向点，按右键终止或者 ESC 即可绘制完成，此外，还有另外 2 种矩形的绘制方式，对角矩形绘制和旋转矩形，绘制完成后可修改敞篷式临时房屋的开间、进深、高度 3 个外形尺寸属性，如图 8-66 所示。

图 8-66

12)施工机械

软件提供多种常用的施工机械,比如汽车吊,混凝土罐车,挖掘机等,这些施工机械为内置的 OBJ 构件,绘制方式为点式和旋转点绘制,选择施工机械,按鼠标左键指定插入点,按右键终止或者 ESC 即可绘制完成,选择旋转点绘制时,用鼠标左键指定施工机械的插入点,指定钢施工机械的角度即可绘制完成,绘制完成后可设置施工机械的放大比例属性修改施工机械的大小,如图 8-67 所示。

图 8-67

13)活动板房

对于施工现场常见的办公室、民工宿舍、食堂等,软件提供活动板房构件来绘制,活动板房的绘制方式为直线拖拽的方式绘制,选择活动板房,按鼠标左键指点直线的第一个端点,按鼠标左键指点直线的第二个端点,按右键终止或者 ESC 即可绘制完成;绘制完成后我们可以自由修改活动板房的间数,层高楼梯位置等属性。

14)标牌

标识牌主要体现工地安全文明施工,有五版一图,八版两图,十版两图;软件中提供了直线绘制的方法,首先按鼠标左键指定插入点,拖动鼠标到指定位置,按鼠标右键确认或 ESC

键取消；绘制完成后，在属性栏还可以对标牌的内容进行修改，点击设置图片，软件弹出修改标牌属性的对话框，可以自由修改标牌的宽度，鼠标左键选择图片，点击修改，弹出图片路径对话框，选择 PNG 格式图片确定即可，如图 8-68 所示。

图 8-68

15）旗杆

选择旗杆，默认点式绘制，按鼠标左键指定插入点，按鼠标右键确认或 ESC 键取消；选择旋转点绘制，选择旗杆，按鼠标左键指定插入点，拖动鼠标选择合适的角度，鼠标右键确认或 ESC 键取消，如图 8-69 所示。

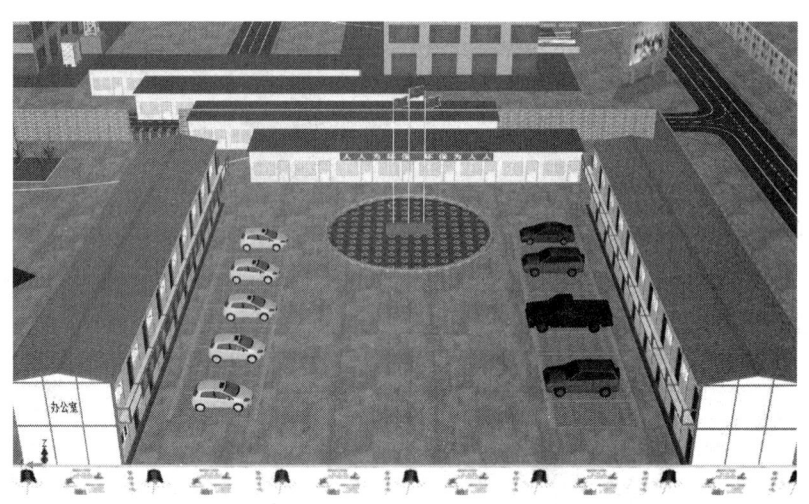

图 8-69

参考文献

[1] 张萍. 建筑施工组织. 北京：北京邮电大学出版社，2013.
[2] 危道军. 建筑施工组织. 北京：中国建筑工业出版社，2013.
[3] 薛宝恒，熊学忠. 建筑工程施工组织与管理. 武汉：武汉大学出版社，2018.
[4] 李思康，李宁，冯亚娟. BIM施工组织设计. 北京：化学工业出版社，2018.
[5] 朱仕虎，刘帅. 建筑工程施工组织与管理. 天津：天津科学技术出版社，2013.
[6] 中华人民共和国住房和城乡建设部. GB/T 50502建筑施工组织设计规范. 北京：中国建筑工业出版社，2009.
[7] 刘兵，刘广文. 建筑施工组织与管理. 2版. 北京：北京理工大学出版社，2016.
[8] 薛宝恒，熊学忠. 建筑工程施工组织与管理. 武汉：武汉大学出版社，2018.
[9] 中华人民共和国住房和城乡建设部. GB 50300建筑工程施工质量验收系列规范. 北京：中国建筑工业出版社，2013.